Sollten Sie dieses Buch lesen?

Mit dem folgenden Test können Sie das herausfinden. Beantworten Sie einfach die nachstehenden Aussagen mit J für Ja oder N für Nein.

Über Sie

____ Erwarten Sie das Beste von Ihrem Kind?

____ Meinen Sie, was Sie sagen?

____ Ziehen Sie durch, was Sie sagen?

____ Ziehen Sie Ihr Kind für seine Taten zur Verantwortung?

Wenn Sie alle vier Fragen mit „J" beantwortet haben und dabei ein positives Selbstgefühl haben, brauchen Sie dieses Buch vielleicht nicht. Aber wenn Sie gerade nichts Besseres zu tun haben, machen Sie den Test doch einfach spaßeshalber zu Ende.

____ Schreien Sie Ihr Kind an, drohen Sie ihm oder reden Sie ihm gut zu, damit es so einfache, alltägliche Dinge tut wie aufzustehen und zur Schule zu gehen, sich anzuziehen, zu essen, seine Hausaufgaben zu machen oder eine Aufgabe im Haushalt zu erledigen?

____ Wenn Sie Nein zu Ihrem Kind sagen und es weint, werden Sie dann von Schuldgefühlen überwältigt? Geben Sie dem Wunsch Ihres Kindes dann letztendlich doch nach und sagen Ja zu etwas, zu dem Sie gerade erst Nein gesagt haben?

____ Lassen Sie sich auf lange Diskussionen mit Ihrem Kind ein, in denen Sie Ihre Gründe dafür verteidigen, dass Sie zu einem bestimmten Wunsch Nein gesagt haben?

___ Machen Sie sich Sorgen darüber, dass Ihr Kind kein gutes Selbstwertgefühl haben könnte?

___ Macht es Ihnen etwas aus, wenn Ihr Kind keinen glücklichen Eindruck macht?

___ Planen Sie überdimensionale Geburtstagspartys?

- Die Eltern der siebenjährigen Rosa mieteten einen Bus und fuhren mit ihr und zahlreichen ihrer Freundinnen in eine 185 Kilometer entfernte Stadt, wo sie sich in einer Bastelwerkstatt ihren eigenen Teddybären basteln konnten; dann feierten sie mit Kuchen und Eis in einer Eisdiele.
- Die Eltern des fünfjährigen Mike mieteten die Räume des Stadionclubs, von denen aus man das Spielfeld überblicken kann.
- Marti, eine alleinerziehende Mutter, gab ein komplettes Monatseinkommen für die Geburtstagsparty ihrer zehnjährigen Tochter aus.

___ Sind Sie besorgt, weil Ihr Kind mit dem Erfolg und den Leistungen anderer Kinder nicht mithalten kann?

___ Haben Sie sich schon einmal gewünscht, dass ein anderes Kind versagt, damit Ihr eigenes besser dasteht?

___ Fällt es Ihnen schwer, Nein zu sagen?

___ Ist es schwer für Sie, mit Ihrem Kind über Ihre Gefühle als Elternteil zu sprechen?

___ Sind Sie meistens frustriert?

Über die Schule

___ Sind Sie im Leben Ihres Kindes übermäßig engagiert? Befürchten Sie, dass etwas Schreckliches passiert, wenn Sie nicht jeden Schulausflug als Aufsichtsperson begleiten?

___ Stellen Sie die Schulaufgaben und Projekte Ihres Kindes fertig?

___ Verlangen Sie vom Lehrer Ihres Kindes eine ausführliche Erklärung, wenn Ihr Kind keine gute Note bekommt?

___ Finden Sie Ausreden für Ihr Kind, wenn es seine Aufgaben nicht rechtzeitig erledigt? („Oh, das war unsere Schuld. Wir mussten zum _________ gehen und _________ tun.")

___ Raubt eine einfache Aufgabe im Haushalt der kompletten Familie einen ganzen Abend lang ihre gesamte Energie? Besteht das Endergebnis aus einer Menge Tränen und Frustrationen – und einer Aufgabe, die entweder gar nicht oder nicht richtig erledigt wird?

Prüfen und korrigieren Sie die Hausaufgaben Ihres Kindes?

Über Ihre Kinder

___ Muss man sie täglich darum bitten, im Haushalt zu helfen?

___ Verhalten sie sich Ihnen gegenüber respektlos und messen sie dem, was Sie zu sagen haben, keinen Wert bei?

___ Machen sie immer ein Theater, wenn sie Ihnen gehorchen sollen?

___ Mangelt es ihnen an nichts?

___ Nehmen sie an ein oder zwei Aktivitäten außerhalb des Stundenplans teil?

___ Muss man sie mehr als einmal daran erinnern, etwas zu tun?

___ Wenn sie Ihnen die Tür vor der Nase zuknallen, fällt das bei Ihnen in die Kategorie „So sind Kinder eben"?

___ Ist die Schlafenszeit eine Kampfzone?

Wenn *irgendeine* dieser Fragen bei Ihnen ein Echo gefunden hat und Sie auch nur eine mit einem „J" beantwortet haben, müssen Sie dieses Buch nicht nur *lesen*, sondern es *bei sich tragen*. Bewahren Sie ein Exemplar in Ihrem Auto und ein weiteres in Ihrem Haus auf.

Dieses Buch wird einen Volltreffer auf Ihre Problemzonen landen.

Das verspreche ich Ihnen.

Es ist eine Verschwörung im Gange, direkt bei Ihnen zu Hause.

Das Krabbelkindbataillon und die Truppe der Hormongeplagten haben jeweils eine Taktik, die Sie garantiert die Wände hochgehen lässt. *Die Rebellen bändigen* ist eine Strategie, die Ihrem Kind den Wind aus den Segeln nimmt und es auf einen anderen Kurs bringen wird.

Mithilfe dieser Strategie wird es Ihnen gelingen, Ihre Rebellen zu bändigen.

Probieren Sie es aus. Einen Versuch ist es allemal wert.

DIE REBELLEN BÄNDIGEN

MIT STRATEGIE IN DIE KINDERERZIEHUNG

EIN RATGEBER VON **DR. KEVIN LEMAN**

LUQS VERLAG francke

Originally published in English under the title
Have a New Kid by Friday
by Revell,
a division of Baker Publishing Group,
Grand Rapids, Michigan, 49516, U.S.A.

Übersetzung aus dem Amerikanischen: Dagmar Schulzki
Überarbeitung für 2. Auflage: Dagmar Schulzki
Umschlaggestaltung: Andreas Rudolph
Druck: Totem, 88-100 Inowroclaw (Polen)

1. Auflage dieses Titels ist 2008 erschienen unter der ISBN 978-3-940158-34-5
als **Verwandeln Sie Ihr Kind in 5 Tagen**

ISBN 978-3-940158-37-6 (LUQS)
ISBN 978-3-86827-552-0 (Francke)
6. Auflage 2016

Einige Namen und Details in diesem Buch wurden zum Schutz der betroffenen Personen verändert.

Printed in the EU

Für meinen Sohn,
Kevin Anderson Leman II

Du warst immer ein großartiger Sohn.
Wir sind so stolz darauf, was du im Leben schon erreicht hast.
Zwei Emmys [der bedeutendste Fernsehpreis der USA] verliehen zu bekommen, ist keine Kleinigkeit.
Ich muss zugeben, dass es eine Weile gedauert hat,
bis ich mich daran gewöhnt hatte, dass die Leute zu mir kamen
und mich fragten, ob ich wirklich Kevin Lemans Vater sei,
doch das ist eine Rolle,
die ich im Lauf der Jahre immer mehr genieße.

Doch was deiner Mutter und mir am meisten bedeutet,
ist der junge Mann, zu dem du geworden bist.
Wir schätzen dein freundliches, rücksichtsvolles, überlegtes Wesen.
Wir lieben dich über alles,
und ich bete dafür,
dass Gott dich in deinem Leben weiterhin reich segnen wird.

In Liebe,
dein halbwegs berühmter Vater

Inhalt

Danksagung

An meine Herausgeberin, Ramona Cramer Tucker: Es war ein hartes Jahr für dich, und ich will, dass du weißt, wie sehr ich deine Fähigkeit schätze, am Ball zu bleiben und eine Aufgabe auf so professionelle Weise zu erledigen. Ich danke dir von Herzen für deinen unschätzbaren Beitrag.

An die andere Frau in meinem Leben, meine Herausgeberin vom Verlag Revell, Lonnie Hull DuPont: Ich mag das sichere Gefühl als Autor, dass du, Mama Bär, dein stets wachsames Auge auf dieses unbekümmerte Bärenjunge gerichtet hältst und dafür sorgst, dass es nicht aus der Reihe tanzt.

Dr. Kevin Leman

EINLEITUNG

Sie sind organisiert … und werden stärker

Ihre Kinder haben eine Taktik, um Sie in den Wahnsinn zu treiben …, aber Sie müssen nicht zulassen, dass sie das Sagen haben.

Ich habe Neuigkeiten für Sie. Seit Anbeginn der Zeit haben sich Kinder organisiert, und sie haben eine Taktik, um Sie in den Wahnsinn zu treiben. Das glauben Sie nicht?

Sehen Sie sich um. Sagen Sie mir, was Sie in Einkaufszentren, Geschäften, Restaurants und sogar in Ihrem eigenen Wohnzimmer sehen.

Was ist mit dem kleinen Mädchen, das weint, bis es seine Mutter so zermürbt hat, bis es nicht nur einmal, sondern dreimal auf dem Karussell fahren darf?

Oder mit dem Teenager, der seinem Vater „F… dich!“ entgegenschreit und davonstolziert?

Mit dem Vater, der seinem übergewichtigen Zwölfjährigen erlaubt, mit Creme gefüllte Kuchen, Schokoladengebäck, Cola und Butterkekse in den Einkaufswagen zu packen und nur mit den Schultern zuckt, wenn der Junge in der Warteschlange vor der Kasse gleich zwei Stück Kuchen verschlingt?

Was ist mit dem Siebenjährigen, der seiner Mutter den stählernen „Du wirst es nicht wagen, mich hier zu bestrafen“-Blick zuwirft, während er im Restaurant den Brokkoli von seinem Teller fegt und zusieht, wie er auf den Boden fällt?

Mit der Sechzehnjährigen, die ihrem Vater den bösen Finger zeigt, weil er ihr kein Geld fürs Kino gibt und nur Sekunden später die Autoschlüssel verlangt?

Mit der ganz in Schwarz gekleideten Vierzehnjährigen, deren Einstellung ihr deutlich ins Gesicht geschrieben steht und bei der alle Anzeichen darauf hindeuten, dass sie in die falsche Richtung geht?

Mit dem Dreijährigen, der den ganzen Tag schreit, um sicherzustellen, dass seine Eltern auf jede seiner Launen Rücksicht nehmen?

All diese Beispiele zeigen, dass in der heutigen Gesellschaft Kinder, die nicht einmal einen Meter groß sind, das Sagen haben. Sie tun nichts anderes als Ansprüche zu stellen – sie erwarten, dass ihnen ohne eigenes Zutun ausschließlich Gutes widerfährt – einfach deshalb, weil sie existieren. In ihren Augen schuldet die Welt ihnen etwas – und zwar eine großartige Zeit.

Einige hedonistische kleine Schnullerlutscher des Krabbelkindbataillons sind sogar zum emeritierten Status aufgestiegen und unterdrücken die Division der Hormongeplagten. Und dann sind da die bereits erwachsenen Kinder, die nach Hause in Ihr gemütliches kleines Nest zurückkehren und bleiben und bleiben und bleiben ...

Auch Sie kennen das. Wenn Sie dieses Buch in die Hand genommen haben, hatten Sie einen Grund dafür. Haben Sie die Nase voll? Wollen Sie, dass sich einige – oder vielleicht auch viele – Dinge in Ihrem Haus ändern? Es sind nicht immer die großen Dinge, die Sie zermürben. Es sind die ständigen Kämpfe mit Ansichten und Verhaltensweisen wie rollenden Augen, frechen Antworten, dem Streit mit Geschwistern, dem beharrlichen Ignorieren Ihrer Person und knallenden Türen. Es sind die Aussagen: „Du kannst mich nicht dazu zwingen!“ und „Ich hasse dich!“, die Ihnen ins Gesicht geschleudert werden, bevor Ihr Kind sich wieder einmal in sein Zimmer zurückzieht. Es sind die Erschöpfung und der Stress, die der Umgang mit Kindern erzeugt, deren

> *Es sind nicht immer die großen Dinge, die Sie zermürben. Es sind die ständigen Kämpfe.*

Stimmung von der Minute an, in der sie aufstehen, wie eine Gitarrensaite hin- und herschwingt.

Vielleicht hat das Benehmen Ihres Kindes Sie in Verlegenheit gebracht (Sie hätten auf den massiven Wutanfall Ihres Sohnes im Einkaufszentrum verzichten können, und es wäre auch nicht unbedingt nötig gewesen, dass Ihre Tochter Ihnen ihr neues Nabelpiercing und ihre Nasenringe zeigt, als Sie gerade einen Geschäftspartner zum Abendessen eingeladen hatten), und Sie wissen, dass es an der Zeit ist, etwas zu unternehmen.

Vielleicht hat das Benehmen Ihrer Kinder Sie von bestimmten Aktivitäten abgehalten („Liebling, ich weiß nicht, ob wir mit den Olsons zum Essen gehen sollten, du weißt doch, wie die Kinder sind"). Oder vielleicht sehen Sie deutliche Anzeichen von Respektlosigkeit und Rebellion und machen sich Sorgen darüber, was Ihrem Kind als Nächstes einfällt.

Ich sage es Ihnen ganz direkt. Sie haben eine große Aufgabe zu erfüllen, für die Ihnen nur ein kleines Zeitfenster zur Verfügung steht. Ich weiß das, weil ich mit meiner Frau Sande fünf Kinder – vier Töchter und einen Sohn – großgezogen habe. Die Jahre gehen viel zu schnell vorüber.

Wenn Sie glauben, dass Sie als Eltern eine gesunde Autorität über Ihr Kind besitzen sollten, ist dieses Buch für Sie. Wenn Sie nicht glauben, dass Sie als Eltern eine gesunde Autorität über Ihr Kind besitzen sollten, legen Sie dieses Buch sofort weg und kaufen Sie ein anderes. Dann wird Ihnen nicht gefallen, was ich zu sagen habe, Sie werden es nicht tun und sich bei Ihren Freunden über mich beklagen.

Wie fühlen Sie sich, wenn Sie Ihre Kinder morgens eine Stunde lang angeschrien haben, damit sie rechtzeitig aufstehen, um den Schulbus zu erwischen?

Doch lassen Sie mich Ihnen zuerst eine Frage stellen: Wie fühlen Sie sich, wenn Sie Ihre Kinder morgens eine Stunde lang angeschrien haben, damit sie rechtzeitig aufstehen, um den Schulbus zu erwischen? Könnte es da einen besseren Weg geben?

Was wäre, wenn Sie etwas anders machen? Was wäre, wenn Sie sie an diesem Morgen *nicht* aufwecken? Was, wenn Sie überhaupt nichts machen?

„Aber Dr. Leman“, sagen Sie, „das kann ich nicht machen. Sie würden zu spät zur Schule kommen. Und ich zu spät zur Arbeit.“

Jetzt beginnen Sie zu verstehen.

Wie fühlen Sie sich, wenn Ihre Kinder darüber meckern, was Sie ihnen zum Mittagessen eingepackt haben?

Was wäre, wenn Sie in den Kämpfen zwischen den Geschwistern nicht vermitteln? Was, wenn Sie nicht den Friedensstifter spielen oder sich beeilen, das Lieblings-T-Shirt Ihrer Tochter zu waschen, damit sie es in die Schule anziehen kann? Was, wenn Sie ihnen überhaupt kein Mittagessen einpacken?

Ah, jetzt verstehen Sie.

Es *gibt* einen besseren Weg, und er liegt in Ihrer Hand.

Wussten Sie, dass Ihre Aufgabe als Eltern nicht darin besteht, dafür zu sorgen, dass Ihr Kind glücklich ist? Dass das Leben für Sie alle angenehmer wird, wenn Ihr Kind sich dazu entschließt, ein glückliches Gesicht zu machen, auch wenn es vorübergehend unglücklich ist?

Wenn ein Kind schreit „Du kannst mich nicht dazu zwingen!“, hat es recht. Sie können es nicht *zwingen*, etwas zu tun. Aber wenn es sich Ihren Wünschen nicht fügt, müssen Sie es sich auch nicht zur Priorität machen, seine Wünsche zu erfüllen.

Sie sehen, im Leben ist nichts umsonst. Je früher Kinder das lernen, umso besser. Jeder Mensch, ungeachtet seines Alters, ist dafür verantwortlich, was aus seinem Mund herauskommt. Das Zusammenleben in Familien sollte auf den Ecksteinen gegenseitigen Respekts, Liebe und Verantwortlichkeit basieren. Es darf nicht darauf gegründet sein, dass jeder Ansprüche stellt.

Im Leben ist nichts umsonst. Je früher die Kinder das lernen, umso besser.

Wenn Sie sich in Ihrem Zuhause darauf einlassen, werden Sie Kinder schaffen, die glauben, sie hätten im Leben das Sagen. Solche Kinder gehen davon aus, dass ihr Glück das Wichtigste im Leben ist und dass sie einen Anspruch darauf haben, alles zu bekommen, was sie wollen und wann sie es wollen.

Viele von uns haben unwissentlich genau das bei ihren Kindern getan. Wir haben viel zu viel Zeit damit verbracht, unseren Kindern den Weg im Leben zu ebnen – wir haben viel zu viele Entscheidungen für sie getroffen, ihnen zu viele Möglichkeiten geboten, wir haben sie herausgepaukt oder entschuldigt, wenn sie sich unverantwortlich verhalten haben, und die kleinen und großen Beleidigungen, die sie uns an den Kopf geworfen haben, ignoriert. Schließlich wollen Sie, dass Ihre Kinder Sie mögen, nicht wahr? Da ist es nun wirklich kein Wunder, wenn die Kinder glauben, dass sie das Sagen haben und sich gegen die Drohungen und das gute Zureden seitens ihrer Eltern als resistent erweisen!

Insbesondere viele Mütter sagen mir, dass sie sich wie Sklaven fühlen, weil sie tun, was immer ihr Kind will, und am Ende des Tages völlig erschöpft sind. (Wenn Sie jetzt „Amen!" sagen, lesen Sie weiter.)

Experten warten mit unzähligen Tipps dafür auf, wie man die Selbstachtung eines Kindes fördert. Wenn Sie Ihr Kind für dieses und jenes loben und seinen Weg im Leben ebnen, so versprechen sie, werden Sie in das wunderbare Land Oz gelangen und dort glücklich und zufrieden leben bis an Ihr Ende. Aber nach fast vier Jahrzehnten, in denen ich Familien geholfen – und mit meiner liebevollen Frau fünf Kinder aufgezogen habe –, sage ich Ihnen, dass bei diesem Ansatz oft genau das Gegenteil der Fall ist. Viel zu viele Familien sind auf einem Streckenabschnitt gelandet, von dem sie sich wünschen, ihn nie betreten zu haben.

Sie wollen, dass sich Ihr Kind zu einem gesunden, engagierten Mitglied Ihrer Familie und der Gesellschaft entwickelt, richtig? *Die Rebellen bändigen* ist ein Leitfaden, der Sie darin unterstützt, dieses Ziel zu erreichen. Probieren Sie es aus. Dieses Buch wird Ihnen helfen, Ihr Kind zu einem verantwortungsvollen Erwachsenen zu machen, den Sie voller Stolz Ihren Sohn oder Ihre Tochter nennen. Es wird das Stressniveau in Ihrem Zuhause reduzieren und Ihnen eine Freiheit schenken, die Sie in Ihrer Rolle als Eltern noch nie erlebt haben. Es wird Sie auf dem Weg auch einige Male zum Lachen bringen. (Warten Sie nur auf den Spaßtag! Mehr dazu später.)

> *Wenn Sie denken: „Das hört sich zu gut an, um wahr zu sein. Die Sache hat sicher einen Haken", dann haben Sie recht.*

Wenn Sie denken *„Das hört sich zu gut an, um wahr zu sein. Die Sache hat sicher einen Haken"*, dann haben Sie recht. Es *gibt* einen Haken – *Sie.* Sie sind der Schlüssel dafür, das Denken und Handeln Ihres Kindes zu ändern. Damit das funktioniert, müssen Sie zu den Eltern werden, die Sie sein wollen. Es erfordert Ihre Entscheidung, aufzustehen und ein Elternteil zu sein statt eines Schwächlings. Geben Sie mir also eine Woche, um *Ihr* Denken und Handeln zu verändern. Sie werden über die Ergebnisse überrascht sein!

Es wird Passagen in diesem Buch geben, bei denen Sie sich winden, weil Ihnen die Vorschläge nicht gefallen. Aber ich kann Ihnen versichern: Wenn Sie die einfachen Strategien in *Die Rebellen bändigen* befolgen, werden Sie in relativ kurzer Zeit ein gutes Kind haben. Ein Kind, das verstanden hat, dass sich das Leben nicht nur um seine Person dreht. Dass auch andere Menschen im Leben zählen. Ein Kind, das sich für die Dinge bedankt, die Sie für es tun. Sie werden eine neue Atmosphäre in Ihrem Zuhause haben, die von gegenseitigem Respekt, Liebe und Verantwortlichkeit geprägt ist. Und Sie könnten sogar feststellen, dass sich viel öfter ein Lächeln auf Ihr Gesicht stiehlt, als Sie es sich hätten vorstellen können.

Wie kann ich mir so sicher sein, dass sich Ihre Beziehung zu Ihrem Kind in kurzer Zeit so dramatisch verändern wird? Weil ich diese Verwandlung in *jeder* von Hunderttausenden Familien, in denen diese Strategien befolgt wurden, gesehen habe.

Die Rebellen bändigen ist nicht irgendein Buch. Es ist eine Taktik, die *wirklich funktioniert.* Und was noch besser ist: Jeder kann sie anwenden. Man braucht keinen Doktortitel in höherer Mathematik dafür. Sie wollen ein großartiges Kind haben? Sie wollen großartige Eltern sein? Nehmen Sie meine Herausforderung an.

Sie wollen ein wunderbares Kind? Sie wollen wunderbare Eltern sein? Dann nehmen Sie meine Herausforderung an.

Am Montag werde ich die wahre Lebensstrategie Ihres Kindes enthüllen – und warum es nicht aufhört, die Dinge zu tun, die Sie in den Wahnsinn treiben.

Am Dienstag werden wir über die drei wichtigsten Dinge sprechen, die alle Eltern für ihr Kind wollen – und wie Sie dafür sorgen, dass Ihr Kind sie nie vergisst.

Am Mittwoch werden wir einen Blick in die Zukunft werfen. Wer soll Ihr Kind nach Ihrem Wunsch sein? Was für Eltern wollen Sie sein? All das können Sie mit meinem langjährig erprobten Konzept der „drei einfachen Erfolgsstrategien" erreichen.

Am Donnerstag werden wir die drei Säulen wahren Selbstwerts identifizieren und lernen, wie Sie diese in Ihrem Kind begründen können.

Am Freitag werden Sie der Psychiater sein. Wir werden die Prinzipien und den Plan, den Sie seit Montag entwickelt haben, nochmals kritisch überprüfen und uns bereit machen, diesen bei Ihren ahnungslosen Kindern einzuführen.

Der Teil „Fragen Sie Dr. Leman" gibt Ihnen praktischen Rat zu über hundert der heißesten Fragen in der Kindererziehung. Lesen Sie ihn von A bis Z durch oder suchen Sie im alphabetischen Verzeichnis am Ende des Buchs nach einem bestimmten Thema.

Dann gibt es da noch den Tag, den ich „Spaßtag" nenne. Das ist mein Lieblingstag. Wenn Sie Ihren Plan eingeführt haben, lehnen Sie sich zurück und beobachten den Spaß ... und die Verwirrung auf dem Gesicht Ihres Kindes. Das ist die beste Unterhaltung für Eltern.

Nachdem Sie Ihren Plan eingeführt haben, lehnen Sie sich zurück und beobachten den Spaß ... und die Verwirrung auf dem Gesicht Ihres Kindes. Das ist die beste Unterhaltung für Eltern.

Wenn Sie nicht aufgeben, kann ich Ihnen versichern, dass Sie einen Volltreffer landen werden. Ich habe es selbst erlebt. Ich habe diese Wohltaten in der Beziehung zu meinen eigenen Kindern gesehen, die jetzt im Alter zwischen fünfzehn und fünfunddreißig sind. Sande und ich sind stolz auf sie. Sie alle waren und sind sowohl in der Schule als auch im Leben allgemein erfolgreich. Im Gegensatz zu mir standen sie niemals vor dem Verkehrsgericht. Das Interessante und Wunderbare ist, dass sie einander wirklich lieben. Sie alle bringen enorme Opfer, um zusammen sein zu können. Und stellen Sie sich vor: Sie lieben und respektieren auch Sande und mich und sind gern mit uns zusammen. Sogar die Freunde unserer fünfzehnjährigen Tochter haben ihr neulich bestätigt, dass ihre Eltern „cool" seien.

In *Die Rebellen bändigen* habe ich auf meine Erfahrung aus nahezu vier Jahrzehnten Ehe und Kindererziehung zurückgegriffen – einschließlich meiner praktischen Erfahrung als Psychologe, meiner persönlichen Erfahrung als Vater von fünf Kindern und der vielen Geschichten, die ich auf meinen Reisen durch das Land gehört habe, wenn ich daran arbeitete, die Beziehungen in Familien mit Witz und Weisheit zu verbessern – und sie alle in einem kleinen Buch vereint. Das habe ich getan, weil mir *Ihre Familie* am Herzen liegt. Ich will, dass Sie dieselben befriedigenden Beziehungen in Ihrer Familie haben, wie ich in meiner.

Ich will, dass Sie ein Zuhause haben, in dem alle Familienmitglieder einander lieben und respektieren.

Ihre Kinder verdienen das.

Sie verdienen das.

Und nichts würde mich glücklicher machen als zu sehen, dass das geschieht.

MONTAG

Wo sind sie nur alle hergekommen?

Warum tun Ihre Kinder, was sie tun ... und machen damit weiter?
Ihre Reaktion hat viel damit zu tun.

Der vierjährige Matthew war in schlechter Stimmung. Seiner Mutter war das sofort klar, als sie ihn von der Vorschule abholte. Alles was er tun wollte, war, mit ihr zu streiten. Während der Heimfahrt lieferte er dann vom Rücksitz aus die vehemente Krönung: „Ich hasse dich!"

Wenn Sie einer seiner Elternteile wären, wie würden Sie reagieren? Sie könnten:

1. dem Kind eine ordentliche Standpauke halten.
2. das Kind ignorieren und so tun, als würde es gar nicht existieren.
3. etwas Neues und Revolutionäres ausprobieren, das diese Art von Benehmen im Keim erstickt – für immer.

Welche Möglichkeit würden Sie bevorzugen?

Wenn Sie mit einer Standpauke reagieren, würden Sie beide mit einem hässlichen und unguten Gefühl aus dem Auto aussteigen. Und was wäre damit auf lange Sicht erreicht? Sie würden sich den Rest des Tages schrecklich fühlen. Ihr Sohn würde in sein Zimmer gehen und schmollen. Letzten

Endes würde sich einer von Ihnen oder Sie beide entschuldigen (vermutlich Sie zuerst, denn bei Ihnen würde die elterliche Schuld vorherrschen. Und weil Sie sich dafür schämen, dass Sie die Geduld verloren haben, würden Sie das Kind am Ende wahrscheinlich großzügig mit Süßigkeiten eindecken).

Wenn Sie das Kind ignorieren und so tun würden, als würde es gar nicht existieren, könnte das vermutlich einige Zeit funktionieren – so lange, bis es etwas von Ihnen braucht. Bei einem Vierjährigen dauert das ungefähr 4,9 Sekunden, da es so viele Dinge gibt, an die er im Haus nicht heranreicht (wie die Milch im Kühlschrank). Das Problem ist: Wenn Sie sich nicht mit dem Benehmen auseinandersetzen, werden Sie den Rest des Tages innerlich vor Wut kochen – und nach dem Hund treten.

Diese Mutter entschied sich dafür, einen neuen Weg einzuschlagen und etwas Revolutionäres auszuprobieren. Sie war sehr nervös; sie fragte sich, ob es wirklich funktionieren würde. Sie hatte bereits unzählige Erziehungsbücher gelesen und ebenso viele Methoden ausprobiert. Keine davon hatte funktioniert. Und Matthew war – nun, er war dabei, ein Flegel zu werden. Sie konnte nicht glauben, dass sie das tatsächlich über ihr eigenes Kind dachte, doch es entsprach der Wahrheit.

Sie seufzte. *Besondere Umstände erfordern besondere Maßnahmen.* Doch diese neue Methode, von der sie gehört hatte, ergab wirklich einen Sinn. Sie hatte bei dreien ihrer Freundinnen funktioniert. Sie sagten, diese Taktik erfordere nichts anderes, als dass sie aufstand und ihre Elternrolle wahrnahm, indem sie in ihren Handlungen konsequent war, sie bis zum Ende durchzog und keinen Rückzieher machte. Sie wusste, das würde der schwerste Teil werden. Wenn es um Matthew ging, war sie ein Schwächling. Wenn er diese großen, blauen, tränenverhangenen Augen auf sie richtete, bekam er immer, was er wollte.

Aber ab heute würde sich das ändern, beschloss sie. Sie würde sich bei dieser neuen Methode die allergrößte Mühe geben. Sie musste etwas tun. Matthew trieb sie in den Wahnsinn. Erst letzte Woche hatte er im Einkaufszentrum einen Wutanfall bekommen. Dann hatte er das Nachbarmädchen gebissen, weil sie ihm das Spielzeug, das er haben wollte, nicht gab, und im Kindergarten hatte man ihr gesagt, sie müsse etwas gegen Matthews aggressives Verhalten gegenüber den anderen Kindern unternehmen.

Nachdem sie und Matthew das Haus betreten hatten, sagte sie kein Wort. Sie ging ihrer Arbeit nach und holte die Einkaufstaschen aus dem Auto. Nach einigen Minuten wanderte Matthew in die Küche. Normalerweise erwarteten ihn dort Schokoladenkekse und Milch. Das war sein gewohnter Imbiss nach dem Kindergarten.

„Mami, wo sind meine Kekse und meine Milch?“, fragte er und blickte auf die Anrichte, wo er normalerweise beides vorfand.

„Heute gibt es keine Kekse und Milch“, sagte sie sachlich. Dann drehte sie ihrem Kind, mit dem sie elfeinhalb Stunden in den Wehen gelegen hatte, den Rücken zu und ging in ein anderes Zimmer.

Sagte Matthew sich jetzt: *Nun, dann muss ich wohl heute ohne auskommen?* Nein, denn Kinder sind Gewohnheitstiere. Was also tat Matthew? Er folgte seiner Mutter in das nächste Zimmer.

„Mami, das verstehe ich nicht. Ich bekomme nach dem Kindergarten doch immer Kekse und Milch.“

Seine Mutter sah ihm in die Augen und sagte: „Mami ist heute nicht danach, dir Kekse und Milch zu geben.“ Sie wandte sich ab und verließ das Zimmer.

Aber jetzt war Matthew nicht mehr zu bremsen – er drängte darauf, ans Ziel zu gelangen. Er folgte seiner Mutter in den nächsten Raum. „Aber Mami, das ist doch noch nie vorgekommen.“ Panik lag in seiner Stimme. Er begann zu zittern. „Ich verstehe das nicht.“

„Aber Mami, das ist doch noch nie vorgekommen.“ Panik lag in seiner Stimme. Er begann zu zittern. „Ich verstehe das nicht.“

Seine Mutter wusste, dass Matthew jetzt bereit war zu hören, was sie zu sagen hatte. Das war der günstige Moment für eine Lektion: der Moment, in dem die Realität ins Spiel kommt und auf das Denken und das Herz des Kindes Einfluss nimmt. Das ist der Zeitpunkt, an dem eine Mutter ein klares Wort mit ihrem Kind sprechen muss.

„Du bekommst heute keine Kekse und Milch, weil es Mami nicht gefallen hat, wie du im Auto mit ihr gesprochen hast.“ Wiederum wandte sie sich ab und ging weg.

Doch bevor sie auch nur drei Schritte machen konnte, hatte Matthew einen enormen Zusammenbruch.

Er rannte zu seiner Mutter und umschlang ihr Bein (schließlich gehörte er zum Krabbelkindbataillon). Er schrie überschwänglich. „Es tut mir leid, Mami! Es tut mir leid. Ich hätte das nicht sagen sollen."

Das war die Zeit für eine weitere wunderbare Gelegenheit. Die Mutter nahm Matthews Entschuldigung an, umarmte ihn und sagte ihm, dass sie ihn liebte. Sie sagte ihm auch, wie sie sich fühlte, wenn er auf diese Weise mit ihr sprach. Drei Minuten später war alles wieder im Lot und sie entließ Matthew aus ihrer Umarmung. Dann machte sie sich wieder an ihre Arbeit.

Was hörte sie als Nächstes von Matthew? „Mami, kann ich jetzt meine Milch und meine Kekse bekommen?"

Das war der Moment, vor dem sie sich gefürchtet hatte. Sie wappnete sich innerlich und sagte ruhig: „Liebling, ich habe Nein gesagt. Heute gibt es keine Kekse und Milch."

Matthew war sprachlos. Er öffnete den Mund, um zu einer Gegenrede anzusetzen, klappte ihn dann jedoch wieder zu und ging traurig weg.

Lassen Sie mich Ihnen die Frage stellen: Wird dieser kleine Junge das nächste Mal nachdenken, bevor er seine Mutter beleidigt?

Warum der kleine Buford ungezogen ist … und damit davonkommt

Warum neigen heute so viele Kinder dazu, ihre Eltern zu beleidigen und respektlos zu handeln? Warum bleiben so viele Eltern in Drohungen und gutem Zureden stecken, obwohl sie damit ohnehin nie etwas erreichen? Was ist hier los?

Kinder tun, was sie tun, weil sie bis jetzt damit davongekommen sind! Es läuft alles darauf hinaus, wer in Ihrer Familie wirklich das Sagen hat. Sind Sie es oder ist es Ihr Kind? Die Eltern von heute handeln oft nicht wie Eltern. Sie sind so sehr darauf bedacht, die Freunde ihres Kindes zu sein, die Psyche ihres Kindes nicht zu verletzen und sicherzustellen, dass ihr Kind glücklich und erfolgreich ist, dass sie in ihrer wichtigsten Rolle versagen: Eltern zu sein. Sie ebnen den Lebensweg ihres Kindes und räumen ihm jedes kleine Hindernis aus dem Weg, sodass das Kind nie mit Unbequemlichkeiten konfrontiert wird und sich für nichts besonders anstrengen muss. Warum sollte es das auch tun? Das Kind ist es gewohnt, hofiert zu werden. Mama und Papa sind zu bloßen Dienern geworden, die sich nach den Launen des Kindes richten, statt Eltern zu sein, die auf lange Sicht nur das Beste für ihr Kind im Sinn haben.

Darüber hinaus sind die Eltern von heute sehr gut darin, Ausreden für ihr Kind zu finden. Sie neigen dazu, sich selbst in die Position des Schuldigen zu begeben – „Ich konnte ihre Hausarbeit nicht machen, weil ich ein Geschäftsessen hatte" –, statt das Kind beim Namen zu nennen: „Meine Tochter hat ihre Hausarbeit nicht erledigt, weil sie zu faul dazu war." Sie verbringen mehr Zeit damit, ihre Kinder zu warnen und zu erinnern als damit, sie zu lehren.

Kinder tun, was sie tun, weil sie bis jetzt damit davongekommen sind.

Als Folge davon werden die Kinder von heute immer schlagkräftiger. Es dreht sich alles um „ich, ich, ich" und „gib mir". Sie werden immer weniger zur Verantwortung gezogen und haben immer weniger Pflichten innerhalb der Familie. Für sie geht es in der Familie nicht darum, was man geben, sondern was man bekommen kann. In der heutigen Zeit denken immer mehr Kinder zuerst an sich selbst, weil man ihnen nie beigebracht hat, auch an andere zu denken.

Jedes Kind ist ein schlauer kleiner Sauger und hat eine vorhersagbare Strategie. Im täglichen Spiel um Versuch und Irrtum, das entworfen wurde, um das Beste von Ihnen zu bekommen, ist es motiviert zu gewinnen, weil Sie dann alles tun, was es sagt. Das bedeutet, wenn es etwas ausprobiert und es funktioniert, wird es dasselbe wieder versuchen. Doch dann wird es sich ein wenig mehr anstrengen. Statt nur zu weinen, wenn es seine Süßigkeiten nicht bekommt, wird es seine Forderung mit einigen Fußtritten untermauern. Wenn ein Türknallen Sie dazu veranlasst, hinter Ihrer Tochter im Teenageralter hinterherzutraben, um ihr die Autoschlüssel zu geben, die sie haben wollte, wird sie ihren Auftritt beim nächsten Mal, wenn sie sie haben will, noch dramatischer gestalten. Kinder sind Meister der Manipulation. Glauben Sie nicht, dass sie Sie nicht manipulieren!

Das ist der Grund, warum das Benehmen Ihrer Kinder seinen Ursprung bei Ihnen selbst hat. Wenn Sie zulassen, dass Ihr Kind gewinnt, ist Ihr Kind schlau genug, dieses Verhalten das nächste Mal erneut anzuwenden. Das Buch *Die Rebellen bändigen* wurde geschrieben, um Ihnen ein ganzes

Arsenal von Werkzeugen in die Hand zu geben, die Sie einsetzen können, ohne Ihr Kind niederzustrecken. Doch wenn Sie die Prinzipien in diesem Buch befolgen, werden Sie darüber hinaus noch etwas anderes erreichen: Sie werden Ihnen dabei helfen, die Art von Eltern zu sein, die Sie sein wollen, damit Sie das Kind bekommen, das Sie haben wollen.

Diese Prinzipien funktionieren bei Vierjährigen, bei Vierzehnjährigen und sogar bei Geschäftsführern millionenschwerer Unternehmen. Probieren Sie sie einfach aus und beobachten Sie ihre Wirkung. Die Grundprinzipien mögen hart erscheinen und manche von Ihnen sind am Anfang vielleicht ein wenig zögerlich. Aber Sie sind an dieses Buch geraten, weil Sie in Ihrem Zuhause Veränderungen sehen wollen, und das schnell. Dafür sind Sie bei mir genau richtig. Wenn Sie wollen, dass ich eineinhalb Jahre lang Ihre Hand halte, während Sie mir immer wieder von Ihren Problemen erzählen, aber nicht bereit sind, wirklich etwas zu tun, um sie zu lösen, bin ich der Falsche für Sie. Aber wenn Sie sich dem Leben ernsthaft stellen und die Dinge zum Wohl Ihrer ganzen Familie anders angehen wollen, sind Sie bei mir richtig. Es waren schon viele Menschen erstaunt darüber, welche Veränderungen sich innerhalb kurzer Zeit in ihrem Zuhause bewirken lassen. Teenager, die einst großschnäuzig und rebellisch waren, sind jetzt ruhig, respektvoll und hilfsbereit. Kleinkinder, deren Geschrei und Wutausbrüche bisher an der Tagesordnung waren, sagen jetzt „bitte“ und „danke“.

Kinder sind Meister der Manipulation. Glauben Sie nicht, dass sie Sie nicht manipulieren!

Geben Sie diesem Buch eine Chance. Denken Sie darüber nach, wo Sie gerne wären. Ich kann Ihnen dabei helfen, dort hinzugelangen.

Ihre Aufmerksamkeit, bitte

Wussten Sie, dass Ihr Kind für alles, was es tut, einen Grund hat? Nach Dr. Alfred Adler nennt man das im Psychologenjargon „zweckorientiertes Verhalten“. Wenn Ihr Kind ungezogen ist, tut es das, *um Ihre Aufmerksamkeit zu bekommen.* Alle Kinder bekommen Aufmerksamkeit. Wenn es Ihrem Kind nicht gelingt, Ihre Aufmerksamkeit auf positive Weise auf sich zu ziehen, wird es versuchen, sie auf negative Weise zu bekommen.

Der Grund dafür ist, dass die persönliche Logik eines Kindes (der innere Dialog, der ihm sein ganzes Leben lang sagt, wer und was es ist) genau jetzt geformt wird. Und Kinder denken natürlich: *Ich zähle nur, wenn die Menschen mich beachten oder wenn andere etwas für mich tun. Ich zähle nur, wenn ich herrsche, kontrolliere und gewinne.*

Hier ist die gute Nachricht: Was Kinder lernen, können sie auch wieder „ver-lernen". Die Autorin Anne Ortlund sagt: „Kinder sind wie nasser Zement – formbar und beeinflussbar"[1], und damit hat sie absolut recht. Kinder sind gefügig – bis zu einem gewissen Punkt. Aber wenn sie heranwachsen, verhärtet sich ihr „Zement". Je früher Sie sich deshalb mit den Ansichten, dem Benehmen und dem Charakter Ihres Kindes befassen können, umso besser. (Mehr darüber erfahren Sie im Kapitel „Dienstag".)

Das Problem ist, dass das Zeit braucht, und die Eltern von heute haben keine Zeit mehr und nehmen sie sich auch nicht. Viele Kinder verbringen den größten Teil des Tages in Kindertagesstätten (in „Kinder-Pensionen", wie ich es nenne) und nehmen am späten Nachmittag und am Abend an einer Vielzahl von Aktivitäten teil: Gymnastik, Chor, Baseball usw.

Als ich an der University of Arizona lehrte, arbeitete ich mit Klassen von 300 Studenten – einschließlich Absolventen, Ärzten und Krankenschwestern – in einem Hörsaal. Ich brachte das Thema Familie und Problemlösung innerhalb der Familie zur Sprache. Dann stellte ich den Studenten einige grundlegende Fragen:

1. Was glauben Sie, wie dieses Kind sein Verhalten gelernt hat?
2. Warum ist es ungehorsam?
3. Was unternehmen die Eltern jetzt? Warum funktioniert es nicht?
4. Welche Gefühle löst dieses Benehmen in den Eltern aus?
5. Auf welcher Stufe befindet sich das Verhalten dieses Kindes – Stufe 1 (Aufmerksamkeit erregen) oder Stufe 2 (Vergeltung)?
6. Was sollten diese Eltern Ihrer Meinung nach tun?

Eine Familie, die mit dem Benehmen ihres Sohnes kämpfte, berichtete mir über all die Aktivitäten, in denen er engagiert war. Neben der Schule

---

1 Anne Ortlund, *Children Are Wet Cement* (Backinprint.com, 2002)

hatte dieser junge Mann an jedem einzelnen Abend der Woche einen Termin, und er war erst zehn! Mein Rat für die Eltern lautete: „Streichen Sie die Aktivitäten außerhalb der Schule. Alle. Statt Ihren Sohn in psychologische Betreuung zu geben, bleiben Sie zu Hause und verbringen Sie Zeit miteinander. Das Verhalten, das Sie sehen, hat seinen Ursprung darin, dass Ihr Sohn Ihre Aufmerksamkeit will und braucht. Er kämpft verzweifelt darum. Kein Trainer wird je die Rolle ausfüllen können, die Ihnen als Eltern im Leben Ihres Kindes zukommt.

Wenn Ihr Kind sich schlecht benimmt oder seine Launen auslebt, was sagt es damit wirklich? „Bitte schenk mir deine Aufmerksamkeit!"

Wenn Sie es versäumen, Ihrem Kind auf die richtige Weise Ihre Aufmerksamkeit zu schenken (darüber werden wir im Kapitel „Donnerstag" noch ausführlicher sprechen), wird Ihr Kind den Einsatz erhöhen und sich auf die nächste Stufe begeben: Vergeltung. „Ich fühle mich vom Leben verletzt, deshalb habe ich ein Recht darauf, nach anderen zu schlagen, einschließlich dir." Wenn sich Ihr Kind auf dieser Stufe befindet, brauchen Sie dieses Buch wirklich. Viele Kinder, die auf die Vergeltungs-Stufe vorrücken, sind auf dem besten Weg dazu, ihr Strafregister mit Einträgen zu füllen.

Machtkämpfe

Wenn Sie sich auf Machtkämpfe mit Ihren Kindern einlassen, werden Sie nie gewinnen. Sie haben viel mehr zu verlieren als Ihre Kinder. Ihrer Tochter im Teenageralter ist es völlig schnuppe, wenn ihr T-Shirt zu eng ist, aber Ihnen nicht, und sie weiß das. Was deutet sie also an, wenn sie die Treppe hinunterstolziert, auf theatralische Weise die Küche durchquert und mit einem Blick zurück zur Tür hinausspringt? „Du traust dich ja doch nicht, etwas zu sagen!"

Wenn Sie sich auf Machtkämpfe mit Ihren Kindern einlassen, werden Sie nie gewinnen. Sie haben viel mehr zu verlieren als Ihre Kinder.

Sie werden aus einem Machtkampf nie als Sieger hervorgehen, deshalb lassen Sie sich gar nicht erst darauf ein. Stattdessen werde ich Ihnen einen anderen, besseren Weg zeigen. Einen Weg, wie Sie in Ihrem Zuhause Ihre Autorität begründen können.

Gewohnheitstiere

Es wurde einmal eine klassische Studie durchgeführt, in der die Forscher Tauben darauf trainierten, drei Mal zu picken, um ihre Belohnung, ein Futterpellet, zu bekommen. Als die Vögel das gelernt hatten, änderten die Forscher den Belohnungsplan. Zuerst mussten die Tauben 97 Mal picken, damit sie ein Pellet bekamen, dann 140 Mal und schließlich 14 Mal. Am Ende waren sie so verwirrt, dass sie nicht mehr wussten, was sie tun sollten. Sie hatten ihr Verhalten so gut gelernt, dass sie Tag um Tag damit fortfuhren, drei Mal zu picken, um ihr Futter zu bekommen.

Genauso wie die Tauben sind auch Kinder Gewohnheitstiere. Wenn Sie das nicht glauben, versuchen Sie nur einmal, an dem gewohnten Ablauf, wenn Sie Ihr Kind zu Bett bringen, etwas auszulassen. Hören Sie, was dann passiert: „Mami, du hast vergessen, meine Wange zu streicheln. Du streichelst meine Wange doch immer." Erinnern Sie sich an Matthew, der es gewohnt war, nach dem Kindergarten Milch und Kekse zu bekommen? Erst als seine Routine unterbrochen wurde, war er bereit, seiner Mutter zuzuhören und sich anders zu verhalten.

Kinder lernen ein Verhalten und picken dann unaufhörlich, um ihre Belohnung zu bekommen. Deshalb werden es diejenigen von Ihnen, die kleinere Kinder haben, einfacher haben – Ihre Tauben hatten bisher weniger Zeit, für ihre Belohnung zu picken. Wenn Ihr Kind zwölf Jahre oder älter ist, hatte es bereits viel mehr Gelegenheit dazu. Dann werden größere Anstrengungen von Ihrer Seite nötig sein. Aber Sie können es immer noch schaffen, wenn Sie bei Ihren Waffen bleiben. Wenn Sie wollen, dass sich Ihr Kind verantwortungsvoll benimmt, werde ich Ihnen zeigen, wie Sie das erreichen können. Wenn Sie wollen, dass es sich belehren lässt und zuhört, werde ich Ihnen zeigen, wie Sie dort hingelangen. Das ist es, was Sie beide verdienen.

Wie können Sie nun also eine Veränderung in der Beziehung zu Ihrem Kind bewirken? Sie trainieren Ihrer Taube ein neues Verhalten an. Sie bleiben konsequent und verfolgen unbeirrbar ihr Ziel, Ihren Standpunkt klarzumachen.

Wie funktioniert das?

Nehmen wir einmal an, Ihr Kind will im Einkaufszentrum etwas von McDonald's haben, aber Sie haben kein Geld für McDonald's. Es bekommt einen ausgewachsenen Wutanfall, was Ihnen enorm peinlich ist. Was tun Sie?

> **Überlegen Sie:**
>
> Was ist momentan Ihre Herausforderung Nummer eins bei Ihrem Kind?
>
> Denken Sie in dieser Situation darüber nach, wie Sie die folgenden Prinzipien anwenden könnten:
>
> 1. Sagen Sie es ein Mal.
> 2. Wenden Sie sich ab.
> 3. Gehen Sie weg.

„Mark, wir kaufen nichts bei McDonald's." Dann drehen Sie Ihrem Kind den Rücken zu und gehen weg.

„Aber Dr. Leman, warten Sie mal einen Moment", sagen einige von Ihnen. „Sie meinen doch nicht, dass ich einen Sechsjährigen im Einkaufszentrum allein lassen soll, oder? Wie könnte ich da einfach weggehen?"

Aber darin liegt der Schlüssel. Ihr Kind will nicht, dass Sie weggehen. Es wird Sie nicht sehr weit kommen lassen. Es will einfach den Kampf mit Ihnen austragen. Es will gewinnen.

Sobald dieses Kind Ihren Rücken in der Menge verschwinden sieht, ist sein Wutanfall plötzlich nicht mehr so spaßig. Es ist nicht mehr so wichtig, den Kampf zu gewinnen. Es ist nur noch wichtig, seine Mutter – seine Sicherheitszone – zu finden und ihr zu folgen.

Nehmen wir einmal an, Sie sehen, wie Ihr Dreijähriger seine achtzehn Monate alte Schwester, die gerade das Laufen lernt, absichtlich umstößt. Sind Sie ärgerlich? Natürlich. Das war ausgesprochen gemein und Sie werden das nicht auf sich beruhen lassen. Ganz zu schweigen von der Tatsache, dass die eineinhalb Jahre alte Caroline jetzt weint. Aber zuerst holen Sie tief Luft und überdenken Ihre Strategie. Dann rufen Sie Andy zu sich.

„Andy, brauchst du heute ein wenig Aufmerksamkeit? Wenn du willst, dass ich dich in die Arme nehme, brauchst du es nur zu sagen. Komm einfach zu mir und bitte mich um eine Umarmung. Du musst nicht erst deine Schwester umstoßen, dass ich das tue. Diese Art von Benehmen ist nicht akzeptabel."

Indem Sie ihn wissen lassen, dass Sie darüber im Bilde sind, welche Absicht er mit seinem Benehmen verfolgt hat, haben Sie ihm den Spaß daran genommen. Jetzt sind Sie sind es, der die Kontrolle besitzt, nicht er. Beim nächsten Mal hat er keinen Grund mehr, sich so zu verhalten.

Angenommen, Ihre Tochter im Teenageralter wirft Ihnen bissige Kommentare an den Kopf, weil es Hühnchen zum Abendessen gibt – wieder einmal – und sagt, sie hasse Hühnchen (obwohl sie eine Woche zuvor darum gebeten hat). Wenn es dann Zeit für sie ist, zu Miranda zu gehen, um zu „lernen", sagen Sie: „Wir gehen nicht zu Miranda." Dann wenden Sie sich ab, verlassen den Raum und beginnen, die Wäsche zusammenzulegen.

Genauso wie der Vierjährige, der nach Keksen und Milch verlangte, wird Ihre Vierzehnjährige Ihnen folgen. „Was meinst du damit, dass wir nicht zu Miranda gehen? Du bringst mich dienstags doch immer zu Miranda."

„Wir gehen nicht zu Miranda, weil es mir nicht gefallen hat, wie du vorhin mit mir gesprochen hast."

Sie wenden sich ab und gehen weg. Ganz gleich, ob sie nun bettelt, einen Wutanfall bekommt oder sich entschuldigt, Sie bringen sie nicht zu Miranda. Sie ist diejenige, die Miranda erklären muss, warum sie nicht kommen kann. Natürlich stellt sie die Situation vielleicht anders dar, als Sie es tun würden, aber was macht das? Sie haben Ihren Standpunkt klargemacht und Ihre Tochter wird sich ihre Worte das nächste Mal sorgfältiger überlegen.

Wenn Sie wollen, dass Ihr Kind Sie ernst nimmt, sagen Sie Ihre Worte ein Mal. Nur ein Mal. Wenn Sie sie mehr als ein Mal sagen, deuten Sie damit an: „Ich glaube, du bist so dumm, dass du mich beim ersten Mal nicht verstanden hast, deshalb sage ich es nochmals." Ist das respektvoll gegenüber Ihrem Kind?

Wenn Sie wollen, dass Ihr Kind Sie ernst nimmt, sagen Sie Ihre Worte ein Mal. Nur ein Mal. Wenn Sie sie mehr als ein Mal sagen, deuten Sie damit an: „Ich glaube, du bist so dumm, dass du mich beim ersten Mal nicht verstanden hast, deshalb sage ich es nochmals."

Sobald Sie gesagt haben, was Sie sagen wollten, wenden Sie sich ab. Erwarten Sie, dass Ihre Anweisungen befolgt werden. Werfen Sie keinen heimlichen Blick über Ihre Schulter, um zu sehen, ob das Kind tut, was Sie gesagt haben. Es gibt keine Widerrede, keinen Streit. Sie haben klar und deutlich gesagt, was Sie erwarten, und damit ist der Fall erledigt.

Dann gehen Sie weg und beschäftigen sich mit etwas anderem.

Wird Ihr Kind ärgerlich sein? Schockiert? Verwirrt? Werden Sie ein paar Tage lang Auseinandersetzungen haben? Oh ja!

Aber lassen Sie mich Ihnen eine Frage stellen. Wie fühlen Sie sich, wenn Sie mit Ihrem Kind in ein Wortgefecht geraten? Ärgerlich? Schlecht? Schuldig? Schreien Sie und machen sich dann deshalb den Rest des Nachmittags Vorwürfe? Traktieren Sie sich selbst mit Vorwürfen („ich hätte das tun sollen; ich hätte jenes tun sollen")? Sind Sie die Taube, die durch das Labyrinth rennt und versucht, ihre Belohnung dafür zu bekommen, dass sie ihre Kinder glücklich macht? Wollen Sie wirklich so leben?

Wie gehen Sie mit Ihrem Sechzehnjährigen um, wenn Sie eine Ausgabe des *Playboy* unter seinem Bett finden? Mit Ihrem Zweijährigen, der Sie in den Bauch tritt, wenn er im Supermarkt im Einkaufswagen sitzt? Wie gehen Sie damit um, wenn die Laune Ihres Heranwachsenden alle zwei Minuten zwischen „Ich hasse dich" und „Ich liebe dich" wechselt? Mit dem Anruf des Schuldirektors, der Ihnen mitteilt, dass Ihr lebenslustiger Sohn diesmal etwas zu weit gegangen ist?

Was am Montag zu tun ist

1. Beobachten Sie, was in Ihrem Haus vor sich geht. Welche Aspekte in der Beziehung zu Ihrem Kind stören Sie wirklich?
2. Überlegen Sie, was Sie gerne ändern würden.
3. Beschließen Sie, den Stier bei den Hörnern zu packen.
4. Erwarten Sie, dass große Dinge passieren.

Was ist normal (oder gibt es so etwas wie „normal" überhaupt?) und was können Sie erwarten? Worauf sollten Sie Ihr Hauptaugenmerk richten und was sollten Sie hinnehmen? Im nächsten Kapitel werden wir über die drei Dinge sprechen, die allen Eltern am wichtigsten sind: Ansichten, Benehmen und Charakter.

Bedenken Sie, Kinder sind wie Tauben. Sie müssen ein wenig für ihre Belohnung tun. Weil sie Gewohnheitstiere sind, ist es notwendig, dass Sie konsequent sind und Ihre Absicht bis zum Ende durchziehen, sonst verirren sie sich im Labyrinth. Die Kinder müssen auch wissen, dass sie keine Belohnung zu erwarten haben, wenn sie versuchen, das Labyrinth einfach zu umgehen.

Nehmen wir einmal an, Sie und ich würden die nächsten 30 Tage durchs Leben gehen, indem wir uns nur von unseren Gefühlen leiten lassen und genau das sagen, was wir denken, tun, was wir wollen, und nicht tun, was wir nicht wollen. Wie würde unser Leben dann am Ende dieser 30 Tage aussehen? Chaotisch. Wir hätten keinen Arbeitsplatz mehr, weil wir unseren Chef beleidigt haben. Unsere Freunde würden nichts mehr mit uns zu tun haben wollen. Und wahrscheinlich hätte uns irgendjemand auf der Schnellstraße erschossen.

Die Kinder von heute brauchen Führung. Sie brauchen Verantwortungsbewusstsein. Man muss sie lehren, dass ihre Taten (oder ihre Untätigkeit) Konsequenzen nach sich ziehen. Sonst werden sie Amok laufen.

Als meine Tochter und ich neulich auf dem Flughafen waren, beobachteten wir dreijährige Zwillinge, die aufeinander einschlugen. Was tat ihre Mutter? Sie telefonierte mit ihrem Handy. Was tat ihr Vater? Er las Zeitung. Im Scherz sagte ich zu meiner Tochter: „Das sind die Kinder, die deinen Vater zu einem reichen Mann machen werden."

Eltern, es ist an der Zeit, dass Sie einen Gang hochschalten und Eltern sind. Ihr Kind muss wissen, dass Sie es ernst meinen und dass Sie auch tun, was Sie sagen. Es darf Sie nicht beleidigen, und wenn es das tut, wird das Konsequenzen haben. Sofortige Konsequenzen. Und nichts wird Sie davon abbringen, diese erfolgen zu lassen.

Kritiker werden sagen: „Aber bewirken Sie damit nicht, dass sich Ihr Kind schlecht und schuldig fühlt?" Das hoffe ich! Es ist wichtig, ein wenig Schuld im Leben zu haben. Und ein schlechtes Gefühl kann eine Menge Gutes bewirken.

Warten Sie es einfach ab.

Oh, oh, Sie haben mich ertappt. Aber ich bin sehr froh darüber. Ich hielt mich für eine wunderbare Mutter. Meine Eltern waren so autoritär, dass ich beschloss, nie zu werden wie sie. Ich erkannte nicht, dass ich genau die entgegengesetzte Richtung eingeschlagen hatte. Ich sagte fast nie Nein zu meinen Kindern. Ich strengte mich so an, sie glücklich zu machen, dass ich oft völlig erledigt war, aber sie waren immer noch nicht glücklich. Jeder sagte mir, wie viel ich tun würde und was für eine wunderbare Mutter ich sei, aber ich kannte die Wahrheit: Ich hatte ein Problem damit, mich durchzusetzen. Aber jetzt nicht mehr. Vor einer Woche habe ich Ihre Prinzipien „Sagen Sie es ein Mal, wenden Sie sich ab und gehen Sie weg" eingeführt. Sie funktionieren wirklich. Ich bin sprachlos. Mein Sohn hat gestern freiwillig den Abfall hinausgetragen, sogar ohne, dass ich ihn darum gebeten habe, und meine Tochter brachte ein Brot mit nach Hause, weil ihr aufgefallen war, dass wir nicht mehr viel zu Hause hatten. Ich kann diese Veränderung nicht glauben!

Millie, North Carolina

Letzte Woche habe ich Ihr Seminar besucht, in dem Sie erläutern, wie man das Benehmen von Kindern verändern kann, und Ihre Tipps sofort in die Tat umgesetzt. Das Ergebnis ist sogar noch eindrucksvoller, als ich erwartet hatte! Ich hatte eine unglaublich friedliche und einfache Woche mit meinen drei Kindern (vierzehn, acht und sechs)! Sie haben wunderbar reagiert. Und auch ich habe mich verändert. Ich setze ihnen nicht nur Grenzen, ich tue es mit Leidenschaft. Ich schreie überhaupt nicht mehr, und das ist so wundervoll für mich, dass ich es Ihnen einfach mitteilen musste.

Begeistert in Georgia

Ich liebe es, Ihnen zuzuhören – insbesondere Ihrem Humor und Ihren persönlichen Geschichten (wie die eine, in der Sie einen Klumpen Schleim aus dem Fenster gespien haben und Ihr Sohn es Ihnen nachgemacht hat). Sie bringen mich zum Lachen. Doch darüber hinaus haben Sie meiner Frau und mir geholfen, eine wichtige Entscheidung zu treffen. Ich hatte gerade erst meine Arbeitsstelle verloren und sah in unserer unmittelbaren Umgebung keine Möglichkeit, eine neue Anstellung zu finden. Meine Frau hat ihren Arbeitsplatz schon jahrelang und liebt ihn sehr. So bleibe ich nun bei meinem Sohn zu Hause – und genieße jede einzelne Minute. Das ist die beste Entscheidung, die wir je getroffen haben, und sie hat uns eine Menge Kosten für seine Tagesbetreuung erspart.

Stephen, Michigan

Ich habe geweint, ich habe gebetet, ich habe die Hände hochgeworfen, aber nichts hat funktioniert – bis jetzt. Ihr Grundsatz „B tritt nicht ein, bevor A abgeschlossen ist" hat meine Beziehung zu meinen Kindern völlig verändert. Während der ersten drei Tage, in denen ich dieses Prinzip anwendete, fühlte ich mich schrecklich, weil ich nicht daran gewöhnt war, in irgendetwas konsequent zu sein. Als ich jedoch sah, welche Veränderungen mein Verhalten nach nur drei Tagen bereits bewirkt hatte, spornte mich das an, die Sache bis zum Ende durchzuziehen. Ich kann jetzt mit meinen zwei Kleinkindern zu meinen Freundinnen gehen, ohne Peinlichkeiten zu befürchten oder ihr Geschrei anhören zu müssen. Gestern kam meine dreijährige Tochter zu mir und fragte: „Mami, können wir etwas zu knabbern haben?" Und das sagte das Mädchen, das mir noch eine Woche zuvor befohlen hätte: „Gib mir etwas zu knabbern!" Es *funktioniert!* Das ist die Antwort auf meine Gebete.

Kendra, Texas

DIENSTAG

Entwaffnen Sie Ihre Kinder mit ihren Ansichten

Wollen Sie ein Kind, das keine charakterlose Persönlichkeit besitzt?
Hier lesen Sie, wie Sie das erreichen können.

Meine Frau Sande betete immer für einen Mann mit Charakter. Und sie bekam einen charaktervollen Mann. Mich.

Das ist es, was heute bei vielen Kindern noch unzureichend geformt ist – der Charakter. Zahlreiche Studien belegen, dass die drei größten Probleme von Eltern auf lange Sicht mit einer neuen Art des Abc zu tun haben:

- Ansichten
- Benehmen
- Charakter

Wenn es darauf ankommt, sind das die Dinge, die am meisten zählen. Sie setzen sich ins Erwachsenenalter hinein fort und machen Ihr Kind zu einem Menschen, der vertrauenswürdig ist – oder auch nicht. Zu einem Menschen, der anderen mit Freundlichkeit und Respekt begegnet – oder auch nicht. Zu einem Menschen, der ehrlich ist – oder auch nicht.

Es geht nur um die Ansichten

Seine Ansichten sind der Eingang zum Kopf und zum Herzen eines Kindes. Was Ihr Kind über sich selbst denkt – wie es sich sieht und wie es beurteilt, was ihm widerfährt – spricht durch sein Benehmen eine laute Sprache.

Wussten Sie, Mami und Papi, dass es eine strafbare Handlung sein kann, wenn ein Kind eines seiner Geschwister auch nur *ansieht?*

Denken Sie einmal über folgende Verbrechen nach, die innerhalb einer Familie vorkommen können:

- „Er hat mich *angesehen!*"
- „Sie hat meine Jacke getragen und sie zerrissen – mit Absicht!"
- „Ihn schreist du nie an. Er kommt mit *allem* ungestraft davon."
- „Warum darf sie gehen? Mich lässt du nie gehen."
- „Hey! Warum ist ihr Stück größer?"

> *Mit wem schlagen Sie sich in Ihrer Familie am häufigsten die Köpfe ein? Ist Ihnen dieses Kind am ähnlichsten oder am unähnlichsten?*

Ansichten können eine deutliche Sprache sprechen – auch wenn Ihr Kind nichts sagt. Es schreit seine Ansichten laut heraus, auch wenn es sich beharrlich weigert, mit Ihnen zu sprechen. Sie wissen, wovon ich rede.

Negative Ansichten drücken sich durch viele Verhaltensweisen aus: rollende Augen, freche Antworten, Dickköpfigkeit, schlechte Manieren, Besserwisserei, Jammern, das „Ich, ich, ich"-Syndrom, Trotz, Wutanfälle, die Weigerung, mit den anderen Familienmitgliedern zusammenzuarbeiten, Respektlosigkeit usw.

Doch woher kommen diese Ansichten?

Warum schlagen Sie sich die Köpfe ein?

Wenn Sie mehr als ein Kind haben, wissen Sie, dass die kleinen Füchse im Bau völlig unterschiedlich sein können. Manche Kinder haben ein unkompliziertes Wesen; andere achten auf jede noch so winzige Kleinigkeit.

Mit wem schlagen Sie sich in Ihrer Familie am häufigsten die Köpfe ein? Ist Ihnen dieses Kind am ähnlichsten oder am unähnlichsten?

Aller Wahrscheinlichkeit ist das bei dem Kind der Fall, das Ihnen am *ähnlichsten* ist. Kinder, die schlechte Ansichten haben, haben Eltern, die schlechte Ansichten haben. Ansichten werden abgeschaut, nicht aufgebaut.

Manchmal wissen Eltern nicht einmal, dass sie eine schlechte Ansicht haben. Aber was Sie denken, offenbart sich in Ihren Taten gegenüber Ihrem Kind. Wenn Ihre Ansicht also lautet: „Das ist das Beste für dich und das wirst du tun – und möge Gott dir beistehen, wenn du es nicht tust“, ist das für ein Kind mit einem hitzigen Temperament geradezu eine Einladung, auf Konfrontation zu gehen. Es wird einen Katzenbuckel machen, auch wenn es erst achtzehn Monate alt ist. Es wird gegenüber Ihrer ständigen Wachsamkeit immun sein.

Der Schlüssel, um Ihr Kind zu ändern, besteht darin, Ihre Ansichten zu ändern.

Der Schlüssel, um Ihr Kind zu ändern, besteht darin, Ihre Ansichten zu ändern.

Nehmen wir einmal an, Sie wenden sich mit der einfachen Bitte an Ihre Tochter: „Bring bitte den Abfall hinaus.“

„Ich bin beschäftigt“, schleudert sie Ihnen ins Gesicht und fährt fort, ihren Roman zu lesen.

Fragen Sie sich: *Was würde ich in einer solchen Situation normalerweise tun?*

Wenn das Kind sechs Jahre alt ist, könnten Sie es wahrscheinlich körperlich dazu zwingen, es zu tun. Wenn das Kind zehn ist, werden Ihre Worte vielleicht etwas schärfer und Sie wiederholen Ihren Befehl etwas lauter. „Ich *sagte*, bring den Abfall hinaus. *Jetzt*.“

„Ich will nicht.“

Was passiert als Nächstes? Ihr Ärger setzt ein. *Was glaubt dieses Kind eigentlich, wer sie ist? Wie kann sie es wagen, nach allem, was ich für sie tue?*

Sie heben Ihre Stimme weiter an. „Junges Fräulein, ich sagte, du sollst es *jetzt* tun, und du wirst es *jetzt* tun! Sonst …“

Ihre Tochter blickt nicht einmal von ihrem Buch auf. Warum? Weil Sie ihr schon öfter gedroht haben, Ihre Drohungen jedoch nie wahr gemacht haben.

Aber was wäre, wenn sich Ihre Ansichten veränderten? Was wäre, wenn Sie ruhig blieben? Was, wenn Sie sie nicht weiter belästigten, nachdem Sie sie einmal gebeten haben? Was, wenn Sie einfach weggingen und erwarteten, dass sie es tut? Keine Erinnerungen, keine erhobene Stimme, kein Ärger Ihrerseits.

„Aber Dr. Leman, was ist, wenn sie es nicht tut? Meine Tochter würde es jedenfalls nicht tun."

Ganz einfach. Lassen Sie eines ihrer Geschwister die Aufgabe erledigen, bezahlen Sie es dafür und ziehen Sie diesen Betrag vom nächsten Taschengeld Ihrer Tochter ab. Wenn Sie es selbst tun, bezahlen Sie sich aus dem Taschengeld Ihrer Tochter. Der Punkt ist, dass ein anderer die Aufgabe erledigt, die sie tun sollte.

Was geschieht als Nächstes? Sie bleiben ruhig. Sie führen weiterhin Regie. Später sagt sie zu Ihnen: „Okay, ich bin fertig, wir können jetzt die neuen Schuhe für mich kaufen gehen."

Ihre sachliche Reaktion? „Wir gehen keine Schuhe kaufen."

„Aber Mamiii, du hast gesagt, du würdest mich zu dem Schuhgeschäft fahren."

> *In fast 100 Prozent der Fälle kennen die Eltern den Unterschied, ob ihre Kinder sie respektieren oder verachten, doch sie entscheiden sich dafür, es zu ignorieren.*

„Mir ist nicht danach, dich zum Schuhgeschäft zu fahren." Dann kehren Sie ihr den Rücken zu und gehen weg.

Keine Schuld. Kein Ärger. Keine Erklärung. Sie sind ruhig und besitzen die Kontrolle.

Nur eine Phase?

Wie können Sie unterscheiden, wann ein Verhalten als normal oder als „nur eine Phase" einzustufen ist und wann es sich um eine schlechte Ansicht handelt, mit der Sie sich befassen müssen?

In fast 100 Prozent der Fälle *wissen die Eltern,* ob ihre Kinder sie respektieren oder verachten, aber sie entscheiden sich dafür, es zu ignorieren.

Warum sollte jemand das tun? Weil viele Eltern in der heutigen Zeit die Freunde ihres Kindes sein wollen. Doch das wird auf lange Sicht nie funktionieren.

Wenn Ihre heranwachsende Tochter zu Ihnen sagt: „Mami, dieses Outfit sieht irgendwie blöd aus. Bist du sicher, dass du das tragen willst?“ wird sich ihre Ansicht in der Art und Weise zeigen, wie sie diese Worte sagt.

Wenn Ihr Zweijähriger Sie konfrontiert und schreit: „Ich will nicht!“ geht es nicht um „dieses schreckliche Alter“. Es geht um seine Ansichten. Er testet Sie, um herauszufinden, wie viel Sie sich gefallen lassen.

Fallen Sie also nicht auf die „Das ist nur eine Phase“-These herein. Sie kennen Ihr Kind. Sie wissen, wann es unhöflich und respektlos ist und wann es einfach eine Frage stellt, um etwas zu verstehen. Das ist an seiner Körpersprache und seinem Tonfall klar zu erkennen.

Wenn Sie die neue Methode des „Sagen Sie es ein Mal, wenden Sie sich ab und gehen Sie weg“ einführen, lassen Sie Ihr Kind sich ein wenig anstrengen, um den Grund dafür herauszufinden. Sagen Sie ihm nicht einfach, warum Sie Ihr Verhalten geändert haben. Lassen Sie es – früher oder später – von allein darauf kommen, dass Ihr neues, konsequentes Verhalten etwas mit seiner streitlustigen Art zu tun hat, die sich in seinen Ansichten widerspiegelt.

In der Zwischenzeit werfen Sie einen Blick auf Ihre eigenen Ansichten. Schwingen diese in Ihren Äußerungen mit, auch wenn Ihre Worte freundlich klingen? Etwa so, wie wenn eine Frau zu ihrem Mann sagt: „Oh, Liebling, du kannst ruhig Golf spielen gehen und ich bleibe hier mit deiner *Mutter*“? Die Worte mögen oberflächlich betrachtet freundlich sein, doch welche Ansicht verbirgt sich dahinter? Die Übersetzung: „Ich hoffe, du hast eine beschissene, miese Zeit. Wie kannst du es wagen, mich mit deiner Mutter allein hier sitzen zu lassen! Du bist ein Trottel! Und ich hoffe, du verlierst deinen Lieblingsschläger!“

Ihre Ansichten bestimmen, wie Sie Ihr Leben leben. Sie bestimmen Ihr Verhalten. Und Sie bestimmen den Charakter, den Sie entwickeln.

Wie laut sprechen Ihre Ansichten?

Es geht nicht darum, was Sie sagen, sondern wie Sie handeln ... oder nicht?

Sie haben es gesehen. Sie haben es in Ihrem eigenen Zuhause erlebt. Schlagen. Spucken. Störungen, wenn Sie telefonieren. Rivalität unter Geschwistern. Löcher, die in Wände geschlagen werden. Aus-dem-Zimmer-Stampfen. Knallende Türen. Geschrei. Bettnässen. Auseinandersetzungen im Auto. Auseinandersetzungen über die Uhrzeit, wann Ihre Kinder zu Hause sein müssen. Auseinandersetzungen über unordentliche Zimmer. Absichtlicher Ungehorsam. Herabsetzende Bemerkungen. Der Kampf ums Aufstehen, damit Ihre Kinder rechtzeitig zur Schule kommen. Kinder, die nicht im Bett bleiben, sondern wieder herausspringen wie ein Gummiball. Gedankenlosigkeit in Bezug auf Geld. Lügen. Nicht fertiggestellte Projekte.

Wussten Sie, dass Benehmen erlernt wird? Und dass Kinder ihr Benehmen danach ausrichten, was sie Sie sagen und tun sehen?

Denken Sie einmal darüber nach, wie oft Sie gesagt haben: „Ich werde nie tun, was mein Vater mir angetan hat. Ich werde nie so mit meinen Kindern sprechen, wie meine Mutter es getan hat." Und dann stellen Sie fest, dass Sie dieselben Worte *und* denselben Tonfall benutzen wie Ihre Eltern.

Denken Sie an die kleine „Notlüge", die Sie gegenüber Ihrem Vorgesetzten gebraucht haben: „Ich fühle mich heute nicht besonders gut. Ich glaube, ich muss mich einen Tag ausruhen." Und dann sind Sie mit den Kindern an den Strand gefahren.

Oder wie war das damals, als Sie Ihren Kindern versprochen haben, mit Ihnen ein Eis essen zu gehen und dann so viel Arbeit hatten, dass Sie erst nach Hause kamen, als sie bereits im Bett waren?

Das ist es, was ich meine. Ihre Ansichten treten zwangsläufig durch Ihr Verhalten zutage, und Kinder beobachten immer. Das bedeutet, wenn Sie sehen wollen, dass sich Ihr Kind verändert, müssen Sie sich verändern. Wenn Sie schreien, wenn Sie ärgerlich werden, sollte es dann überraschen, wenn Ihr Siebenjähriger es auch tut? Wenn Sie andere mit Nichtbeachtung strafen, sollte es Sie überraschen, wenn Ihr Dreizehnjähriger nicht spricht? Brechen Sie Ihre Versprechen? Wenn das der Fall ist, sollten Sie beginnen, sie zu halten – oder sie erst gar nicht zu geben. Meine persönliche Meinung ist, dass Sie Ihren Kindern nie irgendetwas versprechen sollten.

Wenn Sie Ihnen etwas versprechen, bedeutet das, (1) dass Ihr Auto nie eine Panne hat, (2) dass jeder Tag exakt so verläuft, wie Sie ihn geplant haben, (3) dass Sie perfekt sind und (4) dass es nicht regnet.

Ungezogenheit kommt vor. Kinder sind Kinder. Akzeptieren Sie einfach die Tatsache, dass sie die dümmsten und peinlichsten Dinge sagen und tun, die Sie sich vorstellen können. Ich werde nie vergessen, was unser Kinderarzt uns sagte, als wir Holly, unsere Erstgeborene, bekamen. „Sie müssen Ihr Haus absolut sicher machen, denn Kinder sind wirklich dumm, wenn es darum geht, etwas in den Mund zu stecken." Kinder ziehen einen Hund am Schwanz und werden gebissen, sie spielen mit Steckdosen, sie rennen auf die Straße, sie stecken den Finger in das Auge ihrer Schwester, sie übergeben sich überall hin, wenn ihnen schlecht ist – genau dann, wenn Sie sich für einen großen Abend zurechtmachen.

Das Problem entsteht, wenn wir als Eltern unsere Kinder darum bitten, sich zu benehmen. Wir erwarten es. Und was passiert, kurz bevor Sie einen öffentlichen Ort betreten? Sagen wir einmal, Sie gehen in ein Lebensmittelgeschäft. Was sagen Sie zu den Kindern? „Denkt daran, kein Streit. Haltet eure Hände bei euch. Wenn ihr es nicht tut, gibt es keine Süßigkeiten. Mami muss nur ein paar Dinge einkaufen und dann gehen wir nach Hause."

Kinder sind Kinder. Akzeptieren Sie einfach die Tatsache, dass sie die dümmsten und peinlichsten Dinge sagen und tun, die Sie sich vorstellen können.

Was sagen Sie damit? „Kinder, ich erwarte, dass ihr euch schlecht benehmt, und das tut ihr besser nicht." Tatsächlich lehren Sie Ihre Kinder, Ärger zu machen.

Das ist der Grund, warum so viele Kinder bei der Großmutter vollkommene Engel sind, sich aber in kleine Teufel verwandeln, wenn sie nach Hause zu Mama kommen. Warum benehmen sie sich schlecht, wenn sie in Ihrer Nähe sind? Weil Sie das von ihnen erwarten, und weil es die einzige Möglichkeit ist, Ihre Aufmerksamkeit zu bekommen!

Wie konnten die Dinge so schieflaufen? Unternehmen Sie eine kleine Reise in die Vergangenheit. Erinnern Sie sich noch daran, wie Sie erfahren haben, dass Ihr kleiner Engel in Ihr Leben treten wird? Vielleicht waren Sie mit zwei Geburten innerhalb von achtzehn Monaten gesegnet. Und hier kommt der interessante Punkt. Obwohl wir einen sehr hohen Bildungsstand besitzen, verlassen sich die meisten von uns auf ihr Gefühl, wenn es um Kindererziehung geht. Wir folgen dem Beispiel unserer Eltern.

Wenn wir also in einem Elternhaus aufgewachsen sind, in dem es ständig hieß: „Fass das nicht an, du wirst dich verletzen", werden Sie bei Ihren Kindern übervorsichtig sein. Sie werden ständig Nein zu Ihren Kindern sagen.

Wenn Sie mit einem Elternteil aufgewachsen sind, der Sie geschlagen hat, werden Sie feststellen, dass Sie Ihr Kind anschreien und Ihre Hand gegen es erheben.

Wenn Sie mit Eltern aufgewachsen sind, die Sie mit wortlosen Blicken zur Disziplin gemahnt haben, werden Sie feststellen, dass Sie Ihrem Kind dieselben Blicke zuwerfen.

Stellen Sie sich die Fragen

1. Welche Absicht verfolgen sie mit ihrem Verhalten?
2. Wie fühlen Sie als Elternteil sich in dieser Situation?
3. Handelt es sich hier um einen Elefanten oder um eine Mücke?

Doch wenn es keine Beständigkeit gibt, wenn Sie Ihre Sache nicht bis zum Ende durchziehen und keine Konsequenzen folgen lassen, werden die Worte und Blicke nach einer Weile nicht mehr den gewünschten Effekt erzielen. Dann entwickelt sich zwischen Eltern und Kind eine Kluft, die in der Zukunft noch jahrelang anhalten kann.

Wenn Ihre Kinder es Ihnen wieder einmal alles andere als leicht machen, ist es wichtig, dass Sie sich die drei folgenden Fragen stellen, um ihr Benehmen so gut wie möglich beurteilen zu können:

- Welche Absicht verfolgen sie mit ihrem Verhalten? (In anderen Worten, warum tut Ihr Kind, was es tut?)
- Wie fühlen Sie sich als Elternteil in dieser Situation? (Was Sie über die Situation denken und welche Gefühle Sie entwickeln, bestimmt die Art und Weise, wie Sie auf die Situation reagieren.)
- Handelt es sich hier um einen Elefanten (etwas, das auf lange Sicht von Bedeutung ist) oder um eine Mücke (eine Situation, die sich von selbst regeln wird oder nur einen kleinen Teil des großen Plans darstellt, den Sie im Leben Ihres Kindes verwirklichen wollen)?

▲ Mücke oder Elefant ▲?

Ist diese Situation eine Mücke oder ein Elefant? Kreisen Sie Ihre Antwort ein und schreiben Sie dann Ihre Gründe dafür auf.

➤ **Randy ist 17.** Seine sackartigen Hosen, sein Ohrring und sein zotteliger Nichthaarschnitt treiben seine Mutter fast in den Wahnsinn. Aber er hilft seiner Mutter immer, die Einkäufe hineinzutragen, bringt überwiegend Zweien aus der Schule nach Hause und spielt in der Lobpreisband in seiner Gemeinde Gitarre.

▲ Mücke oder Elefant ▲?

➤ **Jennifer ist 3.** Ihre Eltern wundern sich, wie sie mit dem, was sie isst, überleben kann. Sie haben alles versucht, aber anscheinend können sie sie nicht dazu bringen, etwas anderes zu essen als Vollkornringe und Chicken-Nuggets von McDonald's.

▲ Mücke oder Elefant ▲?

➤ **Sam ist fast 13.** Er ist ein stiller, schüchterner Junge, der schon immer viel Zeit allein in seinem Zimmer mit Lesen verbracht hat. Aber kürzlich sind seine Noten rapide schlechter geworden und höchstwahrscheinlich wird er sitzen bleiben. Sind das nur pubertäre Hormonschwankungen oder ist es etwas anderes?

▲ Mücke oder Elefant ▲?

➤ **Mandy ist 9.** Seit sich ihre Eltern letztes Jahr haben scheiden lassen, ist sie die Woche über bei ihrer Mutter und am Wochenende bei ihrem Vater. Wenn sie von ihrem Vater zurückkommt, benimmt sie sich ihrer Mutter gegenüber jedes Mal unausstehlich, geht in ihr Zimmer und knallt die Tür zu.

▲ Mücke oder Elefant ▲?

Die Antworten von Dr. Leman finden Sie auf der nächsten Seite.[2]

Wenn Sie Hilfe zu speziellen Themen benötigen, schlagen Sie im Extrateil „Fragen Sie Dr. Leman“ unter dem entsprechenden Verhalten nach. Dort finden Sie auch Tipps, wie Sie darauf reagieren sollten.

Wir Eltern wünschen uns so sehr, dass unsere Kinder perfekt sind (wie wir selbst natürlich), dass wir Meister darin sind, aus einer Mücke einen Elefanten zu machen. „Aber Dr. Leman“, fragen Sie, „wie kann ich mir sicher sein, was eine Mücke und was ein Elefant ist?“
Testen Sie Ihre Unterscheidungsfähigkeit im „Mücke oder Elefant?“-Quiz.

Jedes Kind wird versagen, Fehler machen und Sie in peinliche Situationen bringen. Aber Sie müssen Ihrem Kind diese Fehler nicht ein Leben lang vorhalten. Korrigieren Sie das Verhalten und machen Sie weiter. Was auf lange Sicht am wichtigsten ist, ist der Charakter Ihres Kindes.

Der Charakter ist die Nummer eins

Der Charakter ist es, der wirklich zählt. Der Charakter ist, wer Sie sind, wenn niemand Sie sieht.

Der Charakter eines Menschen wird von denjenigen geprägt, mit denen er aufwächst, nämlich seinen Eltern. Er wird auch durch Lektionen des Lebens geformt. Die handlungsorientierte Disziplin, die ich in diesem Buch beschreibe, wird einen großen Teil dazu beitragen, dass ein Kind seinen Charakter bewahren kann. Ein guter Charakter kann auf sehr natürliche, positive Art und Weise verstärkt werden: „Ich freue mich sehr darüber, dass du diesem Mädchen geholfen hast, als du gesehen hast, dass sie in Not ist.“ Mit negativen Charaktereigenschaften muss man sich befassen: „Ich habe zufällig gehört, wie du mit deinem Bruder gesprochen hast. Was du gesagt hast, war sehr unfreundlich. Du warst ein Rüpel. Das ist bei uns nicht akzeptabel. Du musst dich sofort bei ihm entschuldigen.“

Ein Teil des Mensch-Seins bedeutet zu erkennen, wie unvollkommen man ist. Charakter zu haben bedeutet nicht, dass man vollkommen ist. Es bedeutet, dass man einen inneren Maßstab besitzt, nach dem man andere für wichtiger erachtet als sich selbst. Traurigerweise mangelt es den Menschen in unserer Zeit an Charakter. Umfragen zufolge geben die

---

[2] **Lösungen des „Mücke oder Elefant"-Quiz (auf der vorherigen Seite):**
Randy – Mücke, Jennifer – Mücke, Sam – Elefant, Mandy – Elefant

meisten Menschen zu, dass sie betrügen würden, um Erfolg zu haben, und sich dabei nicht einmal unbedingt schlecht fühlen würden. Die Anzahl der Schüler und Studenten, die betrügen, nimmt jedes Jahr zu.

Zu meiner Zeit als Assistenzdekan an der University of Arizona wurde ein chinesischer Student in einer unmoralischen Situation ertappt. Ich war derjenige, der sich mit dem Fall befassen musste. Ehrlich gesagt tat es mir leid für ihn. Als die Umstände aufgedeckt wurden, war ich ziemlich sicher, dass der Student kein Voyeur war – er war nur zur falschen Zeit am falschen Ort gewesen, doch er wurde dieses Vergehens angeklagt. Deshalb gab ich ihm den Namen eines Anwalts, den die Universität als Rechtsbeistand für die Studenten bestellt hatte, und ermutigte ihn, diesen anzurufen. Der Student war so beschämt, dass er den Anwalt um acht Uhr am nächsten Morgen von einer Telefonzelle aus anrief. Als der Anwalt um fünf Uhr an diesem Nachmittag endlich dazu kam, den Studenten zurückzurufen, wartete dieser immer noch in der Telefonzelle. Die Außentemperatur an diesem Tag betrug annähernd 38 Grad.

Der Student litt körperliche Schmerzen, denn das Schlimmste, was er tun konnte, war, Schande über seine Familie zu bringen. Er war ein kluger junger Mann, ein Student, der nur Einsen schrieb, ein charaktervoller Mensch, der in einer schwierigen Situation gefangen war. Und letzten Endes setzte sich sein Charakter durch.

Was geschieht in der heutigen Zeit, wenn Filmstars in Schwierigkeiten geraten? Wenn sie dabei erwischt werden, wie sie betrunken Auto fahren oder jemand zu Brei schlagen? Ihr Publizist veröffentlicht eine abwiegelnde Entschuldigung: „Es tut ihm so leid. Er begibt sich freiwillig in Rehabilitation ..." Aber ändert sich sein Benehmen wirklich?

Wenn jemand wirklich Charakter besitzt, geht er zu der Person, der er Unrecht getan hat, entschuldigt sich aufrichtig bei ihr und fragt, was er tun kann, um die Sache in Ordnung zu bringen.

Hat Ihr Kind Respekt vor Ihnen, vor anderen innerhalb und außerhalb der Familie – einschließlich Lehrern – und vor Ihrem Glauben? Hat Ihre Tochter gute Manieren am Telefon? Sagt sie die Wahrheit? Ist sie motiviert, ihre Hausaufgaben zu machen (oder wartet sie darauf, dass Sie ihr Starthilfe geben)? Achtet Ihr Sohn darauf, pünktlich zu sein? Ist er beunruhigt, wenn andere bei einem Test schummeln oder hält er das für „normal"? Ist er ein „Gib mir, gib mir"-Kind, dessen Wunschliste zu Weihnachten die

Länge einer Autobahn hat? Ist Ihr Sohn freundlich? Setzt er sich auf dem Spielplatz für andere ein, die kleiner oder schwächer sind als er oder ist er der Rüpel? Respektiert Ihre Tochter das Eigentum ihrer älteren Schwester? Akzeptiert Ihr Kind ein Nein oder drängt es so lange, bis es bekommt, was es will? Benutzt sie eine Sprache, an der Ihre Großmutter Gefallen gefunden hätte? Ist er ein junger Mann, den Sie in Ihrer Firma einstellen würden?

Der Charakter ist nicht nur alles, er ist auf lange Sicht das Einzige. Er ist die Grundlage für Ihre Ansichten und Ihr Benehmen.

Der Charakter ist nicht nur alles, er ist auf lange Sicht das Einzige. Er ist die Grundlage für Ihre Ansichten und Ihr Benehmen.

Drei einfache Erfolgsstrategien

Wenn Sie wollen, dass Ihr Kind respektvolle, freundliche Ansichten hat, ein Benehmen, von dem Sie gerne Ihrer Großmutter berichten würden, und einen Charakter, der sich als waschecht entpuppt, auch wenn Sie nicht zusehen, befolgen Sie diese drei einfachen Erfolgsstrategien.

1. Lassen Sie die Realität den Lehrer sein

Realitätsdisziplin ist ein Ausdruck, den ich 1984 geprägt habe. Im Wesentlichen bedeutet er, dass man der Natur ihren Lauf lassen sollte. Und wenn die Natur das Problem nicht selbst regelt, hilft man ihr auf die Sprünge. Entbinden Sie Ihre Kinder nicht von den Konsequenzen einer nicht wahrgenommenen Verantwortung.

Wenn Ihr Sohn ein Projekt für den Chemieunterricht erstellen soll und es nicht fertig macht, bleiben Sie nicht bis Mitternacht auf und tun es für ihn. Unternehmen Sie überhaupt nichts in dieser Sache. Erwähnen Sie sie nicht einmal. Warten Sie einfach darauf, dass ihn die Realität trifft, wenn er vor seinem strengen Chemielehrer steht, der ihm klar und deutlich sagt, was er von nicht fertiggestellten Projekten hält.

Wenn Ihre kleine Tochter in das Zimmer ihrer älteren Schwester geht und mit deren Make-up herumspielt, greifen Sie nicht ein und helfen Sie ihr auch nicht, alles wieder sauber zu machen, bevor ihre Schwester nach Hause kommt. Wenn sie nicht daran denkt, es selbst zu tun, kümmern

Sie sich nicht darum. Warten Sie einfach ab, was ihre ältere Schwester sagen wird und lassen Sie die beiden das selbst regeln.

Eltern neigen dazu, ihren Kindern unter die Nase zu reiben, was sie falsch machen. In den meisten Fällen ist es Disziplin genug, die Realität den Lehrer sein zu lassen.

Es gibt auch die Tendenz, alte Kamellen wieder auszugraben – eine Situation, die bereits lange her ist, wieder auf den Tisch zu bringen und dem Kind erneut Vorhaltungen zu machen. Bedenken Sie, auch Sie haben Dinge falsch gemacht und man hat Ihnen vergeben. Wie würden Sie sich fühlen, wenn Sie jemand ständig an Ihre Fehler erinnert?

2. Lernen Sie, auf eine Situation anzusprechen, statt nur zu reagieren

Eltern sind gut darin, sich selbst ins Knie zu schießen. Oft reagieren wir, statt auf eine Situation anzusprechen. Unsere Emotionen übermannen uns und wir sprechen oder handeln, ohne vorher nachzudenken. Worin besteht der Unterschied, ob man auf etwas anspricht oder nur reagiert? Wenn der Arzt sagt: „Sie sprechen auf Ihre Medikamente an", ist das gut. Wenn er sagt: „Sie reagieren auf Ihre Medikamente", ist das schlecht.

> *Wenn der Arzt sagt: „Sie sprechen auf Ihre Medikamente an", ist das gut. Wenn er sagt: „Sie reagieren auf Ihre Medikamente", ist das schlecht.*

Während Sie gerade im Auto fahren, sagt Ihre kleine Tochter aus heiterem Himmel: „Mami, ich will ein Pony."

„Was?", sagen Sie. „Das ist das Dümmste, was ich je gehört habe. Wir können uns auf gar keinen Fall ein Pony anschaffen. Wir wohnen in einer Zweizimmerwohnung in Baltimore und kommen gerade so über die Runden. Wir können uns keinesfalls ein Pony leisten. Hast du den Verstand verloren?"

Das ist Reagieren. Antworten, ohne die Situation zu überdenken. So spricht man auf eine Sache an: „Oh, ein Pony." (Pause, um zu zeigen, dass sie auch davon träumen und darüber nachdenken.) „Kannst du dir vorstellen, dein eigenes Pony zu haben? Morgens aufzustehen, es zu satteln und damit zur Schule zu reiten, während die anderen Kinder zu Fuß gehen?

Kannst du dir vorstellen, wie du ihnen zuwinkst, wenn du an ihnen vorbeikommst? Ich sehe das Pony vor meinen Augen. Es ist schwarz und weiß. Wäre das nicht cool? Zur Mittagszeit gehen alle Kinder in die Cafeteria, aber du gehst nach draußen und kümmerst dich zuerst um dein Pony ..."

> *Es gibt einen Weg, bei Ihren Waffen zu bleiben, ohne sich selbst oder Ihre Kinder ins Knie zu schießen.*

Sicher, Sie wohnen in einer Zweizimmerwohnung in Baltimore. Aber warum sollten Sie den Traum Ihres Kindes gleich zerstören? Letzten Endes wird Ihr Kind erkennen, dass ein Pony nicht in Ihre Wohnung passt. Es gibt einen Weg, bei Ihren Waffen zu bleiben, ohne sich selbst oder Ihre Kinder ins Knie zu schießen. Statt zu reagieren, sprechen Sie auf die Sache an, indem Sie sagen: „Erzähl mir mehr darüber."

3. B tritt nicht ein, bevor A abgeschlossen ist

Diese Strategie müssen Sie nie ändern. Sie funktioniert immer, ganz gleich, in welchem Alter Ihre Kinder sind. Wenn Sie Ihr Kind gebeten haben, etwas zu tun und es wird nicht getan, gehen Sie nicht zum nächsten Ereignis über – ganz gleich, was es ist.

Nehmen wir einmal an, Sie haben Ihren achtjährigen Sohn gebeten, den Rasen zu mähen und er hat es ganz offensichtlich nicht getan. Zwei Stunden später will Ihr Sohn, dass Sie mit ihm in den Spielzeugladen gehen und ihm den Fisch kaufen, den Sie ihm versprochen haben. Wenn Ihr Sohn sechzehn ist, will er vermutlich zu seinem Freund gehen, um Poolbillard zu spielen. Doch ganz gleich, worum es geht – sagen Sie einfach: „Wir gehen nicht." Dann wenden Sie sich ab und gehen weg.

Wenn Ihr Kind Ihnen folgt, klären Sie es nicht über Ihre Strategie auf. Sie funktioniert besser, wenn Ihr Kind selbst herausfinden muss, was hier vor sich geht. Letzten Endes haben die Veränderungen, die Sie umgesetzt sehen wollen, mehr mit *Ihnen* zu tun als mit Ihrem Kind. Es geht mehr darum, dass Sie *Ihre* Ansichten, *Ihr* Benehmen und *Ihren* Charakter ändern als darum, dass Ihr Kind seine Ansichten, sein Benehmen und seinen Charakter ändert.

Hier noch eine Warnung: Wenn Sie beginnen, diese Methoden anzuwenden, können sich die Ansichten und das Benehmen Ihrer Kinder eine

Zeit lang verschlechtern. Doch genau genommen sind das gute Neuigkeiten – das bedeutet, dass Sie auf dem richtigen Weg sind!

Das Wichtigste ist, dass Sie konsequent Taten einsetzen, nicht Worte. Sie stellen Ihr Kind nicht absichtlich bloß; Sie korrigieren sein Benehmen. Sie halten den Ball der Verantwortung auf seiner Spielhälfte, nicht auf der Ihren. Es gibt keine Schikane, keine Drohungen, keine Warnungen. Es gibt kein Erinnern, kein Überreden. Es gibt keine herabsetzenden Bemerkungen, denn damit ist nichts gewonnen. Wenn Sie in unserer heutigen demokratischen Gesellschaft das Recht haben, herabsetzende Bemerkungen über mich zu machen, was denken Sie dann, welches Recht ich habe? In einer solchen Situation gewinnt niemand. Ihre Beziehung geht kaputt. Doch wenn Sie gemeinsam an den Ansichten, dem Benehmen und dem Charakter Ihres Kindes arbeiten, können Sie auf eine Beziehung hinwirken, die für beide Seiten befriedigend ist.

Was am Dienstag zu tun ist

1. Welche Ansichten haben Sie über Ihre Kinder?
2. Auf welche Weise offenbart Ihr Benehmen Ihre Ansichten?
3. Inwiefern müssen Sie Ihr Benehmen gegenüber Ihren Kindern verändern?
4. Für welche Art von Charakter wollen Sie bekannt sein? Wie können Sie diesen bekommen?

Ihr Grundsatz „Lassen Sie die Realität den Lehrer sein" hat wirklich gesessen. Es ist mir peinlich zu sagen, dass ich meinen jungen erwachsenen Sohn viel zu lange geschont habe. Aber jetzt bin ich kein Waschlappen mehr. Ich beginne heute.

Hank, New Hampshire

Mehr als sieben Jahre lang habe ich mich als Mutter wie ein Versager gefühlt. Nachts habe ich mich oft gefragt, ob ich je Mutter hätte werden sollen. Ich war ständig frustriert. Dieses Jahr haben mein Mann und ich damit begonnen, unsere Kinder zu Hause zu unterrichten (kein kluger Plan, wenn man bereits frustriert wegen seiner Kinder ist), und da wusste ich sicher, dass ich ein Versager war. Unser Haus war ein komplettes Chaos. Dann stieß ich auf Ihre Prinzipien. Sie haben unser Zuhause völlig verändert. Ich kann gar nicht in Worte fassen, wie dankbar ich für Ihre kluge Anleitung, Ihren Humor und Ihre nüchternes Realitätsbewusstsein bin. Meine zwei Kinder sind immer noch weit davon entfernt, vollkommene Engel zu sein; tatsächlich ähneln sie an manchen Tagen immer noch den „hedonistischen kleinen Schnullerlutschern", um Sie zu zitieren, aber das Krabbelkindbataillon hat schon einen sehr, sehr langen Weg zurückgelegt. Danke, danke.

Laura, Nova Scotia

Vor einer Woche habe ich begonnen, Ihre Erziehungsprinzipien anzuwenden, und jetzt ist mein Zuhause ein völlig anderer Ort geworden. Meine vier Kinder, die mich völlig ignorierten, wenn sie nicht gerade am Herummeckern waren, behandeln mich jetzt mit Respekt. Sie verlangten immer von mir, dass ich als ihr persönlicher Chauffeur fungierte. Wenn sie jetzt irgendwo hingehen wollen, kommen sie zu mir und fragen: „Mami? Wäre es in Ordnung, wenn ich morgen zu Hannah ginge? Wenn du mich zwischen sechs und sieben dort hinfahren könntest, hätte ich für den Heimweg eine Mitfahrgelegenheit." Dieses kleine Beispiel verdeutlicht den Unterschied in unserem Haus. Ich bin jetzt eine befreite und geschätzte Frau.

Maryann, Tennessee

MITTWOCH

Zeigen Sie mir einen gemeinen Lehrer und ich zeige Ihnen einen guten (es kommt immer auf die Perspektive an)

Werfen Sie einen Blick auf die nächsten Jahre der Zukunft.
Wie soll Ihre Familie dann sein?

Ich werde nie den Tag vergessen, an dem unsere Erstgeborene, Holly, die damals in der achten Klasse war, von der Schule nach Hause kam und erzählte, was für eine gemeine Lehrerin die alte Mrs Soundso sei. Sie ließ vor meinem inneren Auge die Bilder einer stereotypen Bibliothekarin entstehen (die strenge Dame mit Dutt, die einen mit dem Finger auf den Lippen zum Schweigen bringt, wenn man es wagt, zu flüstern), und von der alten Schulmeisterin, die einem mit dem Lineal auf die Finger schlägt, wenn man die Regeln nicht befolgt. Ich stellte sie mir in schwarzen Halbschuhen mit zweieinhalb Zentimeter hohen Absätzen vor, wie meine Lehrerin sie immer trug.

Dann lernte ich Hollys Lehrerin kennen. Sie war 24, attraktiv und hatte vor nur zwei Jahren ihren Bachelor-Abschluss gemacht. Ich konnte nicht anders, als zu denken: *Das ist die alte Dame, von der Holly gesprochen hat? Das muss ein Scherz sein!*

Sie sehen, es kommt immer auf die Perspektive an. Und die Perspektive verändert sich mit unserem Alter und unserer emotionalen Reife. Was sich nicht verändert, ist die Tatsache, dass Sie eine große Aufgabe zu erfüllen haben, für die Ihnen nur wenig Zeit zur Verfügung steht. Das Rad der Zeit hält niemand auf. Kinder wachsen so schnell heran! Wie oft haben Sie schon zu Ihrem Ehepartner oder einer Freundin gesagt: „Ich kann nicht glauben, dass Anna schon fünfzehn ist! Wo geht die Zeit nur hin?"

Was Ihre Kinder in einem bestimmten Moment über Sie denken, ist nicht unbedingt das, was sie ihr ganzes Leben lang über Sie denken.

Das Leben verfliegt so schnell, wie Sand durch ein Stundenglas rieselt. Sie können es sich nicht leisten, die Zeit, die Ihnen zur Verfügung steht, nicht zu nutzen. Manchmal wird Ihre Aufgabe eintönig und langweilig sein (wie dieselben Kleidungsstücke immer und immer wieder zu waschen und zu bügeln). Zu anderen Zeiten wird die Zeit rasend schnell vergehen, insbesondere wenn Ihre Kinder noch klein sind.

Doch es gilt einen wichtigen Punkt zu bedenken: Was Ihre Kinder in einem bestimmten Moment über Sie denken, ist nicht unbedingt das, was sie ihr ganzes Leben lang über Sie denken. Wenn Sie ruhig und konsequent sind und immer tun, was Sie zu tun angekündigt haben, werden Sie ihren Respekt und ihr Vertrauen gewinnen. Doch das gelingt Ihnen nicht mit einem Fingerschnippen.

Denken Sie langfristig voraus

Werfen Sie einen Blick in die Zukunft – fünf, zehn, fünfzehn, zwanzig Jahre voraus. Wer soll Ihr Kind dann sein? Wie soll sein Arbeitsethos dann aussehen? Welches Selbstbild soll es haben? Wie sollen seine Beziehungen zu anderen sein? Wie die Beziehung zu Ihnen?

Der Bestsellerautor und Unternehmensberater Stephen Covey hat eine großartige Perspektive. Er sagt: Wenn Sie etwas wollen, beginnen Sie mit diesem Ziel im Hinterkopf.

Anders ausgedrückt, wenn Sie wollen, dass Ihr Kind freundlich ist, lehren Sie es jetzt, freundlich zu sein. Wenn Sie wollen, dass Ihr Kind ein verantwortungsvoller Erwachsener wird, lehren Sie es jetzt Verantwortung. Wenn Sie wollen, dass Ihr Kind gern mit Ihnen zusammen ist, legen

Sie jetzt das Fundament dafür, indem Sie sich des Öfteren bewusst aus der alltäglichen Tretmühle ausklinken und sich in dieser Zeit ausschließlich Ihrem Kind widmen.

Glauben Sie, dass die Eltern diese Situationen gewollt oder geplant haben?

- Henry ist siebzehn und hat gerade eine Drogenrehabilitation begonnen.
- Miranda wurde wegen Ladendiebstahls verhaftet und verbrachte eine Nacht im Gefängnis.
- Tony biss ein anderes Kind und wurde vom Kindergarten ausgeschlossen.
- Amanda machte eine aufregende Fahrt mit dem Motorrad eines Freundes und beide landeten im Leichenschauhaus. Sie versuchten, zwischen zwei Autos hindurchzuflitzen und verloren das Rennen.
- Keri ist fünfzehn und wiegt nur 40 Kilo. Seit zwei Jahren kämpft sie mit Magersucht.
- Jason ist einundzwanzig und hat bereits die dritte Arbeitsstelle verloren, weil er seinem Vorgesetzten freche Antworten gab.

Sind diese Situationen „einfach passiert"? Oder sind auf dem Weg dorthin kleine Dinge passiert, die zu diesen größeren geführt haben? Hier ist, was diese Eltern zurückblickend sagten:

„Henry war ein Kind, das immer alles übertrieb. Als er elf war, erwischen wir ihn dabei, wie er mit einem Freund einen Joint rauchte, aber er tat unsere Besorgnis einfach ab. Er gab mir die Standardantwort: ‚Aber Papa, ich war nur neugierig. Ich tu es nicht wieder.' Und so dumm wie ich war, glaubte ich ihm. Ich hätte die Sache weiterverfolgen sollen. Jetzt weiß ich, dass er weiterhin Marihuana geraucht hat und dann zu Methamphetamin überging. Ich glaubte, er würde Geld für ein Auto sparen, aber er gab das Geld, das er verdiente, für Drogen aus."

„Wir haben Miranda nie konfrontiert, wenn sie Sachen aus dem Zimmer ihrer Schwester genommen hat. Als ich feststellte, dass sie fünfzehn Euro aus meinem Portemonnaie genommen hatte, habe ich es hingenommen, weil sie sagte, sie müsse einige Dinge kaufen. Aber ich hätte der Sache nachgehen sollen."

„Tony war als Zweijähriger völlig außer Kontrolle, aber ich glaubte, das läge eben an seinem Alter. Die schreckliche Zeit mit zwei Jahren. Ich dachte, er würde sich mit der Zeit ändern. Doch mit drei Jahren wurde er noch unabhängiger und bekam noch mehr Wutanfälle. Zwei unserer Babysitter kündigten. Das hätte für mich ein Warnsignal sein sollen, dass irgendetwas Grundlegendes nicht stimmte. Aber ich dachte, sie seien für diese Aufgabe wohl einfach nicht geeignet gewesen. Jetzt erkenne ich, dass ich es war, die ihrer Aufgabe nicht gerecht wurde. Ich gab ihm alles, was er wollte. Wenn er auf jemanden traf, der das nicht tat, biss er ihn einfach. Er hat auch die Babysitter gebissen."

„Amanda war immer unbefangen und sehr gesellig. Jeder mochte sie. Sie hatte viele Freunde. Aber als sie von der Grundschule auf die weiterführende Schule überwechselte, veränderten sich ihre Freunde. Sie waren mehr auf Partys und Nervenkitzel aus. Ich dachte, das sei nur eine Phase und Amanda würde sie überwinden."

„Keri war schon immer sehr besorgt um ihr Aussehen. Mit neun Jahren war sie ein wenig pummelig. Als wir eines Tages Schwimmen waren, machte einer ihrer Lieblingsonkel eine Bemerkung über ihren ‚großen, dicken Bauch' in ihrem Badeanzug. Danach sprach sie ständig darüber, wie dick sie sei. Sie begann, bei den Mahlzeiten weniger zu essen und aß viel Gemüse. Ich dachte, das wäre eine gute Wendung – schließlich ist Gemüse gesund! Dann wurde sie elf und nahm stark ab. Sie sah großartig aus. Als sie noch dünner wurde, glaubte ich, sie wäre gerade in einer Wachstumsphase. (Sie wissen schon, die Kinder nehmen zu, dann werden sie größer und dünner, dann legen sie wieder an Gewicht zu und wachsen wieder.) Erst als eine Freundin mir sagte, dass Keri ihrer Meinung nach ein Problem hatte, sprach ich Keri darauf an. Seit zwei Jahren ist Keri in psychologischer Behandlung und nimmt an einem Programm für Magersüchtige teil, aber es ist ein harter Kampf. Obwohl sie schrecklich dünn ist, sieht sie immer eine fette Person im Spiegel. Ich wünschte, ich hätte auf die kleinen Anzeichen auf dem Weg dorthin achtgegeben."

„Jason war ein großspuriges Kind. Er hatte zu allem etwas zu sagen. Sein Vater und ich verdrehten nur die Augen und sagten: ‚Eines Tages wird er es lernen.' Ich glaube nicht, dass er es mittlerweile gelernt hat – er wohnt jetzt wieder bei uns zu Hause, weil er gerade einmal wieder seine Arbeit verloren hat."

Wenn Sie wollen, dass Ihr Kind ein gesunder Erwachsener mit einer guten Einstellung wird, müssen Sie erkennen, was für eine wichtige Rolle Sie dabei spielen. Ihr Kind braucht nicht nur Ihre Aufmerksamkeit, sondern auch eine Beziehung zu Ihnen.

Ihr Kind braucht nicht nur Ihre Aufmerksamkeit, sondern auch eine Beziehung zu Ihnen.

Was für Eltern sind Sie?

So oft höre ich Menschen sagen: „Ich wollte nie werden wie meine Eltern. Ich habe es gehasst, wie sie mich erzogen haben. Aber dann mache ich den Mund auf und höre mich genauso an wie sie. Und ich handle auch genauso." Das zeigt, dass das Beispiel, das Eltern geben, haften bleibt –, und zwar gut. Das ist so, weil jedes Kind seinen Eltern gefallen will. Jedes Kind sehnt sich nach der Anerkennung seiner Eltern und erträgt es nicht, wenn es sie nicht bekommt. Es gibt nichts Schlimmeres als zu wissen, dass man seine Eltern enttäuscht hat. Wenn die Missbilligung anhält, wird das Kind rebellieren.

Es gibt drei Typen von Eltern, und wer Sie als Eltern sind, hat viel damit zu tun, wie Ihr Kind sich Ihnen gegenüber verhält. Ich habe dieses Thema in einigen anderen meiner Bücher ausführlich behandelt, deshalb werde ich hier nur eine kurze Zusammenfassung geben.

„Buford, hast du dich jetzt entschieden, ins Bett zu gehen?"

Wollen Sie sicherstellen, dass Ihr Kind nie scheitert? Tun Sie ständig Dinge für Ihr Kind, die es selbst tun könnte? Sind Sie auf Schritt und Tritt der beste Freund Ihres Kindes? Finden Sie es schwer oder unmöglich, Nein zu ihm zu sagen? Betteln Sie es ständig an, etwas zu tun? Versprechen Sie ihm eine Belohnung, wenn es tut, worum Sie es bitten?

Nachgiebige Eltern

- sind Sklaven ihres Kindes.
- machen ihr Kind zur Priorität, nicht ihren Ehepartner.
- berauben ihr Kind seiner Selbstachtung und seines Selbstwertgefühls, weil sie Dinge für es tun, die es selbst tun kann.
- vermitteln dem Kind die Vorstellung, das Leben sei wie „Disneyland“, indem sie ihm alles so einfach wie möglich machen, seine Hausaufgaben erledigen, an seiner Stelle auf Fragen antworten usw.
- beschwören mit inkonsequenter Erziehung Rebellion herauf.

Hört sich das nach Ihnen an?

„Du gehst jetzt SOFORT ins Bett!“

Haben Sie immer recht? Erteilen Sie Ihrem Kind barsche Befehle und drohen ihm in warnendem Ton mit Konsequenzen, wenn es nicht sofort tut, was Sie sagen? Sagen Sie ihm klar und deutlich, wie es zu leben hat?

Autoritäre Eltern

- treffen alle Entscheidungen für ihr Kind.
- benutzen Belohnungen und Strafen, um das Verhalten des Kindes zu *kontrollieren.*
- erachten sich selbst als *besser als* ihr Kind.
- herrschen in ihrem Zuhause mit eiserner Hand; gewähren dem Kind wenig Freiheit.

Hört sich das nach Ihnen an?

„Sag es mir, wenn du deine Zähne geputzt hast, dann komme ich und decke dich zu.“

Fragen Sie Ihre Kinder nach den Fakten einer Situation und erkundigen sich zunächst einmal danach, was sie darüber denken, bevor Sie zu einem Entschluss gelangen? Lassen Sie sie ihrem Alter gemäße Entscheidungen treffen? Achten Sie auf ihr Wohlergehen, lassen aber dennoch zu, dass sie die Konsequenzen ihres Verhaltens erfahren?

Verlässliche, verantwortungsbewusste Eltern

- lassen dem Kind die Wahl und formulieren mit ihm zusammen die Richtlinien.
- geben dem Kind die Möglichkeit, Entscheidungen zu treffen.
- entwickeln eine beständige, liebevolle Disziplin.
- ziehen das Kind zur Verantwortung.
- lassen die Realität den Lehrer sein.
- vermitteln dem Kind Respekt, Selbstwertgefühl und Liebe und stärken damit die Selbstachtung des Kindes.[3]

Sie als Eltern sind in der Lage, ein unauslöschliches Zeichen auf Ihrem Kind zu hinterlassen. Und das tun Sie oft, ohne sich dessen überhaupt bewusst zu sein. Die Wahrheit ist, beide Extreme (nachgiebig und autoritär) werden dazu führen, dass das Kind rebelliert. Bei nachgiebigen Eltern gibt es keine Richtlinien und die Kinder kommen ins Schwimmen. Bei autoritären Eltern ist alles schwerfällig. Kluge Eltern finden den Mittelweg.

Nehmen wir einmal an, Sie setzen sich zum Essen und Ihr Kind ist nicht sonderlich begeistert, dass es Schweinekoteletts gibt. Eine nachgiebige Mutter würde sagen: „Oh, Liebling, willst du stattdessen einen Cheeseburger? Ich stehe gleich auf und mache ihn." (Während ihr Mann auf sein Schweinekotelett sieht und sich fragt, was daran falsch ist.)

Autoritäre Eltern würden sagen: „Hier wird gegessen, was auf den Tisch kommt. Schweinekoteletts sind gut für dich. Iss jetzt, ich will nichts mehr hören."

Verantwortungsbewusste Eltern würden sagen: „Ich weiß, Schweinekoteletts sind nicht dein Lieblingsessen, aber ich habe sie nun mal heute zubereitet. Wenn du dir nachher etwas anderes machen willst, ist das in Ordnung. Aber danke, dass du während des Essens trotzdem bei uns sitzen bleibst. Es ist mir wichtig, mit der ganzen Familie zu Abend zu essen."

Was macht den Unterschied? Für verantwortungsbewusste Eltern spielt die Beziehung die wichtigste und alles andere eine untergeordnete Rolle.

---

[3] Die Charakterisierung dieser drei Elterntypen ist dem Buch *Making Children Mind Without Losing Yours* (Grand Rapids: Revell, 2000), S. 127, von Dr. Kevin Leman entnommen.

Eltern-Test

Ist Ihr Erziehungsstil

___ nachgiebig
___ autoritär
___ verlässlich und verantwortungsvoll

Warum haben Sie sich so eingeschätzt, wie Sie es getan haben?

Welchen Erziehungsstil hatten Ihre Eltern?

Haben Sie den Erziehungsstil Ihrer Eltern übernommen? Reagieren Sie auf Ihre Kinder oder gehen Sie auf sie ein? Worin besteht der Unterschied?

Es geht nur um die Verbindung

Wenn Sie keinen Draht zu Ihrem Kind haben, warum sollte es sich dann dafür interessieren, was Sie denken? Wenn Ihr Kind sich von Ihnen nicht geliebt und angenommen fühlt – ganz gleich, was es tut –, wird sich keine Beziehung zwischen Ihnen entwickeln.

Sie können in einer Familie keine Regeln aufstellen, wenn Sie keinen Draht zu den anderen Familienmitgliedern haben. Solange das der Fall ist, wird immer ein gespanntes Verhältnis zwischen Ihnen herrschen, weil Ihre Kinder wissen, dass Sie ohnehin immer etwas auszusetzen haben, ganz gleich, was sie sagen oder tun oder wie sie aussehen. Wenn es bei Ihnen zu Hause so läuft, ist es kein Wunder, wenn Ihre Kinder jedes Mal reflexartig reagieren, wenn Sie versuchen, mit ihnen zu reden.

Beachten Sie, dass ich sagte, wenn Sie versuchen „mit Ihren Kindern zu reden", und nicht „Ihren Kindern Fragen zu stellen". Das ist ein großer Unterschied. Wenn Sie ihm Fragen stellen, ist Ihr Kind in der Defensive. Treffen Sie deshalb unbestimmte Aussagen (auch wenn die Kommentare, auf die Sie eingehen, dumm sind oder aus heiterem Himmel kommen), wie: „So habe ich das noch nie betrachtet. Erzähl mir mehr darüber."

Nehmen wir einmal an, Ihre Tochter will wie alle Teenager im Auto ihre Musik hören. Ich habe Neuigkeiten für Sie: Die Musik wird Ihnen nicht gefallen. (Aber Ihre Eltern mochten Ihre Musik auch nicht.) Statt zusammenzuzucken, sagen Sie: „Das ist ein interessanter Rhythmus. Ich mag diesen Rhythmus."

Solche Kommentare sind Ihrem Kind gegenüber respektvoll und setzen den Maßstab, dass Sie offen dafür sind, mit Ihrem Kind über alles zu reden. Wenn Sie mit Ihren Kindern über die kleinen Dinge reden, steigt die Wahrscheinlichkeit, dass sie auch über die großen Dinge mit Ihnen sprechen.

Ihre Kinder müssen wissen, dass Sie im selben Team mit ihm sind – dass Sie sie lieben, ganz gleich, was sie tun. Vielleicht gefällt Ihnen nicht, was sie tun, doch das ändert nichts an Ihrer Liebe zu ihnen. Manche Kinder erleben keinen Rückhalt, sondern Druck. Sie werden eingeschüchtert, damit sie sich unterordnen, sie werden beschimpft, herumkommandiert und ermahnt, dass sie in der Schule besser werden müssen – und am nächsten Tag verhalten sich die Eltern, als wäre nichts passiert.

Das ist der Grund, weshalb sich Eltern erst mit ihrem eigenen Verhalten befassen müssen, bevor sie erwarten, dass ihre Kinder sich ändern. Viele Eltern schaffen in ihrem Zuhause eine Umgebung, wo man nicht gerne ist. Ihre Kinder sind wie Roboter, die keine Wahl haben (bis sie rebellieren). Aber Sie haben hart dafür gearbeitet, dieses Kind zu haben. Einige von Ihnen haben sich künstlich befruchten lassen, haben nach dem Sex die Beine hochgelagert, um die Chancen auf eine Schwangerschaft zu erhöhen oder sich durch eine Unzahl von Papieren gekämpft, um ein Kind zu adoptieren. Ist es da zu viel verlangt, dass Sie Ihrem Kind ein paar Jahre lang Ihre Aufmerksamkeit widmen und ihm Ihre Anerkennung zeigen?

Dass Sie sich die Zeit nehmen, in Ihrem Erziehungsstil den Mittelweg zu finden? Regeln funktionieren nicht ohne eine Beziehung.

Du hast vielleicht nicht viel, Mama, aber es ist alles, was du brauchst

Sie brauchen keinen Doktortitel. Sie müssen nicht viel Geld besitzen. Sie haben alles, was Sie brauchen. Sie kennen das größte Geheimnis von allen: Ihr Kind will Ihnen gefallen. Ihre Tochter kann es nicht ertragen, wenn sie weiß, dass Sie unzufrieden mit ihr sind. Sie will die Gewissheit haben, dass Sie ein Team sind. Das ist wahr, auch wenn sie manchmal die Augen verdreht und von Ihnen verlangt, zehn Meter hinter ihr zu gehen, weil Sie sie in Verlegenheit bringen.

> *Rühren Sie hin und wieder die Werbetrommel für Ihr Kind.*

Am allerwichtigsten ist Ihre Beziehung, und dass diese auf Respekt und bedingungsloser Liebe gegründet ist. Von Ihnen und von der Art und Weise, wie Sie Ihre Kinder behandeln, hängt so viel ab.

Rühren Sie hin und wieder die Werbetrommel für Ihr Kind. Ich tue das sehr gern. Kürzlich saß Lauren, meine Jüngste, im Auto auf dem Rücksitz, als ich zu Holly, ihrer fünfunddreißigjährigen Schwester, sagte: „Ich kann es kaum erwarten zu sehen, was aus Lauren eines Tages wird. Ich weiß, es wird etwas ganz Besonderes sein." Ich wollte, dass Lauren hörte, was ich sagte. Ich wollte sie wissen lassen, dass ich den Menschen, zu dem sie geworden war, mochte, und dass ich mich auf unsere gemeinsame Zukunft freute. Die meisten Eltern sprechen sehr wenig *mit* ihren Kindern. Mir ist es sowohl wichtig, mit meinen Kindern zu sprechen, als auch positive Dinge *über* sie zu sagen.

Eltern, Sie haben alle Trümpfe in der Hand. Sie haben das Bankkonto, das Auto, das Haus, die Lebensmittel, die Macht. Kinder haben nichts außer dem, was Sie ihnen geben und was sie eines Tages erben werden.

Was für ein Erbe werden Sie ihnen hinterlassen? Wenn Sie wollen, dass sie eine gesunde, unabhängige Denkweise besitzen und anderen gegenüber freundlich und großzügig sind, ist es *jetzt* an der Zeit, darauf hinzuarbeiten. Und damit beginnen Sie, indem Sie sich selbst verändern.

Wenn Sie dazu neigen, autoritär zu sein, arbeiten Sie daran, Ihrem Kind seinem Alter angemessene Wahlmöglichkeiten zu lassen. Kinder müssen die Fähigkeit entwickeln, gute Entscheidungen für ihr Leben zu treffen.

Wenn Ihr Kind zweiunddreißig ist und eine eigene Wohnung hat, werden Sie ihm seine Entscheidungen schließlich auch nicht mehr abnehmen können, oder?

Wenn Sie Ihre Kinder in die Welt entlassen, ist es sehr wichtig, dass sie allein gut zurechtkommen; dass sie auf einem festen Fundament der Liebe, der Akzeptanz und des Verständnisses stehen.

Lassen Sie ihnen also die ihrem Alter angemessene Entscheidungsfreiheit. Es ist nichts falsch daran, wenn Sie zu Ihrem Kind sagen: „Was möchtest du lieber zum Frühstück? Müsli oder ein Marmeladenbrot?"

Sie müssen sich jedoch auch darüber im Klaren sein, in welchem Alter Ihr Kind ist und in welcher Phase es sich befindet. Wenn Sie zu Ihrem Vier- bis Sechsjährigen sagen: „Oh, Liebling! In sechs Wochen hast du Geburtstag. Warum gehen wir nicht in den Spielzeugladen, damit du dir schon einmal überlegen kannst, was du dir wünschst?" schaffen Sie damit ein Szenario, in dem Sie verlieren werden. Kinder in diesem Alter leben für den Augenblick. Morgen ist zu weit weg. Sechs Wochen sind wie ein ganzes Leben. Sie sind emotional noch nicht reif genug, um zu warten. Deshalb, Eltern, benutzen Sie Ihren Verstand. Geben Sie Ihren Kindern ihrem Alter angemessene Auswahlmöglichkeiten, die sie nicht frustrieren.

Wenn Sie nachgiebige Eltern sind, ist es sehr wichtig, dass Sie Ihren Stand als Eltern einnehmen, statt zu versuchen, die Freunde Ihres Kindes zu sein und es glücklich zu machen. Immer glücklich zu sein ist nicht die Realität, und Sie sind Ihrem Kind gegenüber nicht fair, wenn Sie das Leben dauerhaft als Disneyland erscheinen lassen. Wenn er für seine Taten nicht zur Verantwortung gezogen wird, wird ihr hedonistischer kleiner Schnullerlutscher zum verzogenen Teenager und dann zu einem Erwachsenen werden, der sich ständig widersetzt und keinen Arbeitsplatz lange behält. Werden Ihre Kinder Sie immer mögen? Nein. Aber sind Sie Eltern geworden, um auf der Nettigkeitsskala Ihrer Kinder ganz oben zu stehen? Wenn das der Fall ist, dann sind Sie derjenige, der einen Realitätscheck braucht.

Es steht zu viel auf dem Spiel. Sie können nicht nachgeben.

Das Ziel aller Eltern sollte es sein, Kinder zu unabhängig denkenden Menschen zu erziehen, die sowohl sich selbst als auch anderen einen gesunden Respekt entgegenbringen. Das ist in unserer heutigen, nachgiebigen Gesellschaft extrem wichtig, wie die folgende Einführungsrede zeigt. Sie wurde 1981 von J. Neusner an der Brown University gehalten, doch sie ist heute sogar noch aktueller:

Was am Mittwoch zu tun ist

1. Was für einen Erziehungsstil haben Sie?
2. Wie spricht Ihr Kind auf diesen Erziehungsstil an?
3. Wie können Sie Ihren Erziehungsstil anpassen, damit er ausgeglichener ist?
4. Wie können Sie die Beziehungen in Ihrem Zuhause in den Vordergrund rücken?

„Wir als Fakultät sind nicht stolz auf die erzieherischen Leistungen, die wir bei Ihnen vollbracht haben ... Sie könnten mit uns darüber streiten, warum Ihre Irrtümer nicht Ihre Irrtümer waren, warum Ihre mittelmäßigen Arbeiten in Wirklichkeit ausgezeichnet waren und warum Sie auf routinemäßige und schlampige Präsentationen stolz sein können. Vier Jahre lang haben wir eine vollkommen vergebende Welt geschaffen, in der jede noch so kleine Anstrengung, die Sie unternommen haben, alles war, was wir verlangten. Wenn Sie Verabredungen nicht einhielten, haben wir neue vereinbart. Wenn Sie Ihre Arbeiten nach dem Abgabeschluss abgegeben haben, taten wir so, als wäre das kein Problem.

Warum? Obwohl Sie das glaubten, haben wir das nicht getan, damit Sie uns mögen. Wir haben das getan, weil wir kein Aufhebens verursachen wollten, und die einfache Möglichkeit, das zu vermeiden, war eine Täuschung: Lächeln und leicht vergebene gute Noten.

Wenige Professoren kümmert es wirklich, ob die vom Gruppenzwang gelähmten Heranwachsenden sie mögen – die Hohlköpfe, die so dumm sind zu glauben, dass die Professoren nicht an Bildung, sondern an Beliebtheit interessiert sind. Ich sage es nochmals, unser Ziel war es, Sie loszuwerden. So gehen Sie nun und verlernen Sie die Lügen, die wir Sie gelehrt haben."[4]

Eltern, wie interessiert sind Sie? Wie viel Aufhebens wollen Sie machen? Welche Art von Fundament bauen Sie für Ihre Kinder? Welche Lügen lehren Sie sie durch Ihren Erziehungsstil? Wie bereiten Sie Ihre Kinder auf die Zukunft vor?

---

[4] J. Neusner, zitiert in Malcolm Stevenson Forbes Jr.: „As Undergraduates Recommence Their Efforts", Forbes, Oktober 1981.

Beginnen Sie mit dem Endziel im Hinterkopf und halten Sie Ihren Fokus auf Ihre Beziehung gerichtet, nicht auf Regeln.

Ich habe Freunde in jeder Richtung – von nachgiebig bis autoritär – und Sie haben wirklich recht! Die verantwortungsbewusste Art ist die einzige Möglichkeit. Ich habe die Frucht der anderen beiden Methoden zwanzig Jahre lang bei meiner Arbeit auf dem Sozialamt gesehen. Ich bin froh, dass ich bei meinen eigenen Kindern diese Methode angewendet habe. Ich bin stolz auf sie. Sie sind jetzt erwachsen und haben selbst Familien. Und ich habe eine enge Beziehung zu meinen Enkelkindern. Es geht wirklich nur um die Beziehung.

Belle, Texas

Sie haben recht, wenn Sie sagen, dass man die Dinge auf lange Sicht betrachten muss. Ich kann nicht glauben, wie schnell die Zeit vergeht. Es kommt mir vor als sei es gestern gewesen, dass meine drei Kinder Babys waren, und nun wird mein Ältester bald seinen Schulabschluss machen. Jetzt, wo ich Teenager zu Hause habe, habe ich festgestellt, dass Ihr Rat, ihnen keine Fragen zu stellen, äußerst hilfreich ist. Ich war gerade dabei, zum „Monster" zu werden, doch nachdem ich jetzt den Mund halte, öffnen sie den ihren. Danke!

Sharon, Nebraska

Ich musste wirklich dringend daran erinnert werden, die Dinge auf lange Sicht zu betrachten. Meine Frau wurde viel früher schwanger, als wir geplant hatten, und jetzt haben wir Zwillinge, die noch keine zwei Jahre alt sind. Statt am Abend einen gemütlichen Spaziergang zu unternehmen, sind wir jetzt damit beschäftigt, das Chaos zu bewältigen, das entsteht, wenn man zwei Kleinkinder betreuen muss. Ich gebe zu, ich war ein Vater, der oft „flüchtete". Vor einem Monat, als ich Sie sprechen hörte, traf mich dann die Erkenntnis, dass ich mich damit genauso verhalte, wie mein Vater es getan hat. Und wenn er zu Hause war, kommandierte er mich die ganze Zeit herum. Ich wollte nicht sein wie er, und deshalb tat ich überhaupt nichts. Ich habe mich jetzt bei meiner Frau entschuldigt und ihr gesagt, dass ich unseren familiären Beziehungen die Priorität einräumen will. Und ich habe sie dabei um ihre Hilfe gebeten. Danke, dass Sie mich zur richtigen Zeit in die Realität zurückgeholt haben.

Jay, Illinois

Ich war dafür bekannt, dass ich sagte, sechs Kinder aufzuziehen (was haben wir uns nur dabei gedacht?) sei so ähnlich, wie einen Sack Flöhe zu hüten. Doch nachdem ich nun Ihre Prinzipien gehört habe, denke ich, dass wir das Chaos in unserem Zuhause in den Griff bekommen können. Mein Mann und ich konnten uns jetzt zum ersten Mal auf bestimmte Erziehungsmethoden einigen – das ist der Knüller! Ihr sachlicher Ansatz und Ihre persönlichen Beispiele haben ihn überzeugt, obwohl er glaubt, dass die meisten Verhaltensexperten, wie er es nennt, „Schwachsinn" von sich geben. Ich bin der nachgiebige Elternteil, er der autoritäre. Keiner unserer Ansätze hat funktioniert. Jetzt besitze ich Rückgrat und Entschiedenheit, und mein Mann ist nicht mehr so streng, wenn es darum geht, seine Ziele zu erreichen.

Susan, Kansas

Vor einem Jahr hat mich mein Mann nach dreizehn Jahren Ehe wegen einer anderen Frau verlassen und ich habe das alleinige Sorgerecht für unsere zwei Jungen. Immer wieder falle ich in ein Loch von Depressionen, weil ich das Gefühl habe, dass ich nicht genug für meine Kinder da bin (ich muss jetzt in Vollzeit arbeiten) oder dass ich zu streng mit ihnen bin (wenn sie von ihrem Vater zurückkommen, haben sie viel zu viele Süßigkeiten gegessen und sind erschöpft, weil sie zu spät ins Bett gegangen sind). Was Sie in dem Abschnitt „Du hast vielleicht nicht viel, Mama, aber das ist alles, was du brauchst" gesagt haben, war genau das, was ich brauchte, um mich daran zu erinnern, was ich habe und wie wichtig ich für die Kinder bin. Danke. Das ist die Ermutigung, die ich brauche, um meine Jungen zu erziehen.

Tamara, New Mexico

Ich habe so viele Statistiken darüber gelesen, wie Kinder, die bei einer alleinerziehenden Mutter aufwachsen, verurteilt werden, dass ich mich schon selbst verurteilt fühlte. Dann hörte ich Ihre Erziehungsmethoden und dachte: Hey, so kann ich es machen, mit oder ohne Ehemann.

Sie haben meine Last erleichtert, indem Sie hervorhoben, dass meine Beziehung zu meinen Kindern das Wichtigste ist. Ich kann ihnen nicht alles geben, aber ich kann ihnen meine Zeit und meine Aufmerksamkeit schenken. Genau das musste ich hören (und mir gefielen auch Ihre drei einfachen Erfolgsstrategien). Ich habe mich gefühlt, als würden Sie mich anfeuern.

Lily, Iowa

DONNERSTAG

Aber was ist,
wenn ich ihrer Psyche Schaden zufüge?
(Uh … Was ist eine Psyche?)

Es gibt Lob und es gibt Ermutigung.
Ihr Kind ist klug genug, den Unterschied zu kennen.

Ich kannte einmal ein Kind, das ein wahres Energiebündel und ein Komiker war. Er wurde aus der vierten Klasse geworfen, weil er sich die Hand in die Hose steckte, seinen Finger aus dem Hosenschlitz herausstreckte und vor den Mädchen damit hin- und herwackelte. Mit elf Jahren wurde er wegen „ungebührlichen Verhaltens" von den Pfadfindern ausgeschlossen. Später flog er aus dem Grundlagenkurs für Mathematik (dem Mathematikunterricht für „Dummköpfe", wo den Schülern minimalste Kenntnisse vermittelt werden, damit sie wenigstens in der Lage sind, Lebensmittel zu kaufen, wenn sie ihren Abschluss machen). Er war ein Junge, über den jeder lachte. Seine Mutter war die Einzige, die wirklich daran glaubte, dass er einmal etwas Bedeutendes erreichen würde.

Bis Vincent Stearns, einer der Englischlehrer an seiner Schule, auf den Plan kam. Er ließ sich von niemandem etwas bieten und stellte von Anfang an klar, was er erwartete. Dieser Junge hatte während der ganzen Jahre seiner Schulzeit kaum einmal seine Hausaufgaben gemacht – doch er machte seine Hausaufgaben für Mr Stearns. Zum ersten Mal zeigte er sich einer Herausforderung gewachsen, und was glauben Sie, warum? Mr Stearns hatte so hohe Erwartungen hinsichtlich der Fähigkeiten des jungen Mannes, dass das sogar einem unbedarften Menschen auffallen musste.

Was machte den Unterschied?

- Die Erwartungen waren klar. Es gab keinen Spielraum für eine Fehlkommunikation.
- Der Erwachsene erwartete das Beste – und so bekam er es.

Es spielte keine Rolle, dass die schulischen Leistungen des Jungen am unteren Ende angesiedelt waren. Es spielte keine Rolle, dass er dafür bekannt war, ständig herumzualbern und die Aufmerksamkeit auf sich zu ziehen. Dieser Lehrer gab dem jungen Mann eine zweite Chance.

Erwarten Sie das Beste, bekommen Sie das Beste

In der heutigen Zeit sind die Eltern übermäßig besorgt um die Selbstachtung eines Kindes. „Ich will, dass Johnny ein gutes Selbstgefühl hat", sagt eine Mutter. Was tut diese Mutter also? Sie gibt sich besondere Mühe, den Lebensweg ihres Kindes zu ebnen und Dinge für es zu tun, die es selbst tun sollte.

Sie denkt, sie würde damit seine Selbstachtung stärken, aber was tut sie in Wirklichkeit? Sie sendet eine negative Botschaft aus: „Ich glaube, du bist so dumm, dass du das nicht kannst, deshalb tue ich es für dich."

Damit verhält es sich ähnlich wie mit der Tatsache, dass man die Dinge nur ein Mal sagen sollte. Wenn Sie Ihr Kind mehr als ein Mal an etwas erinnern, sagen Sie damit: „So dumm, wie du bist, hast du das wahrscheinlich nicht verstanden, deshalb sage ich es nochmals." Wenn Sie die Dinge ein Mal sagen, erhöhen Sie damit jedoch in Wirklichkeit die Chance, dass Sie gehört werden und dass Ihre Anweisungen befolgt werden. Viele Kinder sind „Mama-taub" – und das aus gutem Grund. Wenn sich die Regeln mit den

Viele Kinder sind „Mama-taub" – und das aus gutem Grund. Wenn sich die Regeln mit den Hormonschwankungen von Mama verändern, warum sollten sie sich dann die Mühe machen, sie zu befolgen?

Hormonschwankungen von Mama verändern, warum sollten sie sich dann die Mühe machen, sie zu befolgen?

Wie Sie Ihre Kinder respektieren

- Tun Sie nie etwas für sie, das sie selbst tun können und sollen.
- Wiederholen Sie Ihre Anweisungen nicht.
- Erwarten Sie das Beste von ihnen.
- Loben Sie sie nicht.
- Ermutigen Sie sie.

Wenn Sie Dinge tun, die Ihre Kinder tun sollten, verhalten Sie sich ihnen gegenüber nicht respektvoll. Respektvoll ist es, das Beste von ihnen zu erwarten – und sich darüber im Klaren zu sein, dass „das Beste" entsprechend dem Alter Ihrer Kinder und ihren besonderen Begabungen variiert. Jedes Kind wird den Erwartungen gerecht, die Sie an es stellen.

Fürchten Sie sich nicht, die Messlatte hoch anzusetzen (viele Kinder können weitaus mehr tun, als Sie es sich erträumen), aber erwarten Sie auch nicht die Welt. Wenn Ihr Kind, das normalerweise die Note Vier hat, plötzlich mit Dreien und sogar zwei Zweien nach Hause kommt, weil es wirklich hart gearbeitet hat, ist das ein Grund zum Feiern! Wenn Ihre Vierjährige beschließt, ihr Zimmer selbst sauber zu machen, sagen Sie ihr, wie sehr Sie das schätzen. Vielleicht wird es dann nicht so sauber, wie Sie es gerne hätten, aber putzen Sie ihr dennoch nicht hinterher.

Jedes Kind wird den Erwartungen gerecht, die Sie an es haben.

Bedeutet das, dass Sie Ihrem Kind nie helfen sollten? Nein. Sie sind der Kapitän des Schiffs *Familie* auf dem Meer des Lebens. Wie alle Kapitäne tragen Sie die Verantwortung für Ihr Schiff. Sie müssen wissen, wo die verborgenen Felsen liegen, und Sie müssen einen Hafen haben, den Sie ansteuern. Es wird Zeiten geben, in denen einige Ihrer Passagiere über Bord gehen, aber Sie müssen sie nicht ertrinken lassen. Sie werden eine Schwimmweste und einen Retter brauchen.

Selbstachtung oder Selbstwert?

Es besteht ein großer Unterschied zwischen Kindern, die sich in Bezug auf sich selbst „gut fühlen" (Selbstwertgefühl) und wahrem Selbstwert. Viele Eltern in der heutigen Zeit sind so besorgt um das Selbstwertgefühl ihres Kindes, dass sie ihre gesamte Erziehung auf das „Wohlgefühl" ihres

Kindes ausrichten. Sie achten stets darauf, dass ihr Kind sich in Bezug auf sich selbst und auf alles, was es tut, gut fühlt. Sie wollen nicht, dass Ihre Kinder auf dem Ozean ihres Lebens auf irgendwelche Wellen treffen, nicht wahr? Es soll nichts passieren, das die kleinen Lieblinge veranlasst, schwimmen müssen.

Es ist sehr leicht, Kindern ein gutes Gefühl zu vermitteln. Geben Sie ihnen einfach alles, was sie wollen und wann sie es wollen. Aber wenn Sie das tun, reißt dieser hedonistische kleine Schnullerlutscher das Regiment an sich und wird zu einem erwachsenen großen Schnullerlutscher. Er wird dafür sorgen, dass Sie alle Mühe haben, seine Erwartungen zu erfüllen. Das kann oft bis in die Zwanziger- und Dreißigerjahre eines Kindes anhalten. Von den Müttern, die auf meinen Seminaren von ihrem Stress berichten, sind interessanterweise zwei von zehn bereits ältere Mütter, deren Kind gerade studiert oder das Studium bereits abgeschlossen hat, und immer noch bei ihnen wohnt. Ich nenne diese Kinder„Bumerangkinder“. Das sind die Kinder, die in Bezug auf sich selbst stets ein gutes Gefühl hatten, weil Mama und Papa sich immer an ihrer Stelle um alles gekümmert haben. Und allem Anschein nach kommen Mama und Papa jetzt nicht mehr aus dieser Rolle heraus, auch wenn das Kind inzwischen erwachsen ist und selbst die Verantwortung übernehmen sollte.

Es ist sehr leicht, Kindern ein gutes Gefühl zu vermitteln. Geben Sie ihnen einfach alles, was sie wollen und wann sie es wollen.

Ein Teil der Kunst der Kindererziehung besteht darin, zu wissen, wann man die Grenze ziehen muss und wann Ihre Kinder einen Schubs benötigen. Erwachsene Kinder, die immer noch zu Hause wohnen, brauchen definitiv einen Schubs in die reale Welt.

Wussten Sie, dass Sie als Eltern nicht die Aufgabe haben, Ihr Kind glücklich zu machen? Tatsächlich ist ein unglückliches Kind ein gesundes Kind. Betrachten Sie es einmal so. Wenn Sie glücklich sind und alles gut läuft, sind Sie dann motiviert, irgendetwas zu verändern? Sicher nicht. Es ist die Zeit, in der die Dinge nicht so gut laufen, dass Sie beginnen, sie neu zu beurteilen. *Hm, das hat nicht so gut funktioniert. Vielleicht sollte ich nächstes Mal etwas anderes probieren.* Dasselbe gilt für Ihr Kind. Wenn Ihr Kind unglücklich ist (vielleicht wegen etwas, das es falsch gemacht hat, oder einfach aufgrund der Tatsache, dass Sie seinen Wünschen nicht entsprechen), ist es motiviert, etwas anders zu machen. Das ist wiederum der Grund, warum das „B tritt nicht ein, bevor A abgeschlossen ist"-Prinzip so gut funktioniert. Womit Ihr Kind davonkommt – oder nicht davonkommt – hängt davon ab, wie genau Sie die Prinzipien in diesem Buch befolgen.

Sich gut zu fühlen ist etwas Vorübergehendes. Es ist ein Gefühl, und Gefühle ändern sich von einem Augenblick auf den anderen. Ein Kind fühlt sich gut, wenn es das Spielzeug bekommt, das es will, aber wahrer Selbstwert wird dann begründet, wenn es sich das Geld dafür selbst verdient. Wenn es dieses dann wirklich sein Eigen nennen kann, wird es denken: *Das habe ich selbst geschafft. Super! So funktioniert das.* Lassen Sie Ihre Kinder ihre eigenen Erfahrungen machen. Lassen Sie zu, dass sie ihren Beitrag leisten und dabei Verantwortungsbewusstsein und Verlässlichkeit lernen. Damit legen Sie in ihnen den Grundstein für einen gesunden Selbstwert.

Die Pfeiler des Selbstwertes

Wir haben bereits über das Abc der Ansichten, des Benehmens und des Charakters Ihres Kindes gesprochen und festgestellt, wie wichtig diese Dinge für das Leben Ihres Kindes sind. Doch es gibt noch drei weitere Punkte, die sehr wichtig sind:

- Akzeptanz
- Zugehörigkeit
- Kompetenz

Diese drei Punkte bilden die Säulen des Selbstwertes eines jeden Menschen.

Akzeptanz

Bedenken Sie, dass die Kinder sich nach Ihrer Anerkennung sehnen. Ihre bedingungslose Akzeptanz Ihres Kindes ist ausschlaggebend für seine Entwicklung. Ein Kind erfüllt die Erwartungen, die Sie an es stellen. Wenn Sie durch Ihre Worte und Taten dem Gedanken Ausdruck verleihen: *Du bist das dümmste Kind, das ich je gesehen habe,* wird Ihr Kind einen sehr geringen Selbstwert besitzen und sich wahrscheinlich überhaupt nichts zutrauen. Wenn Sie durch Ihre Taten und Worte den Gedanken ausdrücken: *Hey, Kind, leg los; ich weiß, dass du es kannst,* begründen Sie einen gesunden Selbstwert in ihm. Ein einziges Kompliment reicht aus, dass Kinder lange Zeit himmelhoch fliegen. Bedenken Sie jedoch, dass das Kompliment ehrlich sein muss – es darf keine „fromme Lüge" sein, damit sich das Kind besser fühlt (darauf werden wir in diesem Kapitel noch näher eingehen). Wenn Sie nicht ehrlich sind, wird Sie jedes Kind auf diesem Planeten durchschauen. *Ah, ich habe schon verstanden. Ich bin ein wirklicher Verlierer. Und das denken auch Mama und Papa. Papa fällt nicht einmal eine einzige positive Aussage über mich ein.* Und dann wird sich dieses Kind Ihren unausgesprochenen Erwartungen entsprechend verhalten.

Wenn Kinder in Ihrem Zuhause keine bedingungslose Annahme finden, werden sie weniger (oder gar nicht mehr) mit Ihnen sprechen, pausenlos CDs hören, beim Abendessen ihren iPod benutzen, statt mit Ihnen zu reden, und sich mit ihren Freunden im Chat über die unfairen Regeln zu Hause und Ihre blöden Eltern austauschen. Kinder akzeptieren Kinder als die, wer sie sind. Sie nerven sie nicht wegen ihrer blauen Haare (sie finden sie irgendwie cool), ihres Nasenrings (sie haben selbst welche) oder ihrer ausgebeulten Hosen (ich sage: Gebt ihnen allen Gürtel!).

Doch so wichtig der Einfluss von Freunden für Ihr Kind auch sein mag – die Wahrheit ist, dass sie nicht das Allergeringste für es tun können. Denken Sie darüber nach. Wenn Ihr Elfjähriger etwas hat, haben Sie es ihm gekauft – bis hin zu Seife und Zahnbürste. Ihr Kind ist viel hilfloser, als es erscheint. Das ist der Grund, warum die Methode „B tritt nicht ein, bevor A abgeschlossen ist" so gut funktioniert.

> *Ihr Kind ist viel hilfloser, als es erscheint.*

Wenn Sie Ihr Kind akzeptieren, bedeutet das dann auch, dass Sie alles akzeptieren, was es tut? Nein, denn wie ich an früherer Stelle bereits erwähnt habe, können Kinder Dinge tun, die mehr als dämlich sind. Es wird Zeiten geben, in denen Sie Ihr Kind nicht besonders mögen, wenn Sie ehrlich sind. Aber Sie können ihm immer bedingungslose Liebe und Annahme zeigen. Wenn Sie das tun, sinkt die Wahrscheinlichkeit, dass es bei seinen Freunden Akzeptanz sucht.

Zugehörigkeit

Jedes Kind muss irgendwo hingehören. Ist dieser Ort in Ihrem Zuhause oder bei seinen Freunden? Im mittleren Süden von Los Angeles gibt es jede Menge Jugendbanden, weil sie ein Gefühl von Zugehörigkeit vermitteln. Dort finden sie eine gemeinsame Identität, die jene Kinder zu Hause nicht haben.

Machen Sie Ihr Zuhause von Anfang an zu einem Ort, wo man hingehört. Geben Sie allen Familienmitgliedern ein Stimmrecht bei Entscheidungen. Hören Sie zu, was andere denken und sagen. Unterstützen Sie einander in allen Dingen. Wenn Ihr Kind außerschulische Aktivitäten betreibt, sorgen Sie dafür, dass es diese klug auswählt, damit noch Zeit für die Familie übrig bleibt. Achten Sie darauf, dass Ihr gemeinsames Abendessen und der Familienurlaub nicht verloren gehen. Die Freunde Ihrer Kinder werden sich verändern, aber die Familie bleibt. Bringen Sie mit Ihren Aktionen zum Ausdruck: „Wir sind eine Familie. Wir gehören zusammen."

Als die fünfzehnjährige Melanie von einem neuen Bekannten gefragt wurde, ob sie eine Zigarette wolle, sagte sie einfach: „Nein, danke. Wir Crayburns rauchen nicht." Weil Melanie ein starkes Zugehörigkeitsgefühl zu ihrer Familie hatte, brauchte sie diese Zigarette nicht. Sie mochte sich einfach so, wie sie war. Die Säulen der Akzeptanz und der Zugehörigkeit waren tief in ihren Charakter eingepflanzt, weil für ihre Familie die gemeinsam verbrachte Zeit die Hauptsache und die anderen Aktivitäten außer Haus Nebensache waren. Sie wusste, wer sie war: eine Crayburn.

Wissen Ihre Kinder, wo sie hingehören? Wenn es in Ihrem Zuhause kein Zugehörigkeitsgefühl gibt, wird es auch keine Beziehungen geben. Ohne eine Beziehung sind Ihre Regeln, Ihre Worte und Ihre Taten bedeutungslos. Der Keil zwischen Ihnen und Ihren Kindern wird sie dazu treiben, irgendwo anders Akzeptanz und Zugehörigkeit zu suchen.

> *Wissen Ihre Kinder, wo sie hingehören?*

Kompetenz

Wollen Sie Ihre Kinder stärken? Übertragen Sie ihnen Verantwortung. Wenn Ihr Kind die Initiative ergreift, um eine Aufgabe zu erledigen – sei es, den Hund zu füttern, sein Fahrrad zu reparieren oder das Abendessen zuzubereiten – sagen Sie: „Das hast du gut gemacht. Ich wette, das hat dir ein gutes inneres Gefühl gegeben." (Wenn es richtig angewendet wird, kann dieses vorübergehende „gute Gefühl" ein Anreiz für ein Kind sein, etwas wieder zu tun.) Und das hat es sicher auch, weil Ihr Kind etwas ganz allein gemacht hat und stolz auf seine Leistung sein kann.

Wollen Sie Ihre Kinder stärken? Übertragen Sie ihnen Verantwortung.

Wir als Eltern müssen unsere Kinder darin anleiten, wie man Dinge anpackt, Neues ausprobiert und sich stetig verbessert. Wenn wir dann zu ihnen sagen: „Das hast du gut gemacht", stärken wir sie damit. Was denkt dieses Kind? *Hey, ich kann das. Meine Mami und mein Papi glauben an mich. Sie denken das Beste von mir. Dann wollen wir einmal sehen, was ich tun kann.*

Ihr Kind gedeiht nicht, wenn Sie ihm alles abnehmen. Wahren Selbstwert kann es nur entwickeln, wenn es zu einem Projekt einen Beitrag leistet oder, noch besser, es allein durchführt. Solche „Projekte" können beispielsweise sein, dass sich ein kleines Kind sein Getränk selbst aus dem Kühlschrank holt oder sich ein Brot mit Erdnussbutter und Marmelade bestreicht; dass sich ein Siebenjähriger sein Vesper für die Schule selbst macht oder dass ein Sechzehnjähriger, der gerade den Führerschein gemacht hat, für Sie einkaufen geht. Wenn Sie Ihren Kindern erlauben, kompetent zu sein, werden sie kompetent sein. Und wenn einmal etwas schiefgeht? Dann lernen sie, was sie das nächste Mal anders machen sollten. Wenn ihre Verantwortlichkeiten zunehmen, nimmt auch ihr Vertrauen in ihre eigene Kompetenz zu. So bereiten Sie Ihre Kinder darauf vor, als gesunde, funktionierende Mitglieder der Gesellschaft in die Erwachsenenwelt einzutreten.

Ihre Kinder sehnen sich nach Ihrer Akzeptanz. Sie sehnen sich danach, zu einer Familie zu gehören. Und sie wollen Kompetenz besitzen. Wenn sie all das nicht von Ihnen bekommen, werden sie es bei ihren Freunden suchen. Sie spielen eine viel größere Rolle in der Welt Ihres Kindes als Sie denken – und deshalb spielt auch Ihre Erziehung eine viel größere Rolle als Sie denken.

Mein Sohn ist so begabt, er kann sogar rückwärts zählen!

Haben Sie schon einmal eine jener Mütter gehört, die voll des Lobes über ihr Kind sind?

- „Oh, Ethan, du bist so ein guter Junge! Du hast eine Eins in Mathe bekommen. Das ist einfach wundervoll! Ich kann es kaum erwarten, deinem Vater davon zu erzählen. Ich bin sicher, er geht mit dir ein Eis essen."
- „Du bist so klug. Du hast diesen Legoturm ganz allein gebaut!"
- „Du machst das so schlau. Ich kann es kaum erwarten, das den Nachbarn zu zeigen."
- „Du siehst hinreißend aus in diesem Rock."

Wenn ich jetzt hinausgehen und ein paar Leute fragen würde: „Ist es gut, wenn Eltern ihre Kinder loben?" wette ich, dass das alle bejahen würden. Aber damit liegen sie falsch.

Lob ist nicht gut für Kinder. Der Grund dafür ist, dass das Lob meistens gar nicht gerechtfertigt ist und lediglich erteilt wird, damit die Kinder sich gut fühlen. Aber sie sind klug genug, um den Unterschied zu kennen. Es ist nie eine gute Idee, aufgrund der Art und Weise, wie ein Kind eine bestimmte Aufgabe erledigt, Rückschlüsse darauf zu ziehen, wie „gut" oder „klug" es ist. Wenn das Kind die Aufgabe schlecht erledigt, wird es dadurch schlecht oder hässlich?

Erkennen Sie, worauf ich hinaus will?

Lob verbindet den Wert eines Kindes mit dem, was es tut. Für ein Kind bedeutet das: *Oh, oh, wenn ich nicht immer irgendetwas „gut" mache, bin ich nichts wert. Dann lieben Mami und Papi mich nicht mehr.*

> *Lob verbindet den Wert eines Kindes mit dem, was es tut. Ermutigung betont die Handlung.*

Das führt uns zurück zu den Säulen des Selbstwertes: Akzeptanz, Zugehörigkeit und Kompetenz. Kinder müssen sich bedingungslos angenommen fühlen, ganz gleich, was sie tun; sie müssen wissen, dass sie immer zu Ihrem Zuhause gehören und sie müssen lernen, kompetent zu sein. Falsches Lob bringt alle diese Säulen zum

Einsturz. *Ermutigen* Sie Ihr Kind, statt es zu loben. Ermutigung betont die Handlung und nicht die Person. Hier lesen Sie nochmals oben stehenden Kommentare, diesmal jedoch im Kontext der Ermutigung:

- „Oh, Ethan, du hast eine Eins in Mathe. Ich weiß, dass du in diesem Bereich besonders hart gearbeitet hast, und diese Arbeit hat sich wirklich ausgezahlt. Du musst deinem Vater davon erzählen. Er wird sich auch freuen."
- „Es gefällt mir sehr, was du mit deinen Legosteinen gebaut hast. Es ist sehr kreativ und witzig, und du hast es ganz allein gemacht. Was willst du als Nächstes bauen?"
- „Das ist ja lustig. Wo hast du das gelernt?"
- „Das hast gestern wirklich toll eingekauft. Dieser Rock sieht großartig an dir aus. Eine kluge Wahl."

Sehen Sie den Unterschied? Er mag subtil erscheinen, aber für ein Kind bedeutet er die Welt. Wenn Sie die Handlung ermutigen, ermutigen Sie Ihr Kind, kompetent zu sein und etwas Neues zu versuchen, weil es in diesem Bereich erfolgreich war. Ihre Ermutigung baut Stück für Stück die grundlegende Basis für einen soliden Selbstwert auf, der in jeder Situation im Leben andauern und sich sogar gegen negativen Gruppenzwang durchsetzen wird.

Wenn Ihre Tochter also das nächste Mal auf einer Feier eine gute Darbietung auf dem Klavier erbringt, sagen Sie: „Oh, Liebling, du musst glücklich über deine Leistung sein. Du hast so viel geübt, um das Stück gut zu spielen. Das war sehr schön!" Und wenn Ihr Kind das nächste Mal beim Fußball ein Tor erzielt, sagen Sie: „Ich weiß genau, wie hart du trainiert hast. Aber es hat sich ausgezahlt, nicht wahr?"

Loben Sie Ihr Kind nicht, indem Sie sagen: „Du bist das wunderbarste Kind, das je auf der Erde gelebt hat." Was geschieht, wenn das nicht der Fall ist? Und abgesehen davon – Ihr Kind ist bereits in der Lage, sich umzusehen und festzustellen, dass es nicht das Wunderbarste von allen ist, und so weiß es, dass Sie lügen, um ihm ein gutes Gefühl zu vermitteln. Das verursacht eine empfindliche Störung in Ihrer Beziehung: *Hm, kann ich auf Papas Wort vertrauen? Er schmiert mir gerade Honig ums Maul.*

Ermutigen Sie Ihr Kind stattdessen in dem, was es tut: „Ich habe gestern beobachtet, wie du deinem kleinen Bruder geholfen hast, als er

Schwierigkeiten hatte, seine Schuhe zuzubinden. Es hat mir sehr gefallen, dass du es ihm nicht abgenommen, sondern ihm gezeigt hast, wie es geht, und ihn dann damit ermutigt hast, dass es nächstes Mal bestimmt schon leichter gehen wird. Das war großartig, Liebling. Du hast ein sehr liebevolles Herz."

Eine derartige Ermutigung spornt Ihre Kinder nicht nur an, sondern festigt ihre drei Säulen des Selbstwertes noch weiter.

Was am Donnerstag zu tun ist

1. Wie können Sie Ihrem Kind bedingungslose Akzeptanz zeigen?
2. Wie können Sie die Zusammengehörigkeit in Ihrer Familie betonen?
3. Wie können Sie Ihr Kind zu Kompetenz anspornen?
4. Denken Sie über den Unterschied zwischen Lob und Ermutigung nach. Welche wahre Ermutigung können Sie Ihrem Kind heute geben?

Erinnern Sie sich noch an das Kind vom Anfang dieses Kapitels – das Energiebündel und den Komiker, an den nur seine Mutter glaubte? Das Kind, von dem sich keiner vorstellen konnte, dass es irgendetwas im Leben erreichen würde? Obwohl dieses Kind ein Faulenzer war, sorgten seine Eltern durch die Säulen der bedingungslosen Akzeptanz (obwohl er diese während seines Heranwachsens vielen Prüfungen unterzog und seine Mutter während dieser Zeit einige graue Haare bekam) und der Zugehörigkeit (dieses Kind wusste stets, dass es ein Teil der Familie war und eine wichtige Rolle darin spielte) für eine solide Basis seines Selbstwerts. Seine Mutter seufzte jedes Mal, wenn er in der Schule sitzen blieb und ermutigte ihn dann im Bereich der Kompetenz aufs Neue. Doch erst als dieses Kind auf einen Lehrer wie Mr Stearns traf, wuchs er im Bereich der Kompetenz. Für seine Mutter war es ein langes Warten – doch sie gab niemals auf.

Warum ich das weiß?

Das Kind war ich.

Ich arbeite jetzt das dritte Jahr als Erzieherin im Kindergarten, und als ich Sie über Ihre Prinzipien sprechen hörte, war ich sowohl als Mutter als auch als Erzieherin begeistert. Ich kann es kaum erwarten, Ihre Bücher in meinem Ersttagsbrief an die Eltern unter der Rubrik „empfohlene Literatur" zu erwähnen. Ich werde auch die drei Säulen der Akzeptanz, der Zugehörigkeit und der Kompetenz sowie den Unterschied zwischen Lob und Ermutigung erklären. Ihre Bücher werden mir die Möglichkeit geben, während des Schuljahres mit den Eltern über schwierige Dinge zu reden – insbesondere, weil ich bereits weiß, dass zwei meiner zwanzig Kinder bereits als „schwierig" eingestuft wurden. Ich habe das leise Gefühl zu wissen, wo sie es gelernt haben, „schwierig" zu sein.

Tricia, Georgia

Gestern hat mich meine Tochter angerufen. Sie war sehr gestresst von ihren fünf Kindern (sie sind zehn, sechs, vier, drei und drei Monate alt) und brauchte einfach etwas Ermutigung. Auf der Grundlage Ihrer Prinzipien habe ich ihr gesagt, was sie alles richtig macht und sie ermutigt, die Dinge auf lange Sicht zu sehen … und sich ein schönes, langes Bad zu gönnen, wenn ihr Mann nach Hause kommt.

Harriet, Kalifornien

Ich bin seit eineinhalb Jahren geschieden und habe zwei kleine Kinder. Weil ich mich aufgrund der Tatsache, dass sie keinen Vater haben, so schlecht fühlte, habe ich keine Mühe gescheut, alles zu loben, was sie taten. Danke, dass Sie mir den Unterschied zwischen Lob und Ermutigung gezeigt haben. Von jetzt an werde ich meine Jungen nicht mehr loben, sondern ermutigen. Und ich werde hart an dem Abc und den drei Säulen arbeiten, statt mich schuldig zu fühlen, weil ich ihnen nicht alles kaufen kann.

Janna, Arizona

Ihre Worte über Akzeptanz, Zugehörigkeit und Kompetenz haben gesessen. Ich habe mir immer das Bild verinnerlicht, das andere mir während meiner Kindheit von mir vermittelten. Ich erkannte nicht, wie viel mein nachgiebiger Erziehungsstil mit der Tatsache zu tun hatte, dass ich kein gutes Selbstgefühl hatte. Die wenigen Male, an die ich mich erinnern kann, dass meine Eltern nett zu mir waren, hatten mit Lob zu tun. Aber ich wurde nie ermutigt. Jetzt, wo ich den Unterschied kenne, scheue ich keine Mühe, meine Tochter zu ermutigen. Ich habe alles falsch gemacht, aber ab jetzt werde ich es richtig machen. Sie sprechen zu hören war ein riesiger Schritt zur Heilung in meinem eigenen Leben … und die Ermutigung, die ich brauchte, um nach vorn zu sehen!

Marta, Alabama

FREITAG

Der Doktor ist da – Sie sind es!

Es ist an der Zeit, Ihre Strategie auszufeilen.

Ihr Mantra: „Ich kann es kaum erwarten, dass sich dieses Kind schlecht benimmt, denn ich bin bereit, in den Krieg zu ziehen."

In den letzten vier Tagen haben wir die Voraussetzungen dafür geschaffen, dass in Ihrem Zuhause einige Veränderungen stattfinden. Sie haben jeden Tag einige Einschätzungen vorgenommen, was Sie tun können, um diese Veränderungen in Gang zu setzen. Heute ist der Tag, an dem Sie Ihre Strategie ausfeilen. Der Spaßtag steht kurz bevor!

Doch zuerst wollen wir uns nochmals die Grundprinzipien ansehen, denn sie zu kennen ist der Schlüssel für Ihren Erfolg in dieser Unternehmung.

MONTAG

Damit Ihr Kind weiß, dass Sie es ernst meinen (und damit Sie ruhig und rational bleiben):

1. Sagen Sie es ein Mal.
2. Wenden Sie sich ab.
3. Gehen Sie weg.

DIENSTAG

Es dreht sich alles um das Abc:

- Ansichten
- Benehmen
- Charakter

Sie verstehen jetzt, wo die Ansichten Ihres Kindes herstammen und haben hinsichtlich Ihrer eigenen Ansichten einen prüfenden Blick in den Spiegel geworfen. Sie wissen, warum es wichtig ist, dass Sie sich der Zweckorientiertheit, die hinter dem Benehmen Ihres Kindes steckt, bewusst sind. Sie halten entschlossen daran fest, die Charakterbildung Ihres Kindes zu steuern.

Darüber hinaus sind drei einfache Erfolgsstrategien fest in Ihrem Kopf verankert:

- Lassen Sie die Realität den Lehrer sein.
- Lernen Sie, auf etwas anzusprechen, statt zu reagieren.
- B tritt nicht ein, bevor A abgeschlossen ist.

MITTWOCH

Sie betrachten die Reise der Erziehung auf lange Sicht.
Sie haben eingeschätzt, welche Art von Eltern Sie sind:

- nachgiebig
- autoritär
- verlässlich und verantwortungsvoll

Sie haben bewertet, inwiefern Ihr Erziehungsstil die Art und Weise, wie Ihre Kinder sich Ihnen gegenüber verhalten, beeinflusst. Sie denken aktiv darüber nach, inwiefern Sie das Vorbild, das Sie Ihren Kindern mit Ihren Ansichten, Ihrem Benehmen und Ihrem Charakter geben, verändern müssen.

Sie haben beschlossen, sich zuerst auf die Beziehung zu Ihrem Kind zu konzentrieren, weil Sie erkannt haben, dass ohne eine Beziehung keine Regeln effektiv werden.

Sie haben außerdem beschlossen, aus einer Mücke keinen Elefanten zu machen, und Sie entscheiden strategisch, in welchen Bereichen wirklich Handlungsbedarf besteht (in dieser Hinsicht werden Sie das Kapitel „Fragen Sie Dr. Leman" hilfreich finden).

DONNERSTAG

Sie kennen den Unterschied zwischen Selbstwertgefühl (einem guten Gefühl in Bezug auf sich selbst) und wahrem Selbstwert. Sie überlegen sich, wie Sie Ihrem Kind helfen können, die drei Säulen des Selbstwertes aufzubauen:

- Akzeptanz
- Zugehörigkeit
- Kompetenz

Sie sind entschlossen, von Lob (von dem Fokus darauf, wie „gut" ein Mensch ist) zu Ermutigung (mit dem Fokus auf der Handlung) überzugehen.

Okay, haben Sie all das im Hinterkopf?

Wie sieht Ihre Strategie aus?

Heute ist der Tag, an dem Sie die Sache anpacken wollen. Sie werden Ihren Aktionsplan bei Ihren nichtsahnenden Kindern umsetzen. Denken Sie daran, es gibt keine Warnungen, keine Drohungen, keine Erklärungen – nur Taten und unerschütterliche Konsequenz. Vor allem gibt es kein Nachgeben und keine Kapitulation. Ihr Kind muss wissen, dass Sie es ernst meinen, sonst werden Sie gar nichts erreichen. Wenn Sie länger brauchen als eine Woche, um die Ansichten, das Benehmen und den Charakter Ihres Kindes zu verändern, müssen Sie sich die grundlegenden Prinzipien nochmals ansehen. Kinder, die einige Zeit lang ihren Willen durchsetzen konnten, können extrem schlagkräftig sein. Aber betrachten Sie es einmal so: Wenn sich Ihr Teenager nicht verändert, wird er die langweiligste Teenagerzeit aller Zeiten erleben, denn dann wird er in jeder Hinsicht ausgebremst werden. Bedenken Sie, B tritt nicht ein, bevor A abgeschlossen ist. Auch ein starkes Kind kann einem solchen Prinzip nicht lange standhalten. Was auch immer sein mag, die Familie kommt zuerst.

Kinder, die einige Zeit lang ihren Willen durchsetzen konnten, können extrem schlagkräftig sein.

Wenn es also in Ihrem Zuhause ein Problem gibt, kümmern Sie sich nicht um das Leben draußen, bis dieses Problem gelöst ist.

Jetzt ist nicht die Zeit, um nachzugeben; verhalten Sie sich also nicht wie eine Qualle ohne Rückgrat. Stehen Sie auf und seien Sie ein Elternteil.

Wird das einfach sein? Nein. Es gibt Tage, und dann gibt es Tage. Sie wissen, was ich meine. Wenn Sie beginnen, diese Prinzipien anzuwenden, wird sich das Benehmen Ihres Kindes vermutlich verschlechtern … für eine gewisse Zeit. Das ist ein wenig wie beim Angeln. Wenn Sie einen Fisch am Haken haben, versucht er verzweifelt, den Haken in seinem Maul loszuwerden, indem er aus dem Wasser springt und sich hin- und herwirft. Dieses „Fisch-aus-dem-Wasser-Syndrom" können Sie auch von Ihren Kindern erwarten. Sie werden sich wie wild gebärden und sehr verärgert sein.

Wenn Ihr Kind hin- und herzappelt, wenn es aus dem Wasser kommt, wissen Sie, dass Sie auf dem richtigen Weg sind.

Wenn Sie jedoch mit einem Angler sprechen, wird er Ihnen sagen, dass Sie die Leine auf Spannung halten müssen, um den Fisch an Land zu ziehen. Sie lassen keinen Zentimeter nach. Wenn Sie die Leine lockern, wird er nicht nur wie wild hin- und herzappeln, sondern auch versuchen, seinen Kiefer gegen den Boden des Bachs zu rammen, um den Haken loszuwerden. Um den Fisch zu fangen, müssen Sie die Leine immer gespannt halten. Wenn Ihnen der Fisch erst einmal entwischt ist, wird es ziemlich schwierig sein, ihn erneut zu fangen.

Die gute Nachricht ist: Wenn Ihr Kind hin- und herzappelt, wenn es aus dem Wasser kommt, wissen Sie, dass Sie auf dem richtigen Weg sind.

Was ist los, Doc?

Jetzt spielen Sie den Psychotherapeuten. Denken Sie an eine Situation, die gerade in Ihrem Zuhause herrscht. Stellen Sie sich die folgenden Fragen, als ob Sie der Psychotherapeut in Ihrem Haus wären, und beantworten Sie sie anschließend selbst.

- Wie sieht die Situation aus?

- Wie würden Sie sie diagnostizieren?

- Was ist der Zweck des Benehmens?

- Wie empfinden Sie das Benehmen?

- Was würden Sie normalerweise tun?

- Was würden Sie jetzt anders machen? Wessen Problem ist es? Haben Sie den Ball auf dem Spielfeld Ihres Kindes gelassen oder versuchen Sie, ihn selbst zu spielen?

Konsequenz siegt immer

Bedenken Sie, dass das Benehmen Ihres Kindes einem Zweck in seinem Leben dient. Damit zieht es Ihre Aufmerksamkeit auf sich und verschafft sich eine Machtposition („Ich werde es dir zeigen"). Wenn Ihr Kind an Macht gewinnt, steigt damit auch seine Verachtung für Sie. Denn wenn es Sie kontrollieren kann, warum sollte es Sie dann respektieren? Sie sind keine Autoritätsperson mehr.

Deshalb ist es so wichtig zu erkennen, dass Ihr Kind einen Grund dafür hat, sich schlecht zu benehmen. Mehr als alles andere braucht es eine Beziehung zu Ihnen. Wenn Sie in Ihren Ansichten, Ihrem Benehmen und Ihrem Charakter konsequent sind, erzeugt das eine Zufriedenheit in Ihrem Kind, ob es nun drei, dreizehn oder dreiundzwanzig ist. Es kann sich sicher sein, dass sich die Regeln nicht mit Ihrer Stimmung oder Ihren Lebensumständen ändern.

Wenn Sie die grundlegenden Prinzipien in diesem Buch verstehen, brauchen Sie keinen Psychotherapeuten, denn dann können Sie diese Rolle selbst übernehmen. Statt einen Psychotherapeuten dafür zu bezahlen, dass er „Ihre familiären Probleme löst", unternehmen Sie stattdessen mit der ganzen Familie einen Ausflug. Es gibt schon zu viele Kinder, denen von einem Psychotherapeuten Medikamente verordnet wurden, obwohl alles, was sie wirklich brauchen, die Zeit und die Aufmerksamkeit ihrer Eltern ist.

Machen Sie sich bereit für den Spaßtag

Sie wollen, dass sich Ihr Kind zum Positiven verändert? Hier ist eine Liste der zehn wichtigsten Dinge, die Sie dafür tun müssen. (Eine Zusammenfassung finden Sie auf Seite 295.)

10. Seien Sie hundertprozentig konsequent in Ihrem Benehmen.
Auch wenn Sie diese Prinzipien bereits neun Mal befolgt haben – wenn Sie es beim zehnten Mal vermasseln, stehen Sie wieder ganz am Anfang. Sehen Sie es einmal so: Sie versuchen, einen neuen, anderen Weg im Leben einzuschlagen. Sie trainieren Ihr Kind – und sich selbst – darauf, sich anders zu verhalten. Ihre Kinder müssen wissen, dass Sie es ernst meinen.

9. Wenn Sie sagen, dass Sie etwas tun, ziehen Sie es immer bis zum Ende durch.
Ganz gleich, wie die Umstände aussehen – was Sie ankündigen, werden Sie auch tun. Geben Sie niemals nach. Seien Sie kein Schwächling. Das

bringt weder Ihnen noch Ihrem Kind irgendetwas. Tatsächlich wird es Sie in eine ungünstige Position gegenüber Ihrem Kind bringen, das sich fragt: *Hey, wann meint sie es nun ernst und wann nicht?*

8. Sprechen Sie auf die Dinge an, reagieren Sie nicht nur.
Benutzen Sie Taten, keine Worte. Wenn Sie leichtfertig mit Ihren Worten umgehen, wird Ihnen das nur Schwierigkeiten einbringen. Deshalb schließen Sie Ihren Mund, denken Sie nach und sprechen Sie auf die Situation an, statt nur darauf zu reagieren.

7. Zählen Sie bis zehn und fragen Sie sich: „Was würde mein altes Ich in dieser Situation tun? Was sollte mein neues Ich tun?"
Nehmen wir einmal an, Ihre Kinder verhalten sich untereinander seit neun Jahren wie Katz und Maus. Was sagen und tun Sie normalerweise? Was wird Ihr neues Ich anders machen?

6. Drohen Sie Ihren Kindern nie.
Das Problem mit Drohungen ist: Unsere Kinder wissen, dass wir sie nicht ernst meinen, weil wir sie selten wahr machen. Darüber hinaus ergeben unsere Drohungen oft keinen Sinn: „Also gut, du bekommst in deinem ganzen Leben keine Süßigkeiten mehr!" oder „Wenn du jetzt nicht von diesem Stuhl heruntergehst, wirst du dir das Genick brechen!" Selbst das kleinste Kind weiß, wann Drohungen Taten nach sich ziehen und wann sie nichts weiter sind als heiße Luft.

5. Werden Sie nie ärgerlich.
Sobald Sie ärgerlich werden, stehen Sie wieder am Anfang. Ich verstehe, dass es Auslöser dafür gibt. Ihr Kind tut Dinge, die Sie ärgern. Aber Sie sind der Erwachsene in der Situation. Sie sind derjenige, der letztendlich entscheidet, wann Sie ärgerlich werden. Lassen Sie nicht zu, dass Ihre Kinder Ihre Stimmungen kontrollieren. Wenn Sie ärgerlich werden und explodieren ist das, wie wenn Sie Ihren Ärger über Ihrem Kind ausspeien. Es mag vorübergehend ein gutes Gefühl sein, wenn die Anspannung nachlässt, aber sehen Sie, was Sie Ihrem Kind angetan haben.

Okay, Sie sind ein Mensch. Wenn Sie nun doch einmal ärgerlich werden, entschuldigen Sie sich schnell dafür. Sagen Sie beispielsweise: „Liebling, es tut mir leid. Ich hätte das nicht sagen sollen."

4. Geben Sie keine Warnungen ab.
Wenn Sie Ihr Kind warnen, sagen Sie damit: „Du bist so dumm, dass ich es dir zweimal sagen muss." Ihr Ziel ist es, Ihr Kind so weit zu bringen, dass es zuhört – dass es beim ersten Mal hört, was Sie zu sagen haben, und danach handelt.

3. Fragen Sie sich: „Wessen Problem ist das?"
Machen Sie kein Problem zu dem Ihren, das nicht Ihres ist, und zwingen Sie es auch keinem der Geschwister Ihres Kindes auf. Sie müssen den Ball auf dem Spielfeld desjenigen halten, wo er hingehört. Übernehmen Sie nichts, was Ihr Kind selbst tun sollte.

2. Glauben Sie nicht, dass das schlechte Benehmen von selbst vorübergehen wird.
Ich habe Neuigkeiten für Sie. Kinder hören nicht von selbst auf, sich schlecht zu benehmen. Der Vorteil, den es ihnen verschafft, ist zu groß. Sie müssen einschreiten und liebevolle und dauerhafte Disziplin walten lassen.

Der Geschäftsführer einer großen Fluggesellschaft erzählte mir einmal, dass das Unternehmen seinen Angestellten am Schalter für eine kurze Zeit die Freiheit eingeräumt hatte, die Entscheidungen hinsichtlich von Passagieren nach eigenem Ermessen zu treffen. „Kevin", sagte er, „wir haben Millionen verloren, weil zu viele Angestellte absolut nicht damit umgehen konnten." Diese Fluggesellschaft lernte auf die harte Art, dass sie einem Ticketverkäufer nicht einfach eine Blankovollmacht erteilen konnten. Ebenso wenig können Sie als Elternteil einem Kind eine Blankovollmacht geben. Sie sind dafür verantwortlich, ihm eine sachkundige Anleitung zu geben.

Nehmen wir einmal an, Sie wollen Kleidung für den Herbst einkaufen. Sie sagen zu Ihrem Kind: „Das ist der Betrag, den wir diesen Herbst für deine Kleidung ausgeben können. Du kannst es verwenden, wie du willst, aber wir können diese Summe nicht überschreiten." Damit hat das Kind immer noch die Entscheidungsfreiheit, welche Kleidung es sich mit dem Geld kaufen will. Aber wenn Sie sehen, dass sich Ihre Tochter zwölf T-Shirts kaufen will, wollen Sie vielleicht sagen: „Diese T-Shirts sehen gut aus, aber du wirst möglicherweise auch einen Pullover und eine Hose brauchen." Sie geben Ihrer Tochter sachkundige Anleitung. Wenn sie sich dafür entscheidet, sie nicht zu befolgen, wird sie am Ende vielleicht das ganze nächste Schuljahr über jede Woche dieselbe Jeans waschen. Und wenn Ihre Tochter darauf beharrt, Kleidung zu kaufen, die nicht Ihren Maßstäben entspricht (weil sie beispielsweise zu eng oder zu kurz ist), sollte Ihre sachkundige Anleitung aus einem festen Nein bestehen.

Und wenn Ihre sachkundige Anleitung Ihrem Kind schon in so kleinen Dingen wie bei der Auswahl von Kleidung eine Menge Kummer ersparen kann, warum sollten Sie als Elternteil ihm diese Anleitung nicht auch für die weitaus wichtigere Frage des guten Benehmens anbieten?

Einfach gesagt, Sie können die Gefangenen nicht die Anstalt leiten lassen. Sie würden sich in enorme Schwierigkeiten bringen. In solchen Fällen ist es besser, die Blase zum Platzen zu bringen, statt mit einem ständig dahintröpfelnden Leck konfrontiert zu sein und zu hoffen, dass Ihr Kind eines Tages zur Besinnung kommt.

1. Machen Sie immer ein fröhliches Gesicht, auch wenn Sie … eigentlich etwas anderes tun wollen.

Machen Sie sich bereit, gehen Sie auf Position …

Auf einem meiner Seminare kam eine Frau zu mir und sagte: „Ich bin es so leid, wie es bei uns zu Hause läuft. Meine Kinder behandeln mich, als wäre ich die Sklavin und Köchin in einem Schnellrestaurant. Niemand schätzt irgendetwas, das ich tue, und sie beklagen sich unaufhörlich. Das geht schon seit Jahren so, aber jetzt habe ich es satt."

Diese arme Frau hatte ihrer Familie jahrelang die Stiefel geleckt. Sie erwarteten das von ihr. Aber jetzt war Schluss damit.

> *„Sie müssen in Streik treten."*

Ich sagte zu ihr: „Liebe Frau, Sie müssen in Streik treten. Kochen Sie kein Abendessen. Eine Woche lang. Gehen Sie jeden Abend zum Essen aus. Wenn Ihre Kinder fragen, wo Sie hingehen, sagen Sie einfach: ‚Ich gehe aus.' Wenn Sie nach Hause kommen, lassen Sie den Abwasch stehen, wecken Sie Ihre Kinder nicht für die Schule und machen Sie weder Frühstück noch Mittagessen. Erregen Sie ihre Aufmerksamkeit. Sie sind nicht ihre Sklavin; Sie sind ihre Mutter. Wenn sie fragen, was los ist, sagen Sie einfach: ‚Ich habe genug davon, alles für euch zu erledigen. Und bis ich sehe, dass ihr bereit seid, euren Beitrag zu leisten, werde ich es weiterhin sein lassen.' Und dann beobachten Sie einfach, wie sich der Schock auf den Gesichtern Ihrer Kinder ausbreitet."

Sie sehen, oftmals sind Sie eine zu gute Mutter. Ein zu guter Vater. Sie tun viel zu viel für Ihre Kinder. Am Spaßtag müssen Sie das Spielfeld ebnen, indem Sie das „B tritt nicht ein, bevor A abgeschlossen ist"-Prinzip anwenden.

Das ist keine höhere Mathematik. Alle Eltern können das tun. Die Kinder müssen Verantwortung übernehmen, damit Ihr Zuhause zu dem wird, was es sein sollte – zu einem Ort der Liebe, des Respekts und des verantwortungsbewussten Handelns.

Führen Sie Ihren Plan jetzt ein. Nehmen Sie die Waffen auf. Ihr Mantra sollte lauten: „Ich kann es kaum erwarten, bis sich dieses Kind schlecht benimmt, denn ich bin bereit, in den Krieg einzutreten."

Tun Sie es!

Was am Freitag zu tun ist

1. Sehen Sie sich die Grundprinzipien nochmals an.
2. Stellen Sie fest, welche Elefanten Sie in Angriff nehmen wollen.
3. Überlegen Sie, wie Sie normalerweise reagieren würden und wie Sie jetzt reagieren werden.
4. Machen Sie sich bereit, gehen Sie auf Position … und los!

Ich kämpfe schon seit einiger Zeit mit meinen zwei Töchtern im Alter von sieben und vier Jahren und bin so frustriert. Ich fühle mich wie eine totale Versagerin, weil ich sie ständig anschreie und mich danach unglaublich schuldig fühle. Die Menge an ungesundem Essen in unserem Haus zeigt, wie sehr. Sie haben mir praktische und leicht zu befolgende Prinzipien in die Hand gegeben, die ich wirklich nutzen kann. Ich weiß, es wird nicht immer einfach sein, aber ich bin entschlossen, mich daran zu halten.

Robin, Ontario

Ich werde meinen Plan heute in die Tat umsetzen. Ich kann es kaum erwarten, dass der Spaßtag beginnt. Ich habe bereits beschlossen, dass ich – ohne Kinder – ein Eis essen gehe, wenn alles vorüber ist. Ihr Rat ist von unschätzbarem Wert und genau das, was ich brauchte. Bei Ihnen habe ich eine Verbindung und ein Verständnis verspürt wie noch bei keinem anderen Familienexperten. Ihr Humor und Ihre persönlichen Erfahrungen waren für einen durchschnittlichen Menschen wie mich sehr beruhigend.

Mark, Ohio

Mein Leben hat sich komplett verändert. Meine Beziehung zu meinen Kindern hat sich verändert. Und, wie ich zugeben muss, auch meine Beziehung zu meinem Mann hat sich verändert, seit ich wegen der Kinder nicht mehr total gestresst bin. Ich danke Ihnen so sehr! Auch mein Mann ist Ihnen sehr dankbar.

Melissa, Illinois

Zum ersten Mal in den zwei Jahren, seit Elizabeth dreizehn wurde, habe ich wieder Hoffnung und einen klar definierten Plan.

Kara, New York

Wir haben drei Kinder im Alter von vier, drei und zwei Jahren. Wir konnten es uns nicht vorstellen, unser ganzes Leben so zu verbringen, wie es bei uns zu Hause lief. Niemand wollte bei uns Babysitten, und in der Öffentlichkeit starrten uns die Leute an (aus gutem Grund). Um es auf den Punkt zu bringen: Unsere Kinder waren Monster. Ihre Prinzipien haben alles in unserem Leben verändert. Ich hoffe, dass alle Eltern auf diesem Planeten Sie sprechen hören oder Ihre Bücher lesen. Sie brauchen diesen Ansatz. Wir brauchten ihn ganz bestimmt.

Familie Nesbit, Montana

FRAGEN SIE DR. LEMAN

Strategien von A bis Z, die wirklich funktionieren

Unkomplizierte Ratschläge und wirkungsvolle Aktionspläne für über hundert der heißesten Erziehungsfragen.

Pst! Das ist ein Geheimnis!

Ein sachlicher Ansatz, wie Sie ein wunderbares Kind haben
und wunderbare Eltern sein können.
Schlagen Sie einfach unter dem betreffenden Thema nach,
aber sagen Sie Ihrem Kind nicht, was Sie vorhaben.

(Tipp: Um ein Thema schnell zu finden, schlagen Sie im alphabetischen Verzeichnis am Ende des Buchs nach.)

Wenn wir zehn Minuten Zeit für ein persönliches Gespräch hätten, bei dem uns niemand hören kann, was würden Sie dann als Erstes über die Erziehung wissen wollen? Warum?

Seit fast vier Jahrzehnten ist es nun meine große Freude, Familien zum Erfolg zu verhelfen. Ich will auch *Ihre* Familie erfolgreich sehen. Erlauben Sie mir deshalb, in diesem Kapitel Ihr persönlicher Psychologe zu sein. Ich werde einfach auf Ihrer Stuhllehne sitzen, während Sie die Themen nachschlagen, für die Sie gerade einen schnellen und erprobten Rat brauchen.

Denken Sie dann über Ihre Situation nach. Fragen Sie sich:

1. Welchen Zweck verfolgt dieses Benehmen?
2. Wie fühle ich als der Elternteil mich in dieser Situation?
3. Ist das eine Mücke oder ein Elefant?

Die Antworten auf diese Fragen werden Ihnen helfen, einen konkreten Plan für Ihre eigene Familie zu entwickeln. Wenn das Problem eine Mücke ist, könnte eine Dose Insektenvernichtungsmittel helfen. Ist es ein Elefant, erhöht das den Einsatz bedeutend. Sie müssen die Situation gut meistern, denn das wird sich sowohl auf die Dynamik in Ihrer Familie als auch auf Ihr Wohlergehen und das Wohlergehen Ihres Kindes auswirken.

Wählen Sie also gleich jetzt das Thema aus, das in Ihrer Familie am heißesten ist. Die Themen sind alphabetisch aufgelistet, sodass sie leicht zu finden sind. Sie können auch das Inhaltsverzeichnis am Ende des Buchs zu Hilfe nehmen. Wenn Sie einen Erziehungsschnellkurs absolvieren wollen, lesen Sie einfach den ganzen Teil durch. Ich habe über hundert der Themen einbezogen, zu denen Eltern am meisten Fragen haben.

Aber vor allem, bewahren Sie absolutes Stillschweigen: Verraten Sie Ihren Kindern nicht, worauf Sie aus sind. Was Sie tun, muss bis zum Spaßtag Ihr Geheimnis bleiben. Bei dieser Strategie sind keine Warnungen erlaubt – und auch kein Kneifen. Wenn Sie nachgeben, nachdem Sie Ihren Plan eingeführt haben, wirft Sie das nur an Ihren Ausgangspunkt zurück.

Sie *können* wunderbare Eltern sein. Und Sie *können* ein wunderbares Kind haben.

Gehen Sie also voran – tauchen Sie direkt ein. Der Spaßtag wartet auf Sie.

Aufmerksamkeit erregen

„Letzte Woche waren mein neuer Vorgesetzter und seine Frau zum Abendessen bei uns. Wir brachten unseren achtjährigen Charlie ins Bett und ich ging in die Küche, um das Dessert vorzubereiten. Fünf Minuten später hörte ich ein Getöse aus dem Wohnzimmer, bei dem mir fast das Herz stehen blieb. Charlie war das Treppengeländer hinuntergerutscht – obwohl er genau wusste, dass er das nicht durfte – und war mitten auf dem Tisch gelandet, wo unsere Tiffany-Lampe stand. Die Lampe zerbrach in unzählige Teile und Charlie schnitt sich in die Hand. Statt das Dessert zu servieren, brachten wir Charlie in die Notaufnahme, um seine Hand nähen zu lassen. Was war nur in ihn gefahren? So etwas hatte er doch noch nie getan! Ich war schockiert."

„Unsere dreijährigen Zwillinge Kylie und Kari verhalten sich immer extra dumm und reden ohne Unterbrechung, wenn meine Freundinnen zu mir nach Hause kommen. Ich habe keine Möglichkeit, mich mit meinen erwachsenen Freundinnen zu unterhalten. Es ist wie die ‚Kylie-und-Kari-Unterhaltungsshow.'"

„Ich war gestern so ärgerlich. Ich war zufällig an der Küchentür, als ich sah, wie Jesaja, mein siebenjähriger Sohn, seine zweijährige Schwester *absichtlich* umstieß."

„Meine Tochter Annie trägt wirklich kurze Miniröcke und ihre T-Shirts sind viel zu eng. Ich schwöre, dass sie das nur tut, um mich in den Wahnsinn zu treiben, weil sie mir immer einen Blick zuwirft und auf meine Reaktion wartet, bevor sie aus der Tür stolziert. Es ist, als wolle sie mir beweisen, dass sie ein großes Mädchen ist und ihre Kleidung selbst auswählen kann. Ich verstehe das nicht. Wir haben nie darüber gestritten, welche Kleidung sie tragen kann oder nicht. Aber im letzten Jahr, seit ich wieder arbeiten gehe, habe ich das Gefühl, dass sie ständig versucht, Streit anzufangen. Ich will mein altes Mädchen zurück."

Alle Kinder sehnen sich nach Aufmerksamkeit, und sie werden alles tun, um sie zu bekommen. Wenn sie nicht genug positive Verstärkung von ihren Eltern bekommen, versuchen sie, deren Aufmerksamkeit durch negatives Verhalten zu erlangen und tun Dinge, von denen sie wissen, dass sie ihre Eltern auf die Palme bringen.

Charlie hasste es, ausgeschlossen zu sein und wollte die Aufmerksamkeit seiner Eltern, und so segelte er mitten in die Party hinein. Kylie und Kari verließen die Party nicht; sie beschlossen einfach, im Zentrum der Aufmerksamkeit zu bleiben und dafür zu sorgen, dass sich die Welt um sie drehte. Annie zog Aufmerksamkeit auf sich, indem sie Streit anfing und Kleider trug, von denen sie wusste, dass ihre Mutter sie hassen würde.

Manche Kinder sind Komödianten, Alleinunterhalter, die Urheber von Krisen. Sie scheuen keine Mühe, um beachtet zu werden. Auch ich selbst war so ein Kind, deshalb kann ich das absolut verstehen. (Oh, was meine Mutter alles wegen mir durchmachen musste!)

Wie können Sie als Elternteil auf ein solches Kind eingehen? Wenn jüngere Kinder sich schlecht benehmen, um Ihre Aufmerksamkeit zu bekommen, sagen Sie: „Ich sehe, du brauchst heute zusätzliche Aufmerksamkeit,

Manche Kinder verlangen, dass Erwachsene ihnen Aufmerksamkeit schenken. Sie sind Komödianten, Alleinunterhalter, Urheber von Krisen. Sie scheuen keine Mühe, um beachtet zu werden.

nicht wahr?“ Ein solcher Kommentar nimmt dem Kind im Allgemeinen den Spaß an seinem Verhalten, was bedeutet, dass es sich wahrscheinlich nicht mehr so benimmt. Sagen Sie dann zu dem Kind: „Liebling, ich bin mehr als glücklich, wenn ich dir Aufmerksamkeit schenken kann. Willst du, dass ich mich einfach zu dir setze und dich ansehe? Wäre das genug? Oder willst du, dass ich mir die Zeit nehme, dir eine Geschichte vorzulesen und eine Weile mit dir zu spielen? Ich liebe dich und weiß, dass du gerade jetzt zusätzliche Aufmerksamkeit brauchst. Aber du weißt auch, dass ich gesehen habe, wie du deine kleine Schwester umgestoßen hast. Wolltest du mir damit zeigen, dass du beachtet werden willst? Aber dafür musst du deine Schwester nicht umstoßen. Wenn du eine Umarmung oder einen Kuss nötig hast, komm einfach zu mir und sag es mir und ich werde dir gerne geben, was du brauchst.“

Wenn sich ein älteres Kind schlecht benimmt, um Ihre Aufmerksamkeit zu bekommen, wird der Einsatz erhöht. Nehmen wir einmal an, Ihre Tochter im Teenageralter stolziert die Treppen hinunter und trägt einen Rock, der so kurz ist, dass Sie zusammenzucken. Sie haben diesen Rock noch nie zuvor gesehen. Sie fragen sich: „Hat sie ihn von einer Freundin ausgeliehen?“

Sie wissen, dass sie so handelt, um Ihre Aufmerksamkeit zu erregen, aber sie tut noch etwas anderes. Sie verbessert ihr Geschick in dem Spiel um Macht. *Ich WERDE DAFÜR SORGEN, dass du mich beachtest,* schreit ihre Haltung. *Ich werde nicht sein, wie du mich haben willst.* Und was tut sie als Nächstes? Sie streckt ihre Hand aus und fragt: „Wo sind die Schlüssel?“

Sie antworten: „Welche Schlüssel?“

Angesichts ihrer unglaublichen Aufmachung sagen Sie: „So wie du gekleidet bist, sehe ich, dass du nicht bereit bist, auszugehen.“ Werden Sie damit einen großen Ausbruch heraufbeschwören? Wahrscheinlich.

Aber die Tatsache bleibt bestehen: In dieser Kleidung wird sie nirgendwo hingehen.

Zu viele Eltern geben angesichts dieses Bedürfnisses nach Aufmerksamkeit und des von Machtstreben motivierten Benehmens nach. Sie lassen die Dinge laufen und denken: *Eines Tages wird sie zur Besinnung kommen.* Warten Sie nicht. Es ist besser, einen Ausbruch zu erzwingen, als sich ständig mit etwas herumzuärgern.

Wenn Sie diese Dinge sagen oder tun, zeigen Sie Ihrem Kind, dass Sie nicht nur wissen, was es tut, sondern auch, warum. Und Sie offenbaren, was Sie fühlen und was Sie vor Ihren Augen ablaufen sehen. Sie sagen dem Kind auch, ohne es in Worte zu fassen: *Hey, Kind, es geht nicht nur um dich. Du bist nicht der Einzige, der Aufmerksamkeit braucht.* Solche Worte gehen auf das zweckorientierte Verhalten zurück. Jedes Verhalten dient einem Zweck. Wenn Kinder handeln, suchen Sie Aufmerksamkeit. Wenn Sie die Dinge beim Namen nennen, gelangen Sie an den Kern dessen, was das Kind braucht, und bringen es außerdem davon ab, sich weiterhin schlecht zu benehmen.

Wenn Ihr Kind etwas Dummes tut, um Aufmerksamkeit zu erregen, sagen Sie einfach ganz ruhig: „Oh, Liebling, tu das noch mal! Das hast du schon lange nicht mehr getan. Meine Güte, du musst Mamis Aufmerksamkeit wirklich dringend brauchen. Komm her zu mir. Lass uns darüber reden."

Aufstehen am Morgen

Das ist im Leben einer Familie der größte Berg von allen. Ihn zu bezwingen wird der ganzen Familie einiges abverlangen.

Jeder, der zur Familie gehört, hat Verantwortlichkeiten. Sie leben in einem Haus, nicht in einem Hotel mit Weckservice. Kinder haben die Verantwortung, von selbst aufzustehen.

Meine Tochter Lauren ist jetzt fünfzehn. Während der ganzen Zeit, in der sie aufwuchs, kann ich mich nur an ein einziges Mal erinnern, an dem sie nicht rechtzeitig für die Schule aufstand. Sie hatte vergessen, ihren Wecker zu stellen. Ich wachte um acht Uhr auf und war verwirrt, als ich sah, dass sie noch nicht auf war. Für Lauren war das absolut ungewöhnlich, denn sie achtete stets sehr gewissenhaft darauf, ihren Wecker zu stellen und pünktlich aus dem Haus zu gehen. Machte ich also eine große Sache daraus? Natürlich nicht. Es war ein einmaliges Ereignis. Ich fuhr sie einfach zur Schule.

In vielen Familien ist es jedoch ein Kampf, die Kinder zum Aufstehen zu bewegen und rechtzeitig zur Tür hinauszubekommen. Ihre Eltern reden ihnen gut zu, bestechen sie, drohen ihnen und schreien sie an, und die Kinder rennen ohne Frühstück aus dem Haus, um den Bus noch zu erwischen – und sehen ihn gerade noch wegfahren. Und was tun die Eltern? Sie fahren die Kinder zur Schule und riskieren einen Strafzettel wegen zu hoher Geschwindigkeit, weil sie versuchen, die Zeit wieder hereinzuholen, die die Kinder durch ihr spätes Aufstehen verloren haben. Nun, das ist schlichtweg verrückt!

Und wie fühlen Sie sich, wenn alles vorüber ist? Sie sind außer Atem von der ganzen Rennerei und machen sich Vorwürfe, weil Sie Ihre Kinder den ganzen Morgen angeschrien haben. Wenn Sie wollen, dass das in Ihrer Familie ein Ende hat, probieren Sie Folgendes aus: Seien Sie nicht der Wecker Ihres Kindes. Lassen Sie es morgen ausschlafen. Es wird um zehn Uhr sehr unglücklich aufwachen, weil es verschlafen hat.

Aber das ist nicht Ihre Schuld. Sie sind nicht derjenige, der verschlafen hat. Die gute Nachricht ist, dass Ihr Kind nach einer Entschuldigung für die Schule fragen wird. Und Sie müssen diese Entschuldigung schreiben.

> *Sehr geehrte Frau/sehr geehrter Herr Soundso,*
> *Sally hat keinen Grund, zu spät zu kommen. Sie hat sich lediglich dafür entschieden, auszuschlafen. Tun Sie, was immer Sie mit Kindern tun, die zu spät kommen.*
> *Vielen Dank*
> *Mrs Anderson*

Jüngere Kinder hassen es, in das Büro des Direktors zitiert zu werden. Sie fürchten sich davor, einen blauen Brief zu bekommen. Ältere Kinder kann ein blauer Brief nicht mehr sonderlich beeindrucken, es ist ihnen jedoch entsetzlich peinlich, wenn alle ihre Klassenkameraden mitbekommen, dass sie zu spät kommen. Wenn Sie sie zur Schule fahren müssen, weil sie den Bus verpasst haben, kann es sein, dass sie auf dem ganzen Weg versuchen, einen Streit vom Zaun zu brechen.

Ihre Reaktion sollte folgendermaßen aussehen: „Ich bin es leid, wie es jeden Morgen bei uns abläuft, deshalb wirst du dir etwas überlegen müssen, um das zu ändern."

Ihre ruhigen Worte, die Furcht des Kindes, in das Büro des Direktors zitiert zu werden und seine Scham vor seinen Klassenkameraden werden ihren Teil dazu beitragen, die Situation herumzudrehen.

Ausgehzeit

„Meine Tochter ist sechzehn und fängt jetzt an, mit Jungen herumzuhängen. Was soll ich ihr sagen, wann sie zu Hause sein muss?"

„Ryan ignoriert jede Uhrzeit, die wir ihm für das Nach-Hause-Kommen gesetzt haben und kommt, wann es ihm passt. Ich sitze zu Hause am Fenster und mache mir Sorgen, bis er heimkommt. Mein Mann ärgert sich schrecklich darüber, und wenn Ryan dann zu Hause ist, macht er ihm Vorwürfe, weil er so unverantwortlich ist. Nichts scheint zu funktionieren."

Manche Länder und Städte haben Sperrstunden, aber offen gesagt haben Sperrstunden nicht viel Sinn. Sande und ich haben fünf Kinder großgezogen und dabei nie eine bestimmte „magische Stunde" angesetzt, zu der die Kinder zu Hause sein mussten. Stattdessen haben wir den Ball immer zu ihnen zurückgespielt. Sobald ein Teenager Auto fährt, muss er verantwortungsvoll sein; ansonsten sollte er nicht fahren.

Wenn ein Kind also fragt: „Papa, wann muss ich zu Hause sein?", geben Sie ihm keinen Zeitpunkt vor, sondern sagen Sie: „Sei zu einer vernünftigen Uhrzeit wieder zu Hause." Das bewirkt, dass Ihr Teenager die Uhrzeit nach reiflicher Überlegung selbst festlegt und dann dafür verantwortlich ist, sie einzuhalten.

Lassen Sie bei Ihrem Kind das Prinzip „im Zweifel für den Angeklagten" gelten, bis es den Beweis erbringt, dass Sie damit falsch liegen. Wenn Sie einen Achtzehnjährigen haben, der um vier Uhr morgens nach Hause kommt, würde ich sagen, dass dies das letzte Mal war, dass er das Auto bekommen hat. In einer solchen Situation würden Sie sagen: „Die Tatsache, dass du erst um vier Uhr morgens nach Hause kommst, zeigt mir, dass du kein gutes Urteilsvermögen hast. Ich bin nicht daran interessiert, mein Auto, für das ich verantwortlich bin und das auf meinen Namen

Legen Sie keine bestimmte Ausgehzeit fest. Sagen Sie stattdessen: „Sei zu einer vernünftigen Uhrzeit wieder zu Hause."

zugelassen und mit meinem Geld versichert ist, jemandem auszuleihen, der um vier Uhr morgens nach Hause kommt. Wir lassen die Sache mit dem Autofahren jetzt eine Weile ruhen und reden in drei Monaten wieder darüber."

Es mag sich für Sie als Eltern gut anfühlen, wenn Sie das sagen, und es ist auch klug, wenn Sie diese Taktik einschlagen, aber sie kostet Sie auch etwas. Sobald Sie diesen wichtigen Maßstab gesetzt haben, wirkt sich das auch auf Ihr eigenes Leben aus. Dieser Achtzehnjährige kann jetzt nicht mehr selbst irgendwo hinfahren. Das bedeutet, dass Mama oder Papa ihn fahren müssen.

Aber wissen Sie was? Erziehung ist unbequem. Daran gibt es keinen Zweifel. Sie lieben Ihre Kinder, aber manchmal – seien Sie ehrlich – sägen sie an Ihren Nerven (und auch an anderen Stellen).

Wenn Sie Ihrem Sohn eine ein- bis dreimonatige Auszeit auferlegen, was das Autofahren betrifft, machen Sie ihm damit sehr nachhaltig klar, wie viel Glück er hatte, das Familienauto fahren zu dürfen – und was er beim nächsten Mal wird anders machen müssen. Das ist eine Lektion, die man nicht leicht vergisst.

Kinder werden ihre Freiheiten manchmal missbrauchen, aber es ist wichtig, dass der Ball auf ihrem Spielfeld bleibt, damit ihr Verantwortungsbewusstsein wächst und sie auf ein gesundes Erwachsensein zusteuern.

Legen Sie also keinen genauen Zeitpunkt fest, zu der Ihr Kind wieder zu Hause sein muss. Sagen Sie stattdessen: „Sei zu einer vernünftigen Uhrzeit wieder zu Hause." Wenn Sie das tun, ist die Wahrscheinlichkeit groß, dass Ihr Kind sogar noch früher zurückkommt, als Sie es erwartet haben.

Als unsere Tochter Lauren in der achten Klasse war und zu einer Geburtstagsparty ging, fragte ich sie, wann die Party vorüber sei. „Es gibt keine Uhrzeit für das Ende", sagte sie, „nur eine für den Beginn. Wann muss ich zu Hause sein?"

Ich warf den Ball zu ihr zurück. „Was hältst du für vernünftig?" „Elf Uhr", sagte sie. Interessanterweise rief sie genau um elf Uhr vom Handy einer Freundin aus an, um uns zu sagen, dass Sie auf dem Heimweg sei.

Hatte ich ihr gesagt, dass sie das tun müsse? Nein. Das tat sie ganz von selbst.

Als Sande und ich von dieser Technik Gebrauch machten, stellten unsere drei älteren Kinder – Holly, Krissy und Kevin – ihre eigenen Regeln hinsichtlich des Familienautos auf. Holly, unsere Erstgeborene, führte die Regeln ein. Sande und ich mussten lachen – ihre Regeln waren strenger, als unsere je sein würden!

Kinder müssen wissen, dass es ein Privileg ist, wenn sie das Familienauto benutzen dürfen, und nichts, auf das sie ein Anrecht haben. Und zu einer vernünftigen Uhrzeit nach Hause zu kommen, ohne dass diese angeordnet wurde, ist ein wichtiger Teil auf dem Weg, ein verantwortungsvoller Erwachsener zu werden.

Äußere Erscheinung (Kleidung, Haare, Make-up)

Wussten Sie, dass Kinder jeden Tag Kostüme tragen? Sie sehen vielleicht aus wie Kleider, aber in Wirklichkeit sind es sorgfältig ausgedachte Kostüme. Die Art und Weise, wie Ihre Tochter geht, spricht und handelt, ist alles Teil ihrer Rolle. Jedes Mal, wenn sie die Kleidung wechselt, probiert sie eine neue Persönlichkeit aus. Kein Wunder, dass sie so viel Zeit vor dem Spiegel verbringt!

Vom ersten Tag an verleihen Kinder ihrer Persönlichkeit auf andere Weise Ausdruck als ihre Eltern. Als ich während des Vietnamkriegs Dekan an der University of Arizona war, fragte mich ein Oberst des Marinekorps, wie er seinen Sohn dazu bringen könne, sich die Haare schneiden zu lassen und davon abzusehen, T-Shirts mit der Aufschrift: „Wir wollen euren verdammten Krieg nicht" zu tragen.

„Nun, Sir", sagte ich. „Der Teil mit den Haaren ist einfach. Lassen Sie Ihr Haar einfach lang wachsen, dann wird er seines schneiden lassen. Was die Kleidung anbetrifft ... warten Sie nach seinem Schulabschluss einfach noch einige Monate ab."

Die Art und Weise, wie Ihre Tochter geht, spricht und handelt, ist alles Teil ihrer Rolle. Jedes Mal, wenn sie die Kleidung wechselt, probiert sie eine neue Persönlichkeit aus.

Jedes Kind will anders sein als seine Eltern. Als der Sohn des Oberst seine ersten Bewerbungsgespräche hatte, wurde das Anti-Kriegs-T-Shirt interessanterweise weggepackt, sein Haar wurde stilvoll kurz geschnitten und es kamen Budapester Schuhe und ein vornehmer Geschäftsanzug zum Vorschein. Innerhalb weniger Monate nach seinem Schulabschluss wurde der junge Mann in die Welt der Erwachsenen eingegliedert, als er in der Geschäftswelt Amerikas seinen ersten Gehaltsscheck verdiente. Kinder durchlaufen verschiedene Stufen, und die meisten von ihnen sind recht harmlos. Wichtig ist, dass Sie wissen, wie es im Inneren Ihres Kindes aussieht. Was geht in seinem Herzen vor sich? Ist Ihr Kind mitfühlend und freundlich? Ist es verantwortungsvoll? Das sind die Dinge, die andauern, nicht seine Kleidung.

Die Mode verändert sich. Werfen Sie nur einen Blick auf eine beliebige junge Gesellschaft in der Vergangenheit und Sie werden sehen, dass sich junge Menschen durch die Art und Weise, wie sie sich kleiden, schon immer von älteren Menschen unterschieden haben. Warum also machen wir Eltern aus einer Mücke einen Elefanten? Hat Ihren Eltern immer gefallen, was Sie getragen haben? Als ich neulich auf einem Basketballspiel war, fiel mir auf, wie sackartig die Shorts heute sind – sie hängen bis weit über die Knie. Ich glaube, wenn ich nur ein paar Jahre warte, sind die normalen Shorts, die ich immer trage, wieder in Mode.

Was tun Sie also, wenn Ihr vierzehnjähriger Sohn sackartige Hosen trägt, in die er zweimal hineinpassen würde? Stellen Sie einfach sicher, dass er einen brauchbaren Gürtel hat, damit ihm niemand die Hosen herunterzieht. Doch wenn sich Ihr Kind plötzlich nur noch ganz in Schwarz kleidet, Gothic-Make-up und Leder trägt, wird die Kleidung zu einem Elefanten. Warum? Weil Ihr Kind mit dieser Kleidung eine Rolle ausprobiert, die es in eine gefährliche Richtung führen könnte.

Als Eltern haben Sie jedes Recht, im Leben Ihres Kindes Vitamin N (Nein) walten zu lassen, und Ihre Entscheidungen müssen auf Ihrem Glauben basieren. Ich bitte Sie jedoch dringend, die kleinen Dinge nicht zu einer Schlacht werden zu lassen. Wenn Ihre Tochter meint, dass sie eine 40 Euro teure Jeans braucht, um sich an ihre Freunde anzupassen, kann sie sich diese von ihrem Taschengeld kaufen. Oder stellen Sie ihr jedes Jahr ein bestimmtes Budget für Schulkleidung zur Verfügung und lassen Sie sie diesen Betrag verwenden, wie sie möchte. Das bedeutet, dass sie ihn vielleicht in einem Designerladen für zwei Shirts, eine Jeans und eine Jacke ausgibt, obwohl sie in einem günstigeren Geschäft eine komplette Garderobe dafür bekommen hätte, aber wen kümmert das auf lange Sicht? Das sind die kleinen Dinge ... sie ist diejenige, die weniger zum Anziehen hat und zusehen muss, dass sie mit dem Waschen auf dem Laufenden bleibt, damit diese kostbaren Stücke für die Schule sauber sind.

Das ist nicht Ihr Problem, und *Sie* müssen die Kleider nicht tragen, warum also lassen Sie Ihr Kind nicht ein wenig kreativ sein und aus seiner Erfahrung lernen?

Autofahren

„Meine Tochter, die ein wirklich verantwortungsvoller Teenager ist, begann Auto zu fahren, als sie achtzehn war. Nun wird mein Sohn in einem Monat achtzehn, und all seine Freunde haben bereits ihren Führerschein. Aber ich will ehrlich sein. Bei dem Gedanken, dass Evan Auto fährt, wird mir angst und bange. Er ist ständig abwesend und kann sich auf nichts konzentrieren. Sein Vater ist davon überzeugt, dass er irgendwo parken und das Auto dann nicht wiederfinden wird, ganz zu schweigen von vergessenen Tankdeckeln. Aber er wäre beschämt, wenn wir ihm verbieten würden, den Führerschein zu machen, vor allem, weil alle seine Freunde ihn schon haben und erst recht, weil seine Schwester ihn in diesem Alter gemacht hat. Was sollen wir tun?"

„Ich sagte ihr, sie könne das Auto nicht haben, um damit zum Einkaufen zu fahren, aber sie nahm es trotzdem. Dachte sie vielleicht, mir würde das nicht auffallen? Ich versuche, mir eine angemessene Strafe zu überlegen, aber ich bin so zornig, dass ich kaum denken kann. Hilfe!"

„Wir waren sprachlos, als unser Sohn Rick letzten Abend von dem Polizisten unseres Ortes nach Hause gebracht wurde. Er und drei seiner Freunde waren angehalten worden, weil der Polizist sie auf dem Highway fahren sah und misstrauisch wurde. Rick behauptete, dass zwar die anderen getrunken hätten, er jedoch nicht. Ein Alkoholtest bewies, dass er die Wahrheit sagte, aber es blieb dennoch eine Tatsache, dass er gefahren war. Er ist siebzehn und seine Freunde sind noch sechzehn. Wie konnte er so dumm sein? Wir schämen uns unglaublich. Wenn es nach meinem Mann ginge, dürfte Rick den Rest seines Lebens nicht mehr Auto fahren."

Mein Vater verließ die Schule bereits nach der achten Klasse, aber er war ein sehr kluger Mann. Ich war als Kind ein ziemlicher Dummkopf, aber glauben Sie mir, ich kannte die Regeln, die mein Vater für die Benutzung unseres Familienautos aufgestellt hatte. Sie bestanden aus Schwarz und Weiß.

- Ohne meine ausdrückliche Erlaubnis darfst du nie mehr als ein anderes Kind im Auto mitnehmen.
- Ohne meine Erlaubnis darfst du den Ort nicht verlassen und in die Stadt fahren.

Die Regeln waren so eindeutig, dass sie eines der wenigen Dinge waren, die ich nicht testete. Ich wusste, dass mein Vater felsenfest auf ihrer Einhaltung bestand.

Autofahren ist ein Privileg, keine Selbstverständlichkeit. Manche Teenager sind mit achtzehn reif genug zum Autofahren; andere, wie Evan, sollten noch ein wenig länger warten, bis ihr Denken in festem Zusammenhang mit ihrem Handeln steht. Und einem Teenager, der sich über die Anweisungen seiner Eltern hinsichtlich des Autofahrens hinwegsetzt, kann man nicht vertrauen. Man sollte ihm die Schlüssel wegnehmen und ihn eine gewisse Zeit nicht fahren lassen. Aufgrund seiner Missachtung und des Mangels an Verantwortung sollten seine Privilegien gestrichen werden.

> *Autofahren ist ein Privileg, keine Selbstverständlichkeit.*

Bin ich zu streng? Sehen Sie es einmal so: Wenn Ihr Sohn Ihre Anweisungen in so wichtigen Dingen wie dem Autofahren missachtet, wäre es dann klug, ihn fahren zu lassen? Wenn er sich Ihnen widersetzt, sagt er: „Weißt du, Mama (oder Papa), du spielst wirklich keine Rolle. Es interessiert mich nicht, was du sagst. Und ich respektiere dich nicht." Wollen Sie ein solches Kind mit Ihrem 40.000 Euro teuren Auto fahren lassen? Sicher nicht. Das ist die Zeit für liebevolle Strenge. Streichen Sie die Privilegien Ihres Kindes und geben Sie ihm etwas Zeit zum Nachdenken. Das ist ein Benehmen, mit dem Sie sich befassen müssen, solange das Kind noch nicht in den Brunnen gefallen ist.

Sollten Sie ihm das Autofahren für den Rest seines Lebens verbieten? Nein, das wäre unpraktisch. Denken Sie daran, wie kompliziert Ihr Leben ist und rechnen Sie dann die Zeit hinzu, die Sie brauchen, um Ihren Teenager dort hinzufahren, wo er hin muss (beispielsweise zu einem Job nach der Schule).

Aber das Autofahren ist ganz klar eine große Verantwortung. Wenn Ihr Kind einer solchen Verantwortung noch nicht gewachsen ist, sollte es nicht fahren. Wenn Alkohol mit im Spiel ist (wie im Fall von Rick), sollten seine Privilegien für eine längere Zeit gestrichen werden, da alles, was mit Trinken und Autofahren zu tun hat, eine ernste Angelegenheit ist.

Babysitten

„Meine Freunde fragen mich ständig, ob meine elfjährige Tochter bei ihrem Dreijährigen babysitten kann. Ich habe kein gutes Gefühl dabei, wenn ich Lexi das erlaube, denn ich finde, das ist eine große Verantwortung für ein Kind. Was wäre, wenn irgendetwas schiefgeht?"

„Ein Mädchen vom anderen Ende unseres Wohnblocks hat schon oft auf unsere zwei Kinder aufgepasst. Aber jetzt ist sie siebzehn und bringt immer ihren Freund mit. Ich frage mich, wem sie dann ihre Aufmerksamkeit widmet – unseren Kindern oder ihrem Freund? Sollen wir den Babysitter wechseln oder ihr einfach sagen, dass sie ihren Freund nicht mehr mitbringen darf?"

Babysitten funktioniert in zwei Richtungen – einerseits müssen Sie einen Babysitter für ihre Kinder auswählen, und andererseits müssen Sie entscheiden, wann Ihr Kind so weit ist, dass es auf andere Kinder aufpassen kann, wenn es Interesse daran hat.

Aber wann ist das der Fall? Wenn Kinder bereits im Alter von zehn oder elf Jahren ein hohes Verantwortungsbewusstsein zeigen, können Sie sie durchaus auf kleinere Kinder aufpassen lassen, aber normalerweise empfehle ich, dass man damit warten sollte, bis sie mindestens zwölf sind. Natürlich ist es gut, wenn sie sich auf diese Weise ein wenig Geld verdienen können, aber sie lassen sich auch auf eine große Verantwortung ein – insbesondere, wenn das Kind, auf das sie aufpassen, jünger ist als zwei Jahre und seine Gefühle und Bedürfnisse noch nicht mit Worten ausdrücken kann. Darüber hinaus stellt sich auch die Frage, auf wie viele Kinder Ihr Kind aufpassen würde und wie wohlerzogen diese sind. Auch die Persönlichkeit Ihres Kindes ist ein entscheidender Faktor. Emily beispielsweise begann erst mit sechzehn mit dem Babysitten. Davor war sie noch nicht reif genug, um die Verantwortung dafür zu übernehmen und wäre nicht in der Lage gewesen, mehr als ein Kind im Auge zu behalten. Jill begann bereits im Alter von elf Jahren, auf andere Kinder aufzupassen. Da sie selbst vier jüngere Geschwister hatte, besaß sie eine natürliche Zuneigung zu jüngeren Kindern und war daran gewohnt, viele Bedürfnisse unter einen Hut zu bringen.

Man sollte kein Kind dazu drängen, auf Kinder außerhalb seiner eigenen Familie aufzupassen, wenn es das nicht möchte. Wenn Ihre Tochter Interesse daran hat, geben Sie ihr immer wieder kleinere Gelegenheiten dazu, damit sie das nötige Verantwortungsbewusstsein dafür entwickeln kann. Damit stellen Sie sicher, dass sie ihrer Aufgabe gewachsen ist und sich selbst und die Kinder nicht in Gefahr bringt. Ich kenne zwei Familien im selben Wohnblock, deren elf- und dreizehnjährige Töchter sich dabei abwechseln, auf die jüngeren Geschwister beider Familien aufzupassen. An zwei Freitagen pro Monat geht Stacey, die Elfjährige, mit Freunden ins Kino. Ihre Eltern sind an diesem Abend ebenfalls nicht zu Hause. Dann passt Kendra, die Dreizehnjährige, bei Stacey zu Hause auf die drei jüngeren Geschwister aus beiden Familien auf, während Kendras Eltern bei sich zu Hause Freunde zu Besuch haben. Am nächsten Freitag vertauschen die beiden Mädchen und die beiden Elternpaare die Rollen. Auf diese Weise verdienen beide Mädchen ein wenig Geld für das Sommercamp und sind dabei nur drei Häuser von einem Elternpaar entfernt, falls es mit den kleineren Kindern irgendwelche Probleme gibt. Das ist ein Plan, der für alle Beteiligten gut funktioniert. In der ganzen Zeit gab es nur einen einzigen Notfall – als aufgrund eines Sturms der Strom im ganzen Haus ausfiel und Stacey nicht wusste, wie man die Sicherung wieder hineindreht, damit das Licht wieder angeht.

Wenn Ihre Tochter der Babysitter ist, achten Sie sorgfältig darauf, wo Sie sie babysitten lassen. Falls diese Möglichkeit besteht, ist es am besten, wenn Sie die Familie persönlich kennen. Aber wie auch immer, stellen Sie sicher, dass Sie derjenige sind, der Ihre Tochter dort hinbringt, und dass *Sie* auch derjenige sind, der sie wieder abholt. Traurigerweise habe ich schon viele Geschichten von erwachsenen Männern – *Vätern* – gehört, die junge Mädchen belästigt haben, wenn sie sie nach dem Babysitten nach Hause fuhren. Wenn unsere Familie einen Teenager oder eine Frau als Babysitter hatte, war es immer Sande, die sie nach Hause fuhr. Diesen Weg haben Sande und ich schon früh eingeschlagen, weil Kinder mit Leichtigkeit Geschichten aus dem Ärmel schütteln, was Erwachsene angeblich mit ihnen oder an ihnen getan haben. Ich bringe die Jungen nach Hause, Sande bringt die Mädchen nach Hause. Von diesem Grundsatz sind wir nie abgewichen.

Wenn Ihre Tochter schon älter ist und einen Freund hat, bekommt das Babysitten einen weiteren interessanten Aspekt. Mein Vorschlag ist, dass Sie mit ihrer Tochter die Vereinbarung treffen, dass ihr Freund nicht dazukommt, wenn sie auf andere Kinder aufpasst. So kann sie sich ganz auf die Kinder konzentrieren, für die sie verantwortlich ist, und vermittelt der Familie, deren Kinder sie hütet, keine widersprüchlichen Botschaften. Bevor Sie irgendjemanden als Babysitter für Ihre eigenen Kinder akzeptieren, bedenken Sie die folgenden Punkte:

- Die körperliche und emotionale Sicherheit Ihres Kindes liegt in den Händen dieser Person. Was für ein Mensch soll Ihr Babysitter sein?
- Welche Anweisungen müssen Sie dem Babysitter für die Betreuung Ihres Kindes geben? Es ist immer am besten, diese aufzuschreiben und dem Babysitter eine Ausfertigung davon zu geben, damit keine Verwirrung entsteht. Das ist besonders wichtig, wenn einem Kind Medizin verabreicht oder ein Kleinkind gefüttert werden muss.
- Wie lange wollen Sie beim ersten Probelauf wegbleiben? Wenn sie einen neuen Babysitter haben, bleiben manche Eltern beim ersten Mal nur eine Stunde weg und gehen an einen Ort, der nicht weiter als zehn oder 20 Minuten von ihrem Zuhause entfernt ist.
- Was erwarten Sie, was passieren wird, während Sie weg sind?
- Manche Eltern schlagen einen Zeitplan vor, wie etwa den folgenden: Pizza zum Abendessen um 18.00 Uhr, einen Film ansehen (der von den Eltern ausgesucht wurde und auf der Anrichte liegt) von 19.00 Uhr bis 20.30 Uhr, Schlafenszeit um 20.30 Uhr, wobei dem Kind noch eine (von den Eltern ausgewählte) Geschichte

vorgelesen wird. Sie, und nur Sie, kennen den Zeitplan des Kindes. Wenn Sie wollen, dass Ihr Kind friedlich schläft, wenn Sie nach Hause kommen, geben Sie dem Babysitter genaue Informationen darüber, sodass für das Kind alles in ganz normalen Bahnen verläuft. Wenn Sie Eltern sind, denen es nichts ausmacht, wenn für einen Abend alle Regeln außer Acht gelassen werden (und die sich nicht daran stören, hinterher das Chaos aufzuräumen), ist auch das in Ordnung. Wie auch immer, teilen Sie dem Babysitter klar und deutlich mit, was Sie erwarten, einschließlich der Tatsache, dass er aufräumt.

- Stellen Sie sicher, dass der Babysitter Ihre Handynummer hat, dass er weiß, wann er Sie zu Hause zurückerwarten kann und wie man 110 wählt.

All diese Punkte werden dazu beitragen, dass Ihr Kind und Sie gute Erfahrungen mit Babysittern machen.

Baden

„Ich will nicht baden! Ich brauche nicht zu baden! Ich habe erst letzte Woche gebadet!"

„Das geht dich nichts an. Ich dusche, wann ich will. Keiner meiner Freunde hänselt mich deswegen."

Machen Sie das Baden nicht zu einer großen Sache, sondern zu einer Routine in Ihrem Haus – zu etwas, das „man eben tut".

Wie kommt es, dass das Thema Baden und grundsätzliche Hygiene anscheinend immer zu heftigsten Auseinandersetzungen zwischen Eltern und Kindern führt? Und allem Anschein nach beginnt das bereits in jungen Jahren. Für kleine Kinder ist das Baden ein unnötiges Übel. Wenn Ihr Kind gerade Spaß hat oder etwas tut, das ihm sehr wichtig ist, stellt das Baden eine unwillkommene Unterbrechung dar.

Machen Sie das Baden vom ersten Tag an nicht zu einer großen Sache, sondern zu einer Routine in Ihrem Haus – zu etwas, das „man eben tut".

Manche Kinder fürchten sich vor dem Wasser, andere lieben es. Es gibt alle möglichen Hilfsmittel, mit denen Sie Ihrem Kind das Baden angenehmer machen können, einschließlich kleinen Augenschützern, die es Ihnen ermöglichen, Ihrem Kind die Haare zu waschen, ohne dass es Shampoo in die Augen bekommt. Es ist jedoch sehr wichtig, dass Sie das Kommando übernehmen. Wenn es Zeit für ein Bad ist, lassen Sie sich nicht davon beeindrucken, wenn Ihr Kind weint. Bleiben Sie sachlich und ruhig.

Wenn sich Ihr Sechs-, Sieben- oder Achtjähriger weigert, zu baden, müssen Sie etwas strenger werden: „Es ist Badezeit. Willst du, dass ich dich bade, oder machst du es selbst?“ Kein Kind auf diesem Planeten – insbesondere kein Junge – will, dass seine Mutter ihn in diesem Alter noch badet. Also wird es aus den Hosen, dem T-Shirt und den Socken schlüpfen und in die Badewanne klettern.

In den Teenagerjahren kann das Baden zu einem wirklichen Problem werden (vor allem bei Jungen, die dazu neigen, sich nicht am Geruch eines Umkleideraums zu stören), weil viele Teens einfach nicht so oft baden, wie sie es tun sollten. Wenn Ihr Teenager schwitzt oder seine Menstruation hat und die Hormone auf Hochtouren arbeiten, sollte er oder sie jeden Tag duschen oder baden. Wenn er sich widersetzt, führen Sie einfach den „Schnuppertest“ ein. Sie können ihn durchführen, wenn er in der Küche an ihnen vorbeirauscht, um sich vor der Schule etwas zum Frühstück zu schnappen, oder sogar darauf bestehen, den Geruch seiner Achseln zu kontrollieren. Wenn irgendetwas schlecht riecht, bestehen Sie darauf, dass er nach oben geht und jetzt eine Dusche nimmt. Es spielt keine Rolle, ob er zu spät zur Schule kommt. Wenn Sie wirklich sichergehen wollen, dass er ab jetzt regelmäßig duscht, erwähnen Sie in der Entschuldigung für die Schule den Grund für sein verspätetes Erscheinen:

> *Franklin kommt heute zu spät zur Schule. Er hat schlecht gerochen, deshalb habe ich darauf bestanden, dass er zuerst duscht. Fühlen Sie sich frei, zu tun, was immer Sie mit Kindern tun, die zu spät kommen. Sie haben meine volle Unterstützung.*
> *Franklins Mutter*

Glauben Sie, dass Franklin es danach noch einmal versäumt, selbst einen Schnuppertest durchzuführen, bevor er in die Küche kommt?

Besserwisserei

Kinder wissen alles. Sie sind damit geboren, alles zu wissen, und Sie können Ihnen nichts anderes sagen.

„Die Vorführung fängt um sechs an", sagen Sie.

„Nein, tut sie nicht", sagt Ihre Tochter. „Sie fängt um acht an."

„Im Programm steht sechs", sagen Sie.

Und die Diskussion ist in vollem Gange.

Jemandem, der alles weiß, kann man nichts sagen. Warum also überlassen Sie es nicht der Realität, Ihrer Tochter eine Lektion zu erteilen? Wenn Sie wissen, dass etwas um sechs Uhr beginnt und Ihre Tochter auf acht Uhr besteht, nehmen Sie das so hin. Fahren Sie um acht Uhr zu der Veranstaltung, wenn alles vorüber ist, und lassen Sie Ihr Kind die Realität seiner Fehlinformation erfahren. Das bedeutet natürlich, dass Sie zu einer Veranstaltung fahren, von der Sie wissen, dass sie längst stattgefunden hat, aber Sie lassen Ihre Tochter auch eine sehr wichtige Erfahrung machen. Sie wird lernen, dass sie vielleicht, nur vielleicht, doch nicht immer recht hat!

Die Realität kann ein wunderbarer Lehrer sein.

Oft denken wir zu viel für unsere Kinder. Wir tun zu viel für sie. Wir sind zu gut als Eltern. Wir versuchen, sie vor sich selbst zu schützen. Aber manchmal ist es wichtig, dass sie die Konsequenzen ihrer Entscheidungen erfahren. Manchmal müssen sie etwas verpassen, das ihnen wichtig war.

Die Realität kann ein wunderbarer Lehrer sein.

Bettnässen

„Ich habe alles ausprobiert – den Summer, die Klingel und die Matte – aber nichts von alledem weckt ihn auf. Nichts funktioniert. Hilfe!"

„Andrea wurde daran gewöhnt, aufs Töpfchen zu gehen, seit sie zwei wurde. Dann bekam ich eines Tages einen Anruf von der Schule, dass ich ihr frische Kleider bringen solle. Sie hatte ihre Hose nass gemacht. Ich war sprachlos. Andrea ist in der zweiten Klasse. Was ist da los?"

„Michael macht immer noch manchmal ins Bett, dabei ist er bereits zehn. Was mache ich falsch?“

Viele Eltern gehen bis zum Äußersten, wenn es um das Thema Bettnässen geht. Sie probieren alle möglichen Vorrichtungen aus, damit ihr Kind nicht mehr ins Bett macht. Da gibt es den Summer, der sich beim ersten Zeichen von Nässe einschaltet und das Kind aufweckt. Dann gibt es die Klingel und die Matte – wenn die Matte nass wird, geht die Klingel an und weckt das Kind.

Aber lassen Sie uns die Dinge hier in die richtige Perspektive rücken. Sie können ein Dutzend Bücher lesen und sämtliche verfügbaren Techniken ausprobieren. Sie können dafür sorgen, dass Ihr Kind zum Abendessen nicht viel trinkt; Sie können Ihr Kind auf den Topf setzen, bevor es zu Bett geht; Sie können ihm einschärfen, sofort aufzustehen und auf den Topf zu gehen, wenn es spürt, dass seine Blase voll ist.

Und Ihr Kind wird immer noch ins Bett machen.

Wie fühlen Sie sich dabei als Elternteil? Vielen Eltern macht das Angst. *Oh, meine Güte! Ich gebe ihm anscheinend nicht genug Liebe und Aufmerksamkeit. Ich muss eine schreckliche Mutter sein. Er muss auf irgendeine Weise gestresst sein, dass er so etwas tut. Es wäre ihm so peinlich, wenn einer seiner Freunde davon erfahren würde. Und was für eine Sauerei das ist! Ich hasse es, diese übel riechenden Laken zu waschen und jeden Morgen das Bett frisch zu beziehen ... ganz zu schweigen von der Matratze, die mittlerweile total ruiniert ist.*

> *Kinder, die ins Bett machen, weisen ein bestimmtes Tiefschlafmuster auf. Die Mehrheit der Kinder wird diesem Muster letztendlich entwachsen und mit dem Bettnässen aufhören.*

Aber bedenken Sie: Eine Forschungsstudie besagt, dass Kinder, die ins Bett machen, ein bestimmtes Tiefschlafmuster aufweisen. Die Mehrheit der Kinder wird diesem Muster letztendlich entwachsen und mit dem Bettnässen aufhören.

Also entspannen Sie sich! Auch das wird vorübergehen. Das Bettnässen wird aufhören, bis Ihr Kind auf die weiterführende Schule wechselt. Sie können wirklich ganz beruhigt sein. Benutzen Sie in der Zwischenzeit einfach Gummilaken und installieren Sie Ablaufrinnen am Bett! Vielleicht müssen Sie auch einige Maßnahmen treffen, solange das Problem noch besteht. Wenn beispielsweise Ihr Siebenjähriger ins Bett macht, erlauben Sie ihm nicht, bei einem Freund zu übernachten. Damit vermeiden Sie Peinlichkeiten für Ihr Kind und Unannehmlichkeiten für die Eltern seines Freundes. Aber wie erklären Sie das Ihrem Sohn? Tun Sie es ganz sachlich, damit das Kind den Grund dafür verstehen kann. Ihr Tonfall sollte nicht warnend oder strafend sein.

Sagen Sie einfach ganz ruhig: „Liebling, wenn du das unter Kontrolle hast, können wir so etwas machen. Aber im Moment können wir es nicht." Wenn Ihrem Kind in der Schule ein Missgeschick passiert, nennen Sie es ein Missgeschick. Machen Sie keine große Sache daraus. Bringen Sie ihm frische Kleider. Packen Sie ihm jedoch keine frischen Kleider in seinen Rucksack, *falls* ihm ein Missgeschick passiert. Das würde das Verhalten nur bestärken.

Beim Bettnässen ist es wichtig, dass Sie Ihr Kind nicht beschämen – und die Dinge auf lange Sicht betrachten.

Bezugsgruppe/Freunde

Der Einfluss Gleichaltriger ist extrem wichtig im Leben Ihres Kindes und steigert sich sogar noch, wenn es ins Teenageralter kommt.

Vor einigen Jahren wurden in einer klassischen Studie die Auswirkungen des Gruppendrucks untersucht. Dazu wurden Gruppen von jeweils zehn Kindern in einen Raum gebracht. Es wurden drei Linien auf eine Tafel gemalt und die Kinder wurden gebeten zu bestimmen, welche von ihnen die längste war. Die erste Linie, auf die der Leiter des Experiments zeigte, war definitiv die *zweit*längste Linie, aber als er fragte: „Ist das die längste Linie?", schossen die Hände von neun Kindern in die Höhe. Warum war das so?

Diese neun Kinder arbeiteten in Wirklichkeit mit dem Forschungsteam zusammen. Man hatte ihnen gesagt, dass sie für die zweitlängste Linie stimmen sollten. Wer getestet wurde, war in Wahrheit das verbleibende Kind. Würde das Kind dem Gruppendruck nachgeben, obwohl die anderen aus der Gruppe zweifellos falsch lagen?

Nun, Sie können sich vorstellen, was passierte. Ein Ausdruck des Unglaubens glitt über das Gesicht des Kindes. Dann, in drei Vierteln aller Fälle, hob es die Hand, um mit dem Rest der Gruppe zu stimmen, obwohl es mit eigenen Augen klar und deutlich sehen konnte, dass die anderen neun Kinder unrecht hatten. Warum? Weil es zu der Gruppe gehören wollte, statt als Außenseiter dazustehen. Ist es da ein Wunder, dass Teens manchmal wirklich dumme Dinge tun, wenn sie zusammen sind? Niemand will der Neinsager sein.

Es gibt nichts, was Sie gegen die Kraft des Gruppeneinflusses unternehmen könnten. Er ist Teil des Lebens. Aber was Sie tun können, ist, sich darüber zu informieren, was Ihr Kind unternimmt und wer seine Freunde sind. Das bedeutet, dass die Gleichaltrigen so oft wie möglich bei Ihnen zu Hause sein sollten. Machen Sie Ihr Zuhause zum Zentrum der Aktivität – zu einem gemütlichen Lieblingstreffpunkt. Leihen Sie einen Film aus, kaufen Sie Pizza, investieren Sie in einen guten CD-Player, was immer nötig ist. Wenn Sie das tun, haben Sie den Heimvorteil. Das wird Ihnen die Möglichkeit verschaffen, persönlich und aus nächster Nähe zu sehen, mit wem Ihre Kinder herumhängen.

Es gibt nichts, was Sie gegen die Kraft des Gruppeneinflusses unternehmen können. Er ist Teil des Lebens. Aber was Sie tun können, ist, sich darüber zu informieren, was Ihr Kind unternimmt und wer seine Freunde sind.

Sie können auch Kontakt zu den Eltern der Kinder aufnehmen, mit denen Ihr Kind sich trifft. In der heutigen Welt kostet das einige Mühe. Es ist nicht mehr wie in alten Tagen, wo die Kinder hauptsächlich mit den anderen Kindern aus dem Block spielten und Sie nur kurz nach nebenan gehen mussten, um mit deren Eltern einen Kaffee zu trinken. Warum rufen Sie die Eltern des Freundes Ihres Sohnes nicht an und sagen: „Hallo, ich habe gerade einen Gutschein für Starbucks geschenkt bekommen. Mein Sohn spricht viel über Ihren Sohn und ich hatte noch nie die Gelegenheit, Sie kennenzulernen. Wollen wir uns nicht auf eine Tasse Kaffee treffen? Ich lade Sie ein!“ Das ist eine einfache Möglichkeit, die Tür für Kommunikation zu öffnen. Und darüber hinaus können Sie sich ein Bild davon machen, was für Menschen diese Eltern sind.

Als mein Freund Mike sechzehn war, rauchte er beispielsweise ungeniert vor seinen Eltern. Also wusste ich, dass auch ich dort unbehelligt rauchen dürfte. Aber bei mir zu Hause? Mein Vater hätte mir das Fell über die Ohren gezogen, wenn ich es auch nur versucht hätte. Normalerweise reicht ein einziges Gespräch aus, um zu wissen, welche Eltern Bier für ihre Kinder kaufen und ihnen für den Abschlussball der Schule ein Hotelzimmer mieten würden. Diese Informationen sind sehr wichtig für Sie, damit Sie Ihr Kind anregen können, Zeit mit den Freunden zu verbringen, denen ähnliche Werte vermittelt wurden.

Manchmal wird Ihr Kind einen Freund haben, den Sie aus dem ein oder anderen Grund wirklich missbilligen. Mein Rat? Laden Sie den Freund in Ihr Haus ein. Die beste Zeit, das zu tun, ist, wenn Ihre äußerst steife, blaublütige, konservative Tante Sally angereist kommt, um Sie zu besuchen. Sagen Sie einfach beiläufig zu Ihrem Kind: „Tante Sally kommt in die Stadt. Es würde mich sehr freuen, wenn sie die Möglichkeit bekäme, Philip kennenzulernen." Das sollte Ihrem Kind zu denken geben.

Obwohl die Gruppe der Gleichaltrigen eine enorme Anziehungskraft auf Ihr Kind ausüben wird, ist es sehr wichtig, dass Ihr Kind für sich selbst denken kann. Manchmal wird es Fehler machen – große Fehler. Das Wichtigste, was Sie tun müssen, ist, Teil seiner Welt zu bleiben. Und manchmal werden Sie aus liebevoller Strenge ohne sein Wissen in seine Welt eintreten müssen. Wie der Vater, der beschloss, sich denselben Film anzusehen, den seine Tochter und ihr Freund sich angeblich ansahen. Er konnte sie im Kino jedoch nicht finden, zählte zwei und zwei zusammen und fuhr an den Ort in der Stadt, wo sich junge Pärchen bekanntermaßen trafen, um intime Dinge miteinander zu tun. Keiner dieser beiden Teenager wird je den auf den Rücksitz gerichteten Strahl der Taschenlampe vergessen, der gnadenlos offenbarte, was dort vor sich ging.

Als eine Universitätsstudentin darauf bestand, oben ohne in einem örtlichen Strip-Club zu tanzen, erlitten ihre Eltern fast einen Schlaganfall. Als sie sie jedoch damit konfrontierten, sagte sie heftig: „Ihr versteht das einfach nicht, aber meine Freunde tun es. Das ist künstlerischer Ausdruck!" Doch das Bild änderte sich, als ihre beiden älteren Brüder beschlossen, zusammen mit ihren Eltern in den Club zu gehen und sich ihren „künstlerischen Ausdruck" auf der Bühne zu betrachten. Als das Mädchen ihre Familie mitten in ihrer Darbietung entdeckte, hielt sie in ihren Bewegungen abrupt inne und rannte von der Bühne. So schwer es der Familie auch fiel, dort aufzutauchen – sie taten es, weil sie wussten, dass ihre Anwesenheit Realität in die Situation bringen und die Darbietung als das enthüllen würde, was sie in Wirklichkeit war.

Ich applaudiere allen Eltern, die sich die Zeit nehmen, in die Welt ihres Kindes einzutreten und liebevolle Strenge zu zeigen, wenn es nötig ist.

Danke sagen

Danke zu sagen ist eine allgemeine Höflichkeit. Jeder sollte Danke sagen, sowohl Eltern als auch Kinder. Doch das kommt nicht von selbst. Jedem Zwei- oder Dreijährigen könnten andere nicht gleichgültiger sein, wenn seine Eltern ihn nicht etwas anderes lehren. Und wenn Zweijährigen nicht beigebracht wird, Danke zu sagen, werden sie es auch als Teenager nicht automatisch lernen.

Als Vater, der sich oft an Fahrgemeinschaften beteiligt, ärgert es mich immer, wenn die Kinder in meinem Auto nicht einmal Danke fürs Mitnehmen sagen oder für die kleinen süßen Überraschungen, die ich ihnen manchmal mitbringe.

Danke zu sagen ist eine allgemeine Höflichkeit. Jeder sollte Danke sagen.

Vergleichen Sie dieses Verhalten einmal mit dem kleinen Mädchen, das aus zehn Kindern ausgewählt wurde, als Gastviolinistin in einem örtlichen Schulorchester mitzuspielen. Nach dem Auftritt ging diese kleine Sechsjährige aus eigenem Antrieb (ohne die Aufforderung ihrer Mutter) zum Dirigenten des Orchesters und sagte: „Danke, dass Sie mir die Möglichkeit gegeben haben, mit Ihnen zu spielen. Es hat mir sehr gut gefallen. Ich hoffe, Sie hatten auch Freude daran." Der Dirigent war sprachlos. Er winkte die Mutter zu sich herüber und fragte: „Wissen Sie, was sie gerade gesagt hat?" Nachdem er es für die Mutter wiederholt hatte, fuhr er fort: „Ich bin seit zwölf Jahren der Dirigent dieses Orchesters und wir haben schon viele Kinder eingeladen, an speziellen Anlässen mit uns zu spielen. Aber bisher hat sich noch kein einziges Kind dafür bedankt … bis auf Ihres."

Sehen Sie, welche Auswirkung ein einfaches Danke haben kann?

Seien Sie nicht nachlässig darin, Ihren Kindern grundsätzliche Manieren beizubringen, einschließlich des Dankens. Das bedeutet, bis Ihr Kind sich für ein Geschenk bedankt hat, geht das Leben nicht weiter und das Geschenk wird nicht benutzt. Wenn Ihr Kind vergisst, sich dafür zu bedanken, dass es im Haus eines Freundes spielen durfte, lautet die Antwort Nein, wenn es das nächste Mal darum bittet.

Bestehen Sie darauf, dass Ihr Kind Danke sagt und nehmen Sie es dafür in die Verantwortung.

Daumenlutschen/Schmusedecken

Wie viele Teenager haben Sie schon gesehen, die in der Öffentlichkeit an ihrem Daumen lutschen? Wie viele nehmen ihre Schmusedecke auf Ausflüge mit?

Wie viele Teenager haben Sie schon gesehen, die in der Öffentlichkeit an ihrem Daumen lutschen? Wie viele nehmen ihre Schmusedecke auf Ausflüge mit?

Viele Eltern rasten aus, wenn ein Kind nach einem gewissen Alter noch am Daumen lutscht. Sie hören all die Horrorgeschichten, dass dadurch die Zähne des Kindes ruiniert werden und es eine Zahnspange bekommen wird. Sie sorgen sich darum, wie babyhaft ihr Kind aussieht. Sie fragen sich, warum ihr Vierjähriger während seines Mittagsschlafs noch immer an einer Schmusedecke lutscht.

Aber was kann es schaden, an einer Schmusedecke zu lutschen? Geht die Decke kaputt, wenn sie nass wird? Wird sie unansehnlich werden? Das hat noch kein Kind gestört. Ich weiß das aus persönlicher Erfahrung. Als ich heute Morgen mein Mobiltelefon hervorholte, war es in einem schrecklichen Zustand. Meine Enkelin Adeline hatte es gestern beim Mittagessen in ihren klebrigen Fingern gehabt. Es störte sie sicher nicht, dass es klebrig und unansehnlich war.

Was ich sagen will, Eltern, ist: Wenn Sie auf all diese kleinen Dinge achten, die sich sowieso verändern, wenn Kinder größer und reifer werden, machen Sie sich damit nur verrückt.

Jeder hat eine andere Betrachtensweise, wenn es um das Daumenlutschen, um Schmusedecken oder Stofftiere als psychologische Krücken geht. Aber wird irgendetwas von diesen Dingen für Sie oder Ihr Kind in einigen Jahren auch nur noch die geringste Bedeutung haben? Höchstwahrscheinlich nicht.

Machen Sie deshalb aus einer winzigen Mücke keinen Elefanten. Wenn Ihr Kind im Kindergarten immer noch am Daumen lutscht, lassen Sie einfach den Gruppendruck ein wenig für sich arbeiten. In dem Moment, in dem es ein Baby genannt wird, weil es noch am Daumen lutscht, könnte es von selbst damit aufhören. Und wenn das nicht funktioniert, wird es spätestens in der Schule der Fall sein.

Dickköpfigkeit

Kinder kommen nicht dickköpfig aus dem Mutterleib. Sie lernen, dickköpfig zu sein – weil es sich lohnt.

Kinder kommen nicht dickköpfig aus dem Mutterleib. Sie lernen, dickköpfig zu sein – weil es sich lohnt.

Nehmen wir einmal an, Ihr Kind weigert sich, mit Ihnen seine Großmutter zu besuchen. Was tun Sie? Sie tanzen um das Kind herum. „Ach, komm schon. So langweilig ist es bei Oma doch gar nicht. Und sie würde sich sehr freuen, dich zu sehen."

Das Kind weigert sich immer noch. Hartnäckig schüttelt es den Kopf.

„Aber Daniel, sie hat kaum Gesellschaft. Es würde ihr so viel bedeuten, wenn du sie besuchst. Bitte komm mit. Tu es für mich!"

Jetzt haben Sie sich aufs Betteln verlegt. Was ist der nächste Schritt, wenn sich das Kind weiterhin weigert?

„Okay, ich weiß, dass du nicht gehen willst, aber wenn du Oma ab und zu mit mir besuchen gehst, kaufe ich dir das Skateboard, das du haben wolltest."

Aha, jetzt ist das Interesse des Kindes geweckt. Er willigt ein, Sie zu begleiten. Er hat das Skateboard ohne große Schwierigkeiten bekommen, nicht wahr?

Sie gehen weg und glauben, Sie hätten gewonnen, aber haben Sie das wirklich? Ihr Sohn hat etwas gelernt: Wenn er nur eine Weile aushält, werden Sie ihm das Blaue vom Himmel versprechen – und er wird es auch bekommen. Ihr Kind hat Sie um den Finger gewickelt – und Sie haben es zugelassen.

Was ist der Zweck des dickköpfigen Verhaltens Ihres Kindes? Zu bekommen, was es will. Lassen Sie sich darauf nicht ein. Jedes Kind auf diesem Planeten ist klug genug, um zu wissen: Wenn es nur lange genug abblockt, werden Sie allein zu Oma gehen, die Aufgabe selbst erledigen, um die Sie es gebeten haben, oder Ihre anfängliche Bitte komplett vergessen.

Es ist ein systematisches Austesten. Ihr Kind hat Ihre Masche durchschaut. Werden Sie es gewinnen lassen? Oder werden Sie es für seine Verpflichtungen zur Verantwortung ziehen?

Wenn Sie wollen, dass Ihr Kind einmal im Monat mit Ihnen die Großmutter im Seniorenheim besucht, ist das keine übertriebene Bitte. Wenn es sich weigert, gehen Sie allein. Aber dann spielen Sie, wenn es das nächste Mal irgendwo hin will, nicht den Chauffeur.

Denken Sie daran, B tritt nicht ein, bevor A abgeschlossen ist.

Drogen und Alkohol

> „Ich konnte es nicht glauben, als der Direktor anrief, um mir mitzuteilen, dass er Seth und einige andere Jungen dabei erwischt hatte, wie sie nach der Schule Marihuana rauchten. Mein Sohn hat Pot geraucht?"

> „Anita war immer eine gute Schülerin. Dann kam sie auf die weiterführende Schule. Ihre Noten wurden immer schlechter –, und zwar nicht nur ein wenig, sondern viel schlechter. Jetzt bleibt sie mit ihren Freunden immer sehr lange weg und hat eine große Klappe. Am Wochenende steht sie meistens erst nachmittags auf und sieht dann immer noch übernächtigt aus. Was ist mit meinem lieben Mädchen geschehen?"

Der Konsum und der Missbrauch von Drogen und Alkohol ist nichts, mit dem man herumspielen kann. Das ist ein Elefant und eine Situation, mit der Sie sich sofort befassen müssen. Wenn Ihr Kind immer ein guter oder durchschnittlicher Schüler war und Sie zwischen der siebten und der zehnten Klasse plötzlich feststellen, dass sich seine Noten rapide verschlechtern, heiße ich Sie willkommen in der Welt des Marihuana. Das

Rauchen von Pot wird einem Kind seine Motivation schneller rauben als irgendetwas anderes. Viele Kinder rauchen Pot – auch Teenager, die man als „gute Kinder" bezeichnen würde. Und hier ist das Problem: Sobald ein Teenager beginnt, Pot zu rauchen, wird sein Körper mehr und mehr nach diesem Hochgefühl verlangen.

Dasselbe gilt für den Konsum von Alkohol. Sehr viele Teenager trinken auf Partys Bier, um „cool" zu sein und „dazuzugehören". Dann verlangen ihr Körper und ihr Geist immer stärker nach diesem „Entspannungszustand", in den der Alkohol sie versetzt. Ein Mädchen formulierte das so: „Wenn ich trinke, kann ich vergessen, wer ich bin und jemand anderer sein. Ich bin nicht mehr verklemmt. Ich bin der Mittelpunkt der Party und jeder mag mich."

> ***Der Konsum und der Missbrauch von Drogen und Alkohol ist nichts, mit dem man herumspielen kann. Das ist ein Elefant und eine Situation, mit der Sie sich sofort befassen müssen.***

Und genau das ist der Grund, warum Teenager Drogen und Alkohol konsumieren:

- Um dem, wer sie sind, oder ihrer Lebenssituation zu entkommen (sei es nun zu Hause, in der Schule oder beides).
- Um beliebt zu sein, zu der angesagten Clique zu gehören und gemocht zu werden.

Aber solche Aufputschmittel sind nur eine schnelle Lösung, nicht die Lösung für die Traurigkeit oder die Unsicherheit eines Teenagers. Und was noch schlimmer ist: der Konsum von Drogen und Alkohol macht abhängig. Sprechen Sie nur einmal mit einem Mitglied der Anonymen Alkoholiker, das jahrelang darum gekämpft hat, aus seiner Abhängigkeit herauszukommen.

Wenn Sie herausfinden (oder auch nur den Verdacht haben), dass Ihr Kind trinkt oder Drogen nimmt, stellen Sie sich die folgenden wichtigen Fragen:

- *Woher bekommt mein Kind das Geld für Alkohol und Drogen?* Vielleicht bekommt es das Geld von Ihnen, in der Form seines Taschengeldes oder der zusätzlichen Beträge, um das es Sie bittet. Wenn das der Fall ist, ist es an der Zeit, den Geldhahn zuzudrehen, weil Sie so nur seine Gewohnheit unterstützen. Eine Zeit lang wird es vielleicht in der Lage sein, Geld von seinen Freunden zu schnorren, aber das wird nicht lange andauern.

- *Bekommen meine Kinder es mit, wenn ich Pot rauche oder andere Drogen nehme?* Wenn das der Fall ist, werden Ihre Kinder Ihren Drogenkonsum als grünes Licht dafür betrachten, mit ihren Freunden Party zu machen, Pot zu rauchen, sich einen Schuss zu setzen, dies oder jenes zu schnupfen – wozu immer sich die Gelegenheit ergibt. Wenn Sie selbst Drogen nehmen, geben Sie Ihrem Kind die Erlaubnis, es ebenfalls zu tun.

So etwas passiert jeden Tag überall auf der Welt. Es passierte auch Danelle, wie ihre Geschichte zeigt:

„Wenn mein Vater von der Arbeit nach Hause kam, trank er jeden Tag einen Scotch und einen weiteren nach dem Abendessen", sagte mir Danelle. „Deshalb wuchs ich in dem Glauben auf, dass man das als Erwachsener so macht. Als ich elf wurde, wollte ich genau wie mein Vater sein. Jeder schien ihn zu mögen, denn es war lustig, mit ihm zusammen zu sein … wenn er einmal da war. Ich begann, ein Schlückchen aus seiner Scotchflasche zu nehmen, wenn ich von der Schule nach Hause kam. Ich ging heimlich an das Schränkchen, in dem er seinen Alkoholvorrat aufbewahrte, während meine Mutter das Abendessen zubereitete. Ich füllte die Flasche einfach mit ein wenig Wasser auf, sodass niemand merkte, was ich tat."

Danelle tat das, bis sie im Alter von dreizehn Jahren zur Alkoholikerin wurde. Doch erst als sie fünfzehn war und mit älteren Freunden in einer Bar erwischt wurde, fand ihre Familie heraus, dass sie trank. Ihre Mutter war schockiert, ihr Vater war beschämt (schließlich war er ein leitendes Mitglied ihrer Kirchengemeinde), und Danelle musste schließlich eine Entziehungskur machen, um trocken zu werden.

Darüber hinaus entdeckte sie in der Rehabilitationsklinik, dass sie schwanger war. Sie wusste nicht, wer der Vater war, denn zum Zeitpunkt ihres Zusammentreffens war sie betrunken gewesen.

Das Baby kam als Frühgeburt auf die Welt und hatte ein fötales Alkoholsyndrom. Ein Arzt und seine Frau, die wussten, welche Komplikationen entstehen können, wenn eine Frau während der Schwangerschaft Alkohol trinkt, adoptierten schließlich das Baby und bezahlten die Rechnungen für seine Behandlung. Aufgrund der Komplikationen mit der Schwangerschaft und ihrer anschließenden Depressionen versäumte Danelle ein ganzes Schuljahr. Nachdem ihre Behandlung abgeschlossen war, holte sie das verlorene Jahr auf einer anderen Schule nach, wo sie einen neuen Anfang machen konnte und neue Freunde gewann.

Heute ist Danelle in ihren späten Zwanzigern und arbeitet in einem Zentrum für alkoholabhängige Teenager (von denen ebenfalls einige schwanger sind). „Ich weiß, wo sie gewesen sind, und ich will sehen, dass auch sie an einen guten Ort kommen. Ich bin jetzt ein völlig anderer Mensch, weil meine Eltern mich mit liebevoller Strenge behandelten. Aber die größte Veränderung fand bei meinem Vater statt. Er musste sich zu seinem eigenen Alkoholproblem und seinen Unsicherheiten bekennen, und das hat unsere Beziehung wirklich verändert. Als ich von der Rehabilitationsklinik nach Hause kam, weinte er tatsächlich und sagte, dass er mich, meine Mutter und meinen älteren Bruder wirklich im Stich gelassen hatte. Und dann umarmte er mich – die erste richtige Umarmung, an die ich mich erinnern kann. Er weinte auch, als mein Baby adoptiert wurde, aber er sagte mir, er sei stolz darauf, dass ich das Richtige getan hatte."

Wenn Sie herausfinden, dass Ihr Kind Drogen nimmt oder Alkoholmissbrauch betreibt, ist jetzt die Zeit für liebevolle Strenge … um Ihrem Kind eine Zukunft zu geben. Sorgen Sie dafür, dass Ihr Kind zu einer Beratungsstelle geht. Geben Sie es in ein Rehabilitationsprogramm. Warten Sie damit nicht. Es gibt schon zu viele Teenager, die eine Überdosis genommen oder sich selbst und andere getötet haben, indem sie betrunken Auto gefahren sind. Das Leben Ihres Kindes ist zu kostbar, um ein Risiko einzugehen.

Essen (im Kinderstuhl und in Restaurants)

Ich bin gerade von einem Mittagessen mit meinem dreijährigen Enkel Connor und meiner achtzehn Monate alten Enkelin Adeline zurückgekehrt. Lassen Sie mich vorausschicken, dass es nahezu unmöglich ist, das Mittagessen zu genießen oder zu Wort zu kommen, wenn man mit zwei Kleinkindern in ein Restaurant geht. Wie meine Tochter Krissy mir sagte: „Dad, jetzt hast du deine gute Tat für diese Woche getan."

„Ich habe das so sehr genossen“, sagte ich ihr, „dass ich es wieder tun muss ... *in einem Jahr.*“

Wir lachten beide.

Da ich fünf Kinder und jetzt auch Enkel habe, kann ich gut nachfühlen, wie es Müttern geht, die für kleine Kinder sorgen müssen. Wenn man Mutter ist, besteht das Ziel manchmal nur darin, den Tag irgendwie zu überstehen. Dafür zu sorgen, dass kleine Kinder eine Zeit lang still sitzen – oder überhaupt sitzen – ist eine sehr schwierige Aufgabe (insbesondere für bestimmte Persönlichkeitstypen). Jede Mutter muss wissen, wann das Stillsitzen bei Ihrem Kind seine Grenze erreicht hat. Wenn sie diese Grenze überschreitet (beispielsweise, wenn sie mit Freundinnen eine Stunde lang zum Mittagessen in einem Restaurant sitzt), bedeutet das höchstwahrscheinlich Ärger. Es wäre sicher die bessere Lösung, wenn Sie sich etwas zu essen einpacken und in einen Park gehen, wo Ihre Kinder herumrennen können. Und Ihre Freundinnen werden Ihnen danken.

Dafür zu sorgen, dass kleine Kinder eine Zeit lang still sitzen – oder überhaupt sitzen – ist eine sehr schwierige Aufgabe.

Vor allem kleine Kinder brauchen sehr wenig Zeit zum Essen (es sei denn, es wird zu einem Kampf und ihr Schlachtplan besteht darin, sich Mamis oder Papis Aufmerksamkeit zu sichern, indem sie herumtrödeln). Wenn sie fertig sind, sind sie fertig. Wenn Sie dann nicht schnell die Botschaft „Hey, ich habe jetzt genug“ in den Augen Ihres Kindes lesen, wird es ziemlich schnell zwei sehr natürliche Dinge tun:

- Es wird sein restliches Essen auf den Boden werfen. (Zu beobachten wie es fällt und spritzt, ist eine tolle Unterhaltung. Genauso wie Mami oder Papi zu beobachten, die herbeigerannt kommen!) Für Ihr Kind spielt es dabei keine Rolle, ob Sie zu Hause sind oder in einem Restaurant. Ihm ist ein solches Benehmen absolut nicht peinlich. Ganz im Gegenteil – es hat großen Spaß daran.
- wird es seinen Teller so weit wie möglich wegschieben und versuchen, aus seinem Kinderstuhl herauszuklettern.

Was können Sie nun tun? Machen Sie sich als Erstes klar, dass Kinder von Natur aus laut sind. Diese langen Abendessen, bei denen Sie über die Zukunft plauderten, sich an den Händen hielten und einander tief in die Augen blickten, sind vorüber (abgesehen von den Abenden, an denen Sie ausgehen). Das Leben hat sich verändert.

Zweitens ist ein Kind nicht „ungezogen", wenn es tut, was seinem Wesen entspricht. *Hey,* denkt das zwölf Monate alte Kind, *wenn ich meine Cornflakes von meinem Stuhl herunterwerfe, kommt Mami gerannt. Mal sehen, wie oft sie das tut.*

Drittens, je nachdem wie alt sie sind, verlangen wir zu viel von unseren Kindern, wenn wir sie lange Zeit auf Stühlen oder in Kinderstühlen sitzen lassen. Viele Eltern packen ihre kleinen Kinder in ihren Kinderstuhl und geben ihnen vor dem Abendessen irgendwelche Snacks, nur damit sie einigermaßen in Ruhe das Essen für alle anderen auf den Tisch bringen können. Das funktioniert nicht. Wenn Sie das Abendessen dann fertig haben, sind diese Kleinen zu satt, um noch mehr zu essen und zu unruhig, um noch länger in diesem unbequemen Kinderstuhl zu sitzen.

Wie lautet nun die Lösung? Füttern Sie Ihre Kinder, so weit möglich, wenn Sie selbst essen, oder geben Sie ihnen zumindest dasselbe, was auch Sie essen (auch wenn Sie es zu Brei zerstampfen und es dem Kind nacheinander geben, während Sie kochen). Machen Sie Ihrem Kind außerdem einen sehr wichtigen Punkt klar: Wenn es aus seinem Kinderstuhl heraus ist, ist das Essen vorüber. Das bedeutet, dass es nicht zum Tisch zurückkommen und weiteressen kann. Das gilt sowohl für die Mahlzeiten zu Hause als auch im Restaurant.

Wenn Ihre Kinder das begriffen haben, werden sie sitzen bleiben, solange sie hungrig sind und dann vom Esstisch verschwinden. Das verschafft Ihnen die Möglichkeit, sich mit Ihrem Ehepartner oder Ihren anderen Kindern zu unterhalten.

Natürlich funktioniert das zu Hause, wo Ihr Kind Spielsachen hat, mit denen es sich beschäftigen kann, sehr gut, aber in einem Restaurant ist das schwieriger. Wenn die Kinder klein sind, werden Sie sich deshalb eine Zeit lang etwas kreativere Möglichkeiten ausdenken wollen als den typischen Restaurantbesuch. Sie werden glücklicher sein, Ihr Kind wird glücklicher sein, und die Besitzer der Restaurants, in die Sie nicht gegangen sind, werden Ihnen dankbar sein.

Essstörungen

Es besteht ein großer Unterschied zwischen der Art und Weise, wie junge Männer essen und wie junge Frauen essen. Es ist nicht ungewöhnlich für einen vierzehnjährigen Jungen, von der Schule nach Hause zu kommen, eine Servierschüssel (keine Müslischale) mit einer halben Packung Müsli zu füllen, zwei Bananen hineinzuschneiden und das Ganze hinunterzuschlingen. Zwei Stunden später ist er bereit, ein großes Abendessen zu verspeisen. Das ist die Zeit seines Lebens, in der er große Wachstumsschübe hat und viel Energie verbraucht, so ist es also kein Wunder, wenn er hungrig nach Hause kommt.

Junge Frauen achten viel mehr darauf, was sie sich in den Mund schieben. Es ist heute nicht ungewöhnlich, wenn Acht- bis Elfjährige ihren Eltern sagen: „Ich bin zu dick" oder „Ich mag meinen Körper nicht". Wenn Sie etwas Derartiges von Ihrer Tochter hören, kann das ein Zeichen dafür sein, dass sie die falsche Richtung eingeschlagen hat, weil sie sich zu sehr damit beschäftigt, wie sie aussieht.

Achten Sie nur einmal darauf, was uns Werbeplakate, Filme und Zeitschriften vermitteln und Sie werden innerhalb einer Sekunde sehen, dass unsere heutige Gesellschaft sehr viel Wert auf das Aussehen legt – und das bereits bei Menschen in sehr jungem Alter.

Vor einigen Jahren machten Charlie Gibson, Joan Lunden und ich eine *Good-Morning-America*-Sendung über Barbiepuppen. Sie baten mich, die Barbiepuppen zu kommentieren. „Beachten Sie, wie perfekt und schlank sie sind", sagte ich und begann dann, über die Anziehungskraft der Magersucht zu sprechen, eine Krankheit, der junge Frauen vor allem in ihren Teenagerjahren zum Opfer fallen, wo das Aussehen so wichtig wird. Wenn junge Frauen, die perfektionistisch veranlagt sind, sehen, wie wunderbar schlank all die Fotomodelle im Fernsehen, in Zeitschriften, auf Werbeplakaten und in Filmen sind, eifern sie diesen Vorbildern nach. Mit ihrem Streben, perfekt zu sein, beginnt eine Abwärtsspirale in die Magersucht (zu Essstörungen oder zur Verweigerung der Nahrungsaufnahme) und/oder Bulimie (Heißhungeranfälle mit anschließendem Erbrechen, um den Körper zu reinigen).

Magersüchtige glauben, sie müssten stockdünn sein, um von anderen akzeptiert zu werden. Oft fühlen sie sich bei der Verfolgung ihrer Ziele von ihren Eltern nicht unterstützt und allein gelassen. Weil sie das Gefühl haben, ihr Leben nicht selbst bestimmen zu können, suchen sie nach einem Weg, ihre Welt im Geheimen zu kontrollieren – indem sie nichts oder nur sehr wenig essen. Sie glauben, damit könnten Sie Vollkommenheit erlangen und jeder würde sie mögen.

Wenn Sie den Verdacht haben oder entdecken, dass das bei Ihrem Kind der Fall ist, holen Sie sich sofort professionelle Hilfe. Symptome dafür können sein, dass Ihre Tochter nach dem Essen sofort ins Badezimmer schleicht, um das Essen, das sie zu sich genommen hat, zu erbrechen; dass sie Mahlzeit für Mahlzeit behauptet, nicht hungrig zu sein; dass sie sich bei den Mahlzeiten entschuldigt und sagt, sie fühle sich nicht wohl, und dass sie unnatürlich schnell an Gewicht verliert. Sowohl Magersucht als auch Bulimie sind ernste Erkrankungen, die aufgrund des langfristigen Einflusses, den sie auf das Wachstum, die allgemeine Gesundheit, die Zähne, den Magen, den Geist und die Emotionen Ihres Kindes ausüben können, von einem Arzt behandelt werden müssen.

Wenn Ihre Tochter viel über ihren Körper spricht und häufig sagt, dass sie ihn nicht mag, zeigen Sie ihr, wo Sie nicht perfekt sind. (Kinder erkennen selten, wie stark die Fotos von Modellen mittels Airbrushtechnik bearbeitet wurden.) Ich ziehe gern meinen Pullover hoch und zeige den Leuten die Seitenansicht meines Bauches – nun, das ist Perfektion! Und dann erzähle ich ihnen die Geschichte, wie ich Stück für Stück einen ganzen Kürbiskuchen aus dem Kühlschrank aß und dann die Kuchenplatte vor meiner Frau verstecken musste, damit sie nicht erfuhr, dass ich beim Bäcker zwei zum Preis von einem bekommen und einen davon ganz allein verdrückt hatte. Kinder lieben es, Geschichten über Sie und Ihre Unzulänglichkeiten zu hören. Das gibt ihnen die Freiheit, ebenfalls unvollkommen zu sein.

Erzählen Sie Ihren Kindern (vor allem Ihren Töchtern) von den Gelegenheiten, bei denen Ihnen etwas missglückt ist. Erzählen Sie ihnen von der schlechten Note, die Sie bekommen haben. Von den Schwierigkeiten, die Sie mit Ihren Eltern bekamen, weil Sie gelogen haben. Von einer Situation, in der Sie etwas wirklich Dummes getan haben. Ob Sie es nun glauben oder nicht, Kinder sehen ihre Eltern immer noch als Vorbilder an. Aus der Sicht von Kindern machen Eltern keine Fehler. Wenn Sie ihnen erklären, dass Sie einige Dinge getan haben, die dumm wie Bohnenstroh waren, zeigt das Ihren Kindern, dass jeder manchmal alberne Dinge tut. Niemand besitzt einen perfekten Körper. Wenn Sie Ihren Kindern Ihre Unvollkommenheit zeigen, geben Sie ihnen damit den Mut, in einer unvollkommenen Welt ebenfalls unvollkommen zu sein. Deshalb applaudiere ich dem Titelmodell, das verlangte: „Retuschiert meine Falten nicht weg. Jede einzelne von ihnen hat ihre Geschichte. Sie sind ein Teil von mir."

Lassen Sie Ihre Unvollkommenheit sichtbar sein. Stellen Sie sie ab und zu sogar zur Schau. Das wird Ihrem Kind die Freiheit geben, die es braucht, um ebenfalls unvollkommen zu sein – und gesund.

Faulheit/Keine Verantwortung

„Nachdem Frank das College abgeschlossen hatte und keinen Arbeitsplatz finden konnte, zog er wieder bei uns ein. Weil er arbeitslos war, gaben wir ihm weiterhin Taschengeld. Aber allem Anschein nach gibt er es nur für Pizza und das Ausgehen mit seinen Freunden aus. Ich sehe jedenfalls nicht, dass er sich um einen Job bemüht."

„Keri verbrachte den ganzen Sommer damit, auf unserer Veranda zu liegen und sich in der Sonne zu bräunen. Jetzt will sie Kleider für die Schule kaufen gehen. Zu Beginn des Sommers habe ich ihr gesagt, dass wir kein Geld für neue Kleidung haben, weil die Firma ihres Vaters gerade dabei ist, Personal abzubauen und wir nicht wissen, wie es weitergeht. Sie hätte selbst etwas Geld verdienen können. Ihr wurde ein großartiger Job angeboten, aber sie wollte ihn nicht annehmen."

Lassen Sie mich Ihnen eine Frage stellen: Führen Sie einen Haushalt oder ein Hotel?

Wenn Ihr Sohn, wie Frank, vierundzwanzig ist und immer noch bei Ihnen wohnt, Ihr Geld ausgibt und keine Verantwortung zeigt, dann führen Sie ein Hotel. Und wissen Sie was? Sie sind der Zimmerservice! Warum sollte er sich einen Job suchen? Frank geht es, dort, wo er ist, sehr gut. Sie tun all die Arbeit und er hängt nur herum, isst Pizza und wird nicht erwachsen.

Als ich früher an der Universität unterrichtete, warteten die Studenten mit allen möglichen Entschuldigungen für ihre Versäumnisse auf. Einer von ihnen – ein 2,03 Meter großer Footballspieler mit einem Gewicht von 137 Kilogramm – sagte mir beispielsweise eines Tages: „Dr. Leman, diese Kleine sollte die schriftliche Ausarbeitung für mich tippen, aber sie hat es nicht getan."

Führen Sie einen Haushalt oder ein Hotel?

Ich zog die Augenbrauen hoch. „In *meiner Klasse* akzeptiere ich keine Entschuldigungen. Die Zustimmung von Coach Robinson vorausgesetzt, werde ich ihm deshalb einfach sagen, dass du heute keine Zeit für das Training hast." Nach dieser Begebenheit hatte dieser große Footballspieler es stets sehr eilig, seine Hausarbeit noch vor dem Beginn des Unterrichts auf meinen Schreibtisch zu legen.

Manche Kinder sind einfach von Natur aus faul. Sie haben ihre Eltern darauf trainiert, sie zu erinnern, sie zu coachen und sie zu bestechen. Aber Faulheit ist keine Eigenschaft, die Sie fördern möchten, denn Ihr Kind muss als Familienmitglied seinen Teil beitragen. Das ist ein Teil seiner Verantwortung.

Wenn Sie Ihr Kind bitten, etwas zu tun, sollten Sie es nur *ein Mal* sagen. Sonst verhalten Sie sich ihm gegenüber respektlos. Damit sagen Sie: „Ich glaube, du bist so dumm, dass ich dich mehrmals daran erinnern muss."

Wenn Sie das nächste Mal wollen, dass Ihr Kind etwas tut, sagen Sie es ein Mal.

„Kenny, ich möchte, dass du heute die Garage gründlich aufräumst."

Den ganzen Tag über beobachten Sie Kenny, wie er in der Hängematte faulenzt und mit seinem Game Boy spielt. Am späten Abend ist die Garage immer noch nicht aufgeräumt. Sie erinnern Ihr Kind nicht daran. Am nächsten Morgen um 9.00 Uhr findet ein Probespiel seines Baseballvereins statt. Ihr Sohn kommt in kompletter Ausrüstung ganz aufgeregt zu Ihnen, wirft seinen Baseball in die Luft und sagt glücklich: „Mami! Wir müssen gehen!"

„Liebling, wir gehen heute nicht zum Probespiel."

Er blickt fassungslos. „Wir gehen nicht zum Probespiel? Warum?"

Das ist der günstige Moment für eine Lektion.

„Dein Vater wollte, dass du die Garage aufräumst und ich habe dich gebeten, das zu erledigen. Nun sehe ich, dass es immer noch nicht erledigt ist."

An diesem Punkt wird Ihr Kind Ihnen alles versprechen – einschließlich dreißig Tagen harter Arbeit – wenn Sie ihn in seinen Verein bringen. Aber er geht an diesem Tag nicht dort hin. Wenn er das Probespiel verpasst, dann ist das eben so.

Sobald die Garage zur Zufriedenheit seines Vaters aufgeräumt ist, darf er wieder hingehen. Und wenn er das nächste Mal gebeten wird, die Garage sauber zu machen, ist die Wahrscheinlichkeit groß, dass er es in Rekordzeit erledigen wird.

All das wurde erreicht ohne Bestechung, ohne Betteln, ohne Erinnerung.

Wenn Ihnen das hart vorkommt, lassen Sie mich fragen: „Wollen Sie, dass Ihr Kind verantwortungsbewusst ist oder nicht?“

Wenn Sie den Präzedenzfall schaffen, dass Sie Ihre Kinder erinnern und überreden, werden Sie sie immer erinnern und überreden. Aber was passiert, wenn sie ihr Studium begonnen haben, wenn sie eine eigene Wohnung und einen Arbeitsplatz in der realen Welt haben und Sie nicht da sind, um sie zu erinnern?

Betrachten Sie die Angelegenheit auf lange Sicht. Wie soll Ihr Kind mit achtzehn, zwanzig und dreißig Jahren sein?

Wenn Sie wollen, dass Ihr Kind verantwortungsbewusst ist, übertragen Sie ihm Verantwortung. Helfen Sie ihm nicht aus der Patsche, wenn es etwas nicht bis zum Ende verfolgt. Ebnen Sie ihm nicht die Wege im Leben. Ein Scheitern und die daraus resultierenden Konsequenzen sind ein gutes Training.

Denken Sie daran, B tritt nicht ein, bevor A abgeschlossen ist.

Freche Antworten

Nichts ärgert Eltern mehr als ein Kind, das freche Antworten gibt. Das Ihnen Beleidigungen ins Gesicht schleudert. Das schlechte Ansichten hat, und davon gleich mehrere.

Meistens passiert das, wenn Sie Ihrem Kind die Anweisung gegeben haben, etwas zu tun, das es definitiv nicht tun will.

Wie sieht Ihre erste Reaktion aus? Sie lassen sich mit dem Kind auf einen Kampf ein, um ihm zu zeigen, wo es falsch liegt. Sie wollen ihm die Macht nehmen, ihm argumentativ überlegen sein. Aber wissen Sie was? Wenn sie sich erst auf eine Diskussion einlassen, gewinnen Eltern nie. Eltern haben zu viel zu verlieren, und jedes Kind ist schlau genug, das zu wissen.

Wenn Sie Ihren Mund öffnen, um zu reagieren, wird der Kampf nur eskalieren. Das Beste, was Sie tun können, sobald sich der Mund Ihrer Tochter in Bewegung setzt, ist, Ihren Mund zu schließen, wegzugehen und sich mit etwas anderem zu beschäftigen.

Ihr Unterkiefer wird herunterklappen. Sie wird denken: *Huch? Wie kommt es, dass Mama sich nicht ärgert? Das hat doch sonst immer funktioniert ...*

Plötzlich haben Sie Ihrer Tochter den Wind aus den Segeln genommen und die Segel erschlaffen ein wenig. Und nicht nur das – das Boot Ihrer Tochter kommt auf seinem ursprünglich eingeschlagenen Kurs ins Trudeln. Sie ist sich nicht sicher, was hier vor sich geht.

Ihr Part? Lehnen Sie sich einfach zurück und warten Sie auf den günstigen Moment für eine Lektion. Vielleicht bietet sich sechs Stunden lang keine Gelegenheit, je nachdem, welcher Wochentag es ist. Aber es wird ein Zeitpunkt kommen, an dem sie irgendetwas von ihnen braucht – und das ist der Zeitpunkt, auf den Sie warten. Tatsache ist: Ihre Kinder brauchen Sie immer; sie erkennen es nur nicht. Sie halten die Schlüssel für alles in ihrem Leben und für alles, das mit ihrem Leben zu tun hat, in der Hand, und ohne die Kooperation eines Elternteils können sie wenig tun. Sie sind naturgemäß der Stärkere. Aber statt diesen Vorteil zu nutzen, geben viele Eltern diese Machtposition an ihr Kind ab, indem sie ihrer Großmäuligkeit und ihren Forderungen nachgeben.

> *Das Beste, was Sie tun können, sobald sich der Mund Ihrer Tochter in Bewegung setzt, ist, Ihren Mund zu schließen, wegzugehen und sich mit etwas anderem zu beschäftigen.*

Wenn Ihr Kind also etwas braucht und Sie darum bittet, muss Ihre Antwort Nein lauten, ganz gleich, worum es sich handelt. Ihr Kind wird erregt sein. „Aber Mami, ich darf das doch sonst auch immer. Was ist los?"

Jetzt ist der Zeitpunkt, an dem Ihr Kind sich das Problem ein wenig erarbeiten muss. „Es hat mir nicht gefallen, wie du heute Morgen mit mir gesprochen hast, deshalb habe ich keine Lust, überhaupt irgendetwas für dich zu tun. Und deshalb, nein, du kannst das nicht machen."

Manche Kinder, insbesondere schlagkräftige Kinder, werden versuchen, Sie mit Argumenten von Ihrer Entscheidung abzubringen. Sie werden alle Register ziehen, einschließlich des Versuchs, Schuldgefühle in Ihnen zu erwecken: „Aber Mami, du weißt doch, dass ich das nicht so gemeint habe ... Jeder wird mal ärgerlich ... Liebst du mich nicht?"

Andere Kinder werden sagen: „Es tut mir leid." Manche werden es auch so meinen, andere werden es nur sagen, damit sie tun dürfen, was sie tun wollen.

Aber das Szenario hört hier nicht auf. Sagen Sie Ihrem Kind jetzt, welche Gefühle seine Worte in Ihnen hervorgerufen haben. „Wenn du so mit mir sprichst, sagst du mir im Grunde, dass ich in deinem Leben nicht zähle. Meine Existenz spielt keine Rolle. Du schätzt und respektierst mich nicht. Du willst nicht, dass ich an deinem Leben teilhabe. Deshalb habe ich mich jetzt dafür entschieden, mich aus deinem Leben herauszuhalten."

Das wird Ihrem Kind den Spaß daran nehmen, Ihnen freche Antworten zu geben, oder nicht? Das ist ein großer Elefant zwischen Eltern und Kindern. Mit diesen Dingen müssen Sie sich befassen, sobald sie auftauchen, denn ohne Respekt kann es keine Beziehung geben.

Möglicherweise müssen Sie mehrere Tage lang Nein sagen, bis Ihr Kind ganz verstanden hat, worum es geht. Wenn diese Tage vorüber sind, können Sie, um die Sache abzuschließen, hinzufügen: „Du hast mich lange Zeit behandelt, als ob ich dein Sklave wäre. Aber ich bin *kein* Sklave, den man benutzen und misshandeln kann. Ich bin deine Mutter, und du wirst mir den Respekt erweisen, der einem Elternteil gegenüber angemessen ist. Diese Woche hast du eine Kostprobe davon bekommen, wie es sich anfühlt, keine Beziehung zu haben. Ist das wirklich das, was du willst?"

Ihre Verantwortung besteht darin, den Ball in das Feld Ihres Kindes zurückzuspielen, damit es darauf achtet, was aus seinem Mund herauskommt. Freche Antworten sind nie akzeptabel. Familien müssen auf Liebe, Respekt und Verantwortung aufgebaut sein. Ohne diese wichtigen Ecksteine gibt es keine Beziehung.

Furcht/Furchtsamkeit

Es passiert in jedem Haus, einschließlich dem Ihren. Sie seufzen erleichtert auf, nachdem Sie die Kinder ins Bett gebracht haben ... aber fünf Minuten später sehen Sie, wie sich große, ausdrucksvolle Augen um die Ecke schieben und Sie anstarren. Es ist Ihr jüngstes Kind.

„Warum bist du auf?“, fragen Sie in Ihrem strengsten Tonfall.

„Ich fürchte mich im Dunkeln“, antwortet die kleine zittrige Stimme.

Aber was geht in Wirklichkeit vor sich?

Bedenken Sie, unsere Kinder sind organisiert. Und wenn Sie mehr als ein Kind haben, haben Ihre Kinder das jüngste als Vorhut ausgesandt – als Sündenbock. Ich weiß alles darüber, denn als ich klein war, schickten mein älterer Bruder und meine ältere Schwester mich immer zurück ins Wohnzimmer, als wir bereits im Bett sein sollten. Ich war das Versuchskaninchen ... oder das Opfer, wie immer Sie es betrachten wollen. Wenn sie Weizenflocken haben wollten, schickten sie mich. Warum schickt man den Jüngsten vor, um die Schmutzarbeit zu erledigen? Was die Geschwister angeht, denken diese: „Wenn er umgebracht wird, wen kümmert das?“ Sie mögen ihn sowieso nicht.

Die Wahrheit ist: Wie anhand von Forschungen belegt wurde, ist das Nesthäkchen der Familie das Kind, bei dem die Wahrscheinlichkeit, dass es bestraft wird, am geringsten ist. Dieses Kind kommt bei Mami und Papi auch mit einem Mord davon. Ihre Kinder wissen das instinktiv. Sie sind klug. Also schicken der Elfjährige und der Neunjährige den Vierjährigen vor. Und der Vierjährige ist dumm genug, es zu tun. Sobald der Vierjährige dasteht und erfolgreich Verhandlungen mit Ihnen führt, werden zwei weitere Schatten auf dem Flur in Erscheinung treten.

„Warum seid ihr zwei nicht im Bett?“, bellen Sie.

„Corey ist nicht im Bett“, sagen sie.

Und bald befinden Sie sich mitten in einer Party zu nächtlicher Stunde, wenn eigentlich Ihre Ruhezeit gekommen sein sollte.

Gehen wir zurück zum Zweck der Furcht. Was hat es wirklich auf sich mit der Furcht vor der Dunkelheit, mit den unheimlichen Dingen, die nachts vor sich gehen, und den Monstern unter dem Bett?

Ihr Kind will, dass Sie in sein Zimmer kommen. Es will Ihre Gegenwart. Und die Furcht gibt ihm einen Grund zu weinen, zu schreien und Ihre Anwesenheit zu fordern. Was können Sie tun?

Sie können in das betreffende Zimmer gehen, Ihr Kind beruhigen und ihm versichern, dass keine Monster im Haus sind. Doch sobald Sie diesen Raum betreten, haben Sie die Schlacht verloren. Versuchen Sie einmal Folgendes: Stellen Sie zur Schlafenszeit irgendeine Sprühflasche neben das Bett Ihres Kindes. Füllen Sie Wasser und ein wenig Lebensmittelfarbe hinein und sagen Sie: „Liebling, du hast Glück! Heute Abend habe ich ein Drachenabwehrmittel hier! Ein Sprüher und all die Monster sind aus dieser Gegend vertrieben."

Was hat es wirklich auf sich mit der Furcht vor der Dunkelheit, mit den unheimlichen Dingen, die nachts vor sich gehen, und den Monstern unter dem Bett? Ihr Kind will, dass Sie in sein Zimmer kommen.

Der Zweck der Übung besteht darin, Ihr Kind zu lehren, wie es seine Ängste kontrollieren kann.

Ich erinnere mich noch daran, wie ich als Kind kleine farbige Punkte sah, wenn ich die Augen schloss. Ich nannte sie immer Käfer und sagte meiner Mutter und meinem Vater: „Ich sehe Käfer! Ich sehe Käfer!" und sie kamen Nacht für Nacht in mein Zimmer, um mich zu beruhigen. Aber was war der Zweck meines Verhaltens? Ich wollte Mami und Papi nur noch einmal sehen, bevor ich einschlief.

Wenn Sie sich dessen bewusst sind, werden Sie sich kreative Lösungen wie die Sprühflasche einfallen lassen, bevor Sie Ihr Kind ins Bett bringen.

Gegenseitige Herabsetzung

„Du bist ein ___."
„Nein, du bist ein ___."
„Das sage ich Mami!"

Hört sich für Sie vertraut an?

Kinder setzen sich gegenseitig herab. Was ist der Zweck dieses Verhaltens? Selbst besser dazustehen – und Ihre Aufmerksamkeit zu bekommen. Wenn die Kinder älter werden, sind die Herabsetzungen manchmal subtiler, aber es sind dennoch Herabsetzungen.

Herabsetzungen sind eine Form des Streitens. Zum Streiten braucht man zwei. Um das Herabsetzungsspiel zu beenden, bringen Sie beide Kinder in einen Raum und stellen Sie klar, dass keiner von ihnen wieder herauskommt, bis die Sache *zu Ihrer Zufriedenheit* geregelt ist. Das bedeutet, dass die Kinder diesen Raum nicht verlassen, bis sie zeigen, dass sie eine Übereinkunft getroffen und sich beim anderen entschuldigt haben. Dann kann das Leben außerhalb dieses Zimmers weitergehen.

Was lehren Sie diese Kinder? Dass sie ihre Kämpfe selbst ausfechten müssen; Sie sind keine Gorillamutter, die sich auf ihre Jungen setzt, um ihr Gezänk zu beenden. Ihre Kinder müssen lernen, dass sie für ihre Taten und Worte verantwortlich sind.

> *Tolerieren Sie keine Herabsetzungen in Ihrer Familie. Punkt.*

Sie sagen: „In dieser Familie dulden wir keine Herabsetzungen und Beschimpfungen. Wir sind eine Familie. Das bedeutet, dass wir uns gegenseitig unterstützen. Wenn du in einem Theaterstück mitspielen willst, unterstützen wir dich und kommen zu deiner Aufführung. Wenn deine Schwester Fußball spielt, unterstützen wir sie, indem wir zu ihren Spielen gehen. Darum geht es in einer Familie. Wenn ihr euch gegenseitig herabsetzt, verletzt uns das alle und es zerstört unsere Familie.

Tolerieren Sie keine Herabsetzungen in Ihrer Familie. Punkt.

Gottesdienstbesuch

„Jeri ging immer mit uns in die Gemeinde, ohne sich zu beklagen. Aber an dem Sonntag, nach dem sie fünfzehn geworden war, sagte sie, ihr sei schlecht. Am Sonntag danach behauptete sie wieder, ihr sei schlecht. Aber am dritten Sonntag erklärte sie mir einfach, dass sie nicht mehr in diese alte, muffige Kirche gehen würde. Sie sagte, die Kinder, die sie dort träfe, wären allesamt langweilig und bekloppt, und dass sie nicht mit ihnen in einen Topf geworfen werden wollte. Jeri war immer so ein gutes Kind. Was ist nur schiefgelaufen?“

> „Als ich wieder heiratete, wurde ich der Stiefvater des damals dreizehnjährigen Christopher. Er stellte sofort klar, dass er erstens keinen Vater brauchte und es ihm zweitens keinesfalls einfallen würde, den Tag in einer alten Kirche zu verbringen, wenn er stattdessen mit seinen Kumpels an den nahe gelegenen Strand gehen konnte. Ich weiß, dass er in den letzten paar Jahren viele Veränderungen durchgemacht hat und dass ihm seine Freunde wirklich wichtig sind, aber für mich ist es wichtig, dass wir mit der ganzen Familie in den Gottesdienst gehen. Soll ich die Angelegenheit forcieren und ihn zwingen, mitzugehen? Oder wird das bewirken, dass er nicht nur mich, sondern auch Gott hasst? Soll ich ihm einfach etwas Zeit geben und hoffen, dass sich die Sache von selbst erledigt?"

Früher sagte man immer: „Die Familie, die gemeinsam zur Kirche geht, bleibt zusammen." Was hierbei jedoch unerwähnt bleibt, ist: „... wenn sich die Teenager in der Familie nicht mit Händen und Füßen dagegen wehren, denn dann ist das Zusammenleben in dieser Familie laut und überhaupt nicht lustig."

Was dieses Thema betrifft, trampeln viel zu viele Eltern auf den Gefühlen ihrer Teenager herum und verschärfen die Situation, bis sie in eine Schlacht ausartet. Aber bevor Sie sich jetzt über das aufregen, von dem Sie *glauben*, dass ich es sagen werde, lassen Sie es mich erklären.

Als Erstes, verleugnen Sie die Gefühle Ihres Kindes nicht. Lassen Sie uns ehrlich sein. Es sind eine Menge Langweiler und Bekloppte in den Kirchen (schließlich sind die Kirchen voller Menschen, und wir alle haben unsere Marotten – manche mehr, manche weniger). Wenn Ihr Kind also hervorhebt, dass die Mehrheit der Kinder in der Jugendgruppe aus Bekloppten besteht, sagen Sie die Wahrheit: „Du hast recht. Sie sind bekloppt." Indem Sie die Wahrheit sagen und Ihrem Kind zustimmen, werden Sie es überraschen und sich seine Aufmerksamkeit für Ihre nächsten Worte sichern. Und wenn sie mit ihm einer Meinung sind, begeben Sie sich darüber hinaus auf dieselbe Ebene wie Ihr Kind.

Was Sie als Nächstes sagen, ist entscheidend: „Deine Mutter und ich erwarten nur einige grundsätzliche Dinge von dir, und eines davon ist, dass du mit uns in den Gottesdienst gehst." Bevor Ihr Kind den Mund wieder öffnet, sagen Sie: „Wir wissen, dass du dort nicht hin willst, aber wir sind dir sehr dankbar dafür, dass du dennoch bereit bist, uns zu begleiten, weil du uns respektierst. Viele Dinge, die wir als Eltern für dich tun, tun wir nicht wirklich gerne. Aber aus Respekt vor dir tun wir sie trotzdem. Also mach dich bitte fertig für die Kirche."

Je nachdem, was für eine Persönlichkeit Ihr Kind hat, werden Sie es damit vielleicht dazu bewegen, mit Ihnen zu kommen. Doch ganz gleich, was Sie sagen, manche Kinder werden Ihnen die Worte ins Gesicht schleudern: „Ich gehe nicht."

Machen Sie keine Staatsaffäre daraus. Machen Sie sich einfach fertig für die Kirche und gehen Sie. Machen Sie nach der Kirche eines anders: Gehen Sie nicht nach Hause.

Wenn das passiert, machen Sie keine Staatsaffäre daraus. Machen Sie sich einfach fertig für die Kirche und gehen Sie.

„Was?", sagen Sie. „Aber Dr. Leman – "

Lassen Sie mich ausreden. Machen Sie nach dem Gottesdienst Folgendes: Gehen Sie nicht nach Hause. Verbringen Sie den Tag woanders. Gehen Sie Essen, in einen Park, machen Sie einen Schaufensterbummel oder gehen Sie ins Kino ... In anderen Worten, lassen Sie sich richtig viel Zeit mit dem Nach-Hause-Kommen. Wenn Sie dann gegen fünf Uhr nachmittags eintreffen und Ihr Sohn im Teenageralter fragt: „Wo zum Kuckuck seid ihr gewesen?", sagen Sie einfach: „In der Kirche."

„Aber der Gottesdienst ist um zwölf Uhr zu Ende", argumentiert er. „Jetzt ist es 5 Uhr 15. Wann gibt es hier etwas zu essen? Ich sterbe vor Hunger!"

Dann reiben Sie einfach Ihren vollen Magen und sagen Sie: „Essen? Oh, bitte sprich nicht von Essen. Der Erdbeerkuchen war ein krönender Abschluss ..." Wenn sich Ihr Kind in der folgenden Woche weiterhin weigert, mit zum Gottesdienst zu gehen, machen Sie dasselbe wieder. Verbringen Sie den Tag ohne Ihr Kind. Wenn Sie dann Ihren Standpunkt klargemacht haben, reden Sie ganz offen mit ihm: „Frank, ich weiß, dass du ein eigener Mensch bist und dass wir nicht alle gleich sind. Du musst nicht glauben, was ich glaube. Ich kann dich nicht zwingen, zum Gottesdienst zu gehen. Aber ich sage dir klipp und klar: Ich erwarte, dass du am nächsten Sonntag mit uns gehst. Hast du das verstanden?"

Plötzlich hat hinsichtlich der Autorität ein Rollentausch stattgefunden und Ihr Sohn hat nicht mehr das Sagen. In vielen Fällen brauchen Sie nicht mehr zu tun, als auf diese Weise liebevolle Strenge walten zu lassen. Am nächsten Sonntag wird er draußen im Auto sein, bereit zur Abfahrt.

Manchmal wird jedoch auch diese Methode nicht zum gewünschten Ergebnis führen und Ihr Teenager wird sich nach wie vor weigern, mitzukommen. Dann stehen Sie als Elternteil vor einer Entscheidung. Sie können

- ihn zu Hause faul im Bett liegen lassen, die Achseln zucken, das Ganze vergessen und sich nicht weiter darüber aufregen.
- Eine andere Möglichkeit wäre, ihm erlauben, zu Hause zu bleiben, ihm jedoch einige zusätzliche Aufgaben im Haus zu übertragen, da er ja nun die Zeit dafür hat.

Von diesen zwei Möglichkeiten würde ich mich definitiv für die zweite entscheiden, Jedes Familienmitglied muss seinen Beitrag leisten. Und ein Teil dieses Beitrags besteht darin, dass die Familie bestimmte Dinge gemeinsam tut. Wenn Ihr Teenager nicht bereit ist, seinen Beitrag auf diese Weise zu leisten, muss er dafür in einem anderen Bereich mehr tun, auch wenn es sich dabei um etwas handelt, von dem er nicht gerade begeistert ist. Bei uns zu Hause war beispielsweise einmal die Toilette verstopft. Wir halfen alle zusammen, die Sauerei sauber zu machen, denn das war es, was das Leben von uns verlangte. Es war nicht schön und machte keinem von uns Spaß, aber wir taten es zusammen als Familie.

Lassen Sie Ihr Kind nicht ungeschoren davonkommen, nur weil ihm „nicht danach ist“, ein Teil Ihrer Familie zu sein. Entweder geht er mit Ihnen in den Gottesdienst oder er muss in einem anderen Verantwortungsbereich zusätzliche Aufgaben übernehmen. (Und hier ist ein Geheimnis: Weil sich jedes Kind in seinem Innersten nach Zugehörigkeit und Akzeptanz sehnt, wird es, nachdem Sie diese Methode eingeführt haben, nicht lange dauern, bis sich Ihr Kind einsam fühlt und wieder Teil der Familie sein will – einschließlich des Gottesdienstbesuchs.)

Handys

„Aber Papa, alle meine Freunde haben Handys!“

„Als Jason in das Footballteam der Schule eintrat, kauften wir ihm ein Handy. So konnte ich im Büro arbeiten, bis er mich aus dem Umkleideraum anrief und sagte, dass sein Training beendet sei. Bis er dann geduscht hatte, war ich da, um ihn abzuholen."

Handy oder kein Handy? Ab welchem Alter sollten Sie darüber nachdenken, ob Ihr Kind ein Handy bekommt?

Man kann es in der heutigen Zeit überall sehen: Kinder, die auf der Straße und selbst in der Schule mit ihrem Handy telefonieren. Als ich neulich an der Schule meiner Tochter war, sah ich, dass dort bereits die Erstklässler mit ihrem Handy telefonierten.

Als unsere Tochter Lauren vierzehn war, wollte sie unbedingt ein Handy. Alle ihre Freundinnen hatten eines. Sande schloss einen Handel mit ihr ab: Sie versprach ihr, dass sie zu ihrem Geburtstag im Sommer eines bekommen würde, wenn Lauren in der Schule weiterhin gute Leistungen erbrachte.

Ich bin nicht sehr begeistert davon, wenn jüngere Kinder ein Handy haben. Die Kinder brauchen sie nicht und können sie während der Schule ohnehin nicht benutzen (zumindest in den meisten Schulen). Aber dennoch sind viele Sechs- bis Achtjährige bereits im Besitz eines Handys. Das ist verrückt! In den meisten Fällen geht es nur um Eitelkeit. Meiner Meinung nach sollten die Kinder mindestens fünfzehn Jahre alt sein, bevor man in Erwägung ziehen sollte, dass sie ein Handy bekommen. Als jedoch die Zeit kam, in der mein Sohn und meine Tochter begannen Auto zu fahren und manchmal auch allein unterwegs waren, stand es für mich außer Frage, ihnen aus Sicherheitsgründen ein Handy zu kaufen.

Wenn Ihr Kind Sie um ein Handy bittet, überlegen Sie Folgendes:

- Braucht es wirklich ein Handy, um Sie zu kontaktieren? Oder dient es nur dem Zweck, „cool" zu sein?
- Wie verantwortungsvoll ist Ihr Kind? Wird es auf das Handy aufpassen oder es irgendwo vergessen?
- Wer wird die Kosten für das Handy tragen? Wenn es das Handy Ihrer Tochter ist, sollte sie nicht nur das Handy selbst bezahlen (wenn sie es von „ihrem" Geld kaufen muss, gibt Ihnen das Aufschluss darüber, wie groß ihr Wunsch danach ist), sondern auch die monatliche Rechnung, wenn sie zu hohe Kosten anhäuft, um ihren Freundinnen SMS-Nachrichten zu schicken. Wenn sie Sie

anrufen muss, könnten Sie für die Flatrate aufkommen, aber niemals für irgendwelche Kosten, die darüber hinausgehen. Wenn sie die Rechnung nicht bezahlt, darf sie das Handy nicht länger behalten.

- Ein Handy zu haben ermutigt noch mehr dazu, mit Freunden zu telefonieren. Ist Ihre Tochter gut in der Schule? Erledigt sie ihre Hausaufgaben? Ist sie ein verantwortungsvolles Familienmitglied, das mithilft, wenn es nötig ist?

Ein Handy sollte eine Vergünstigung sein, keine Selbstverständlichkeit. Darüber hinaus erfordert es zusätzliche Verantwortlichkeit.

Hauen

„Aber sie hat mich zuerst gehauen!"
„Er hat angefangen!"

Die meisten Geschwister denken sich nichts dabei, wenn sie einen Bruder oder eine Schwester während eines Streits hauen. Sie fühlen sich deshalb nicht schlecht und sehen daher auch keine Veranlassung, auch nur mit der Wimper zu zucken.

Eltern verbringen enorme Zeit damit herauszufinden, wer angefangen hat. Aber bedenken Sie: Zum Streiten gehören immer zwei. Es geht nicht darum, wer den ersten Hieb ausgeteilt hat. Versuchen Sie deshalb gar nicht erst herauszufinden, wer was gesagt oder getan hat, sondern bringen Sie beide beteiligten Kinder in einen Raum, schließen Sie die Tür und lassen sie sich gegenseitig anstarren, bis das Problem gelöst ist.

Das Erstaunliche ist, dass das in jedem Alter funktioniert, ob die Kinder nun drei oder fünfzehn sind. Dreijährige können ihre Probleme zwar normalerweise nicht lösen, aber sie können eine Auszeit bekommen. Es ist schon schlimm genug, nicht bei Mami zu sein und zu wissen, dass Mami unglücklich ist. Wussten Sie, dass einem Dreijährigen selbst eine Auszeit von nur einer Minute wie eine Ewigkeit erscheinen kann?

Neulich musste ich (in mich hinein-) lachen, als meine Tochter Krissy den kleinen Connor für eine Auszeit in sein Zimmer schickte. Er marschierte dort hin wie ein kleiner Soldat und saß dann still in seinem Zimmer. Nach dieser „Ewigkeit" (nur drei Minuten), die er von seiner Mutter getrennt war, rief Krissy nach oben: „Connor, bist du bereit, herunterzukommen?“ Er antwortete mit sehr gedämpfter Stimme: „Ja, Mami.“

Der Punkt ist: Wenn das Kind herunterkommt, muss es bereit sein, sich wieder in die Familie einzufügen. Das bedeutet, dass es seine kleine Schwester mit Respekt behandelt, auch wenn ihm nicht danach ist.

> *Zum Streiten gehören immer zwei. Es geht nicht darum, wer den ersten Hieb ausgeteilt hat.*

Wenn zwei Kinder sich am Frühstückstisch hauen oder streiten, entfernen Sie beide vom Tisch, bringen Sie sie zusammen in einen Raum und schließen Sie die Tür. Die Sache hat sogar noch einen Bonus für Sie: Wenn sie herauskommen und ihre Probleme gelöst haben, ist das Frühstück vorüber. Dann wird ihnen bis zum Mittagessen der Magen knurren. Wird es sie umbringen, wenn sie ein paar Stunden hungrig sind? Nein, es kann höchstens sein, dass sie dann zum Mittagessen mehr essen als sonst. Aber es wird ihnen klarmachen, dass Sie Gezänk beim Essen weder schätzen noch dulden.

Sie sollten unter keinen Umständen zulassen, dass ein Kind Sie jemals haut. Ich habe einmal beobachtet, wie eine Sechsjährige ihre schwangere Mutter direkt in den Bauch schlug, und ihre Mutter sagte lediglich: „Du bist nur zornig. Du meinst das nicht so!“

Viele Eltern glauben, dass Kinder – insbesondere kleine Kinder – nicht wissen, was sie tun, wenn sie Sie schlagen. Das ist fragwürdig. Aber ob das nun stimmt oder nicht – Sie können nicht zulassen, dass sich ein solches Benehmen fortsetzt. Wenn Ihre elf Monate alte Tochter Sie ins Gesicht haut, drücken Sie ihre Arme fest nach unten und umfangen Sie sie mit Ihren Armen, sodass sie Sie nicht nochmals hauen kann. Verstärken Sie Ihre Handlung mit freundlichen, aber festen Worten. Sagen Sie sanft zu ihr: „Nicht hauen. Mami mag es nicht, wenn man sie haut.“ Ziehen Sie so früh wie möglich in ihrer Beziehung die Grenze, dass Schlagen nicht akzeptabel ist. Und vor allem, schlagen Sie nie zurück. (Das absichtliche Schlagen eines Kindes, um sein Benehmen zu ändern – für diejenigen unter Ihnen, die sich dabei wohlfühlen – ist eine ganz andere Handlung als das Zurückschlagen in der Form einer unüberlegten Reaktion. Siehe „Schlagen“.)

Wenn Sie ein vollkommenes Kind wollen, suchen Sie ein Mannequin. Kinder sind nicht wie Mannequins. In der Erziehung dreht sich alles um die Beziehung, die Sie zueinander haben, und diese sollte auf Liebe, gegenseitigen Respekt und Kooperation gegründet sein. Um eine sichere Umgebung zu schaffen, ist es wesentlich, dass Sie Ihr Zuhause zur haufreien Zone erklären und sich damit befassen, wenn jemand dagegen verstößt.

Hausaufgaben

Die Hausaufgaben sind eines der notwendigen Übel des Heranwachsens. Wenn Sie Kinder haben, werden Sie auf irgendeine Weise an den Hausaufgaben beteiligt sein (ob Sie Ihre Kinder nun auf eine öffentliche oder eine private Schule schicken oder sich, falls die Gesetze Ihres Landes das zulassen, dafür entscheiden, sie zu Hause zu unterrichten). Das Beste, was Sie für Ihre Kinder tun können, ist, ihnen einen ruhigen, hellen Ort zur Verfügung zu stellen, an dem sie ihre Hausaufgaben machen können.

Hier liegt das Problem. Wenn Sie Kinder haben, die manipulativ sind, werden sie Sie möglicherweise dazu bringen, dass Sie ihre Hausaufgaben erledigen. Sie können dafür sorgen, dass sich Ihr Haus für vier bis fünf Stunden am Abend in eine Schule verwandelt (obwohl es mit den ganzen umherfliegenden Emotionen eher einem Schlachtfeld ähnelt). Aber die Realität ist: Die Hausaufgaben Ihres Kindes sind die Hausaufgaben Ihres Kindes. Nicht Ihre. Es ist nichts falsch daran, wenn Sie sie überprüfen, um sicherzustellen, dass Ihr Kind sie erledigt hat, und ihm zu helfen, indem Sie Fragen stellen, wenn Ihr Kind nicht weiterweiß, aber auf keinen Fall sollten Sie ihm die Arbeit abnehmen. In vielen Schulsystemen kann man in der Schule anrufen, den Code des Lehrers eintippen und die Hausaufgaben abrufen, damit man weiß, was erledigt werden muss. Ich habe fünf Kinder großgezogen und habe das nie getan. Unsere Kinder wussten stets, was wir von ihnen erwarteten –, dass sie in der Schule gute Leistungen brachten und ihr Bestes gaben.

Eine der Regeln in unserem Haus lautet, dass der Computer in einem der zentralen Räume stehen muss, nicht in einem Kinderzimmer. Deshalb sitzt unsere jüngste Tochter Lauren an vielen Abenden mit mir im selben Raum und erledigt ihre Hausaufgaben mithilfe des Computers. Während ich in meinem Lieblingssessel sitze, sind wir nur eineinhalb Meter voneinander entfernt, aber ich frage sie selten: „Was tust du?“ Manchmal sehe ich, dass sie Mathematikaufgaben macht und dabei Schwierigkeiten hat, aber ich greife nicht ein. Wenn sie mich um Hilfe bittet, helfe ich ihr gerne ein paar Minuten, aber es würde mir nicht einfallen, mich abends noch stundenlang mit Hausaufgaben herumzuschlagen.

Eltern sollten nicht zum Viertklässler oder Siebtklässler werden. Das sind sie bereits gewesen. Wenn ein Kind in einem Fach Schwierigkeiten hat, ist es am besten, den Lehrer um Hilfe zu bitten oder einen Nachhilfelehrer zu suchen. Auch unsere Kinder hatten verschiedene Nachhilfelehrer – einmal war es ein Universitätsstudent, ein anderes Mal ein Schüler aus einer höheren Klasse der Schule.

Lassen Sie nicht zu, dass Ihr Kind Sie dahingehend manipuliert, dass Sie zum Schüler werden und tun, wofür es selbst verantwortlich ist.

Haustiere (und ihre Pflege)

Wessen Haustier ist es?

Wenn Sie zu den Eltern gehören, die ein Haustier für ihr Kind gekauft haben, weil Sie dachten, es wäre gut für Ihr Kind, ein Haustier zu haben oder weil Ihr Sohn diesen kuscheligen kleinen Welpen unbedingt haben wollte, dann behaupte ich, dass es Ihr Haustier ist. Wenn Sie einem Kind unter fünf Jahren ein Haustier kaufen, ist es definitiv Ihr Haustier. Im Alter zwischen fünf und zehn Jahren ist es hauptsächlich Ihr Haustier. Ab dem Alter von zehn Jahren ist es wahrscheinlicher, dass es das Haustier Ihres Kindes ist.

Sollten Kinder sich um ihre Haustiere kümmern? Ja. Wenn sie beanspruchen, ihr Besitzer zu sein – „das ist *mein* Hund“ –, dann muss es ihre Aufgabe sein, den Hund zu bürsten, auszuführen, zu füttern und seinen Kot zu entfernen. Auch ein Fünfjähriger kann mit einer kleinen Schaufel den Hundekot aufheben und ihn angemessen entsorgen. Wenn Ihr älteres Kind – sagen wir, ein Kind über acht Jahren – pausenlos darum gekämpft hat, einen Hund zu bekommen, stellen Sie sicher, dass Sie die folgenden Aspekte mit Ihrem Kind besprechen: „Das wird nicht mein Hund sein. Es wird

> *Wessen Haustier ist es?*

dein Hund sein. Und ich erwarte, dass du ihn fütterst und seine Spuren beseitigst. Ich will nirgends Kot oder Pipi vorfinden."

Das Problem ist. Sobald Sie sich ein Haustier zulegen, wird jeder in der Familie eine gewisse Verantwortung dafür haben. Zuerst ist alles rosig. Der niedliche kleine Welpe wird eine Menge Aufmerksamkeit bekommen. Bald wird jedoch offensichtlich, dass Ihr Kind nicht vorhat, auch nur den geringsten Teil der Arbeit zu übernehmen. Wenn das bei Ihnen zu Hause geschieht, empfehle ich Folgendes: Binden Sie den Hund an einen Pfahl in Ihrem Vorgarten und stellen Sie ein Schild mit der Aufschrift ZU VERKAUFEN daneben. Oder setzen Sie eine Anzeige in die Zeitung oder ins Internet, in der Sie den Hund zum Verkauf anbieten. Das sollte die Aufmerksamkeit Ihres Kindes erregen.

In anderen Worten, lassen Sie Ihrem Kind in diesem Bereich keinen Spielraum und sorgen Sie dafür, dass es keine Grauzonen gibt. Entweder es übernimmt die Verantwortung und kümmert sich um den Hund oder das Meerschweinchen oder nicht. Im letzteren Fall kommt das Haustier zu jemand anderem, der das tut. Ich mag Goldfische. Sie lehren die Kinder die Lektion, dass man sich um Haustiere kümmern muss, aber man hat sie nicht jahrelang. Durch sie erfahren die Kinder auch etwas über den Tod und die Seebestattung. Das war immer meine Aufgabe: Den toten Fisch mittels eines großen Wasserschwalls den Porzellan-Canyon hinunterzubefördern. Neulich verblüffte mich jedoch ein schwarzer Fisch, der nicht sterben wollte. Jedes Mal, wenn wir für den Sommer von Tucson nach New York reisten, erwarteten wir, den Fisch bei unserer Rückkehr tot vorzufinden. Aber der Fisch hatte wohl neun Leben ...

Ich liebe Haustiere. Wir haben über sie gelacht und um sie geweint (und viele von ihnen im Garten begraben). Ich bewundere unseren Hund, Rosie. Sie hat eine wunderbare Persönlichkeit. Sie schläft sogar bei Sande und mir. Sie ist ein wesentlicher Teil unserer Familie. Aber meine fünf Kinder wussten immer, dass Haustiere eine Verantwortung darstellten und dass man sie nicht mehr zurückbringen konnte, wenn man sie einmal hatte ... bis sie den Porzellan-Canyon hinunterrauschten oder unter einem Baum im Garten landeten.

Kaufen Sie kein Haustier, nur weil es niedlich ist oder weil Sie denken, es würde Ihrem Kind dabei helfen, verantwortungsvoll zu werden – es sei denn, es reicht Ihnen nicht, sich um Ihre Kinder zu kümmern und Sie sehnen sich nach etwas, das Sie noch zusätzlich tun können. Wenn Sie Ihrem Kind zu Ostern ein kleines Küken kaufen, sind Sie verrückt. (Wenn Sie auf einer Farm leben, nehme ich meine Diagnose zurück.)

Hilflosigkeit

„Ich kann das nicht, Mami."

Als ich fünf Jahre alt war, glaubte ich, dass mein Sandwich besser schmeckte, wenn meine Mutter es machte. So wahr Gott mein Richter ist, das glaubte ich wirklich. Doch wenn ich jetzt zurückblicke, wird mir noch etwas anderes klar: Ich war ein manipulativer Schnullerlutscher, der wollte, dass sie das Sandwich machte, statt es selbst zu tun. Schließlich war ich das Nesthäkchen der Familie und war daran gewöhnt, dass andere mir alles abnahmen, ohne dass ich selbst einen Finger rührte.

Sich hilflos zu stellen ist eine geschickte, manipulative Technik, die kleine Kinder (insbesondere die Nesthäkchen der Familie) sehr gut beherrschen. Ich sorgte viele Male dafür, dass mein Bruder den Ärger unseres Vaters auf sich zog, wenn er mir nicht half, obwohl ich jünger und kleiner war. Ich wusste genau, was ich sagen musste, wie ich es sagen musste und was ich tun musste, damit er Schwierigkeiten mit meinem Vater bekam.

Die generelle Faustregel lautet: Tun Sie nichts für Ihre Kinder, was diese selbst tun können. Kleine Kinder sind durchaus in der Lage, sich ihre belegten Brote selbst zu machen, auch wenn das bedeutet, dass Sie in der Küche ein wenig mehr zu tun haben, bis wieder Ordnung herrscht. Wenn Ihr Kind jemand anrufen soll und weiß, wie man das Telefon benutzt (oder es mit einfacher Hilfestellung tun kann), gibt es keinen Grund, warum Sie diesen Anruf für Ihr Kind machen müssten.

Tun Sie nichts für Ihre Kinder, was diese selbst tun können.

Tun wir Dinge für unsere Kinder? Ja, den ganzen Tag. Das ist Teil des Eltern-Seins. Aber die kluge Mutter weiß, wann sie von dem Vierjährigen, dem Zehnjährigen oder dem Sechzehnjährigen, der einfach keine Verantwortung übernehmen will, über Gebühr beansprucht wird.

Es ist einfacher, Kinder nicht zur Verantwortung zu ziehen. Es ist einfacher, etwas als Elternteil selbst zu tun. Aber wussten Sie, dass sogar die Zubereitung eines einfachen Brotes mit Erdnussbutter und Gelee für ein Kind eine Leistung darstellen kann, die ihm ein gutes Gefühl vermittelt?

Sie sind nicht nur ein Elternteil, Sie sind der Lehrer Ihrer Kinder. Lehren Sie sie, verantwortungsvoll zu sein. Heben Sie keine Bälle auf, für die sie die Verantwortung übernehmen sollten.

Höflichkeit

Für diesen Punkt sind keine Beispiele notwendig, denn Sie wissen genau, was ich meine. Was ist in der heutigen Zeit mit der Höflichkeit passiert? Wir bilden oft Fahrgemeinschaften, wenn es darum geht, die Kinder irgendwo hinzufahren oder abzuholen. Es erstaunt und ärgert mich immer, wenn ich ein Kind in meinem Wagen nach Hause fahre und nicht einmal ein „Danke, Dr. Leman, dass Sie mich nach Hause gebracht haben" zu hören bekomme. *„Gehört das nicht zu den grundsätzlichen guten Manieren?"*, frage ich mich.

Vergleichen Sie das mit meinem kleinen Enkel, Connor. Seit er drei Jahre alt ist, bedankt er sich bei seiner Großmutter und mir jedes Mal, wenn er zum Spielen zu uns kommt – *ohne dass seine Mutter ihn dazu auffordert.* Er dankt uns, wenn er etwas zu trinken oder seine Lieblingskekse bekommt. Wenn ein Dreijähriger darauf achten kann, Danke zu sagen, warum kann es dann ein Teenager nicht? Könnte es sein, dass man ihm zu Hause einfach nicht beigebracht hat, was er tun und sagen soll?

Wenn Ihr Kind noch klein ist, beginnen Sie jetzt damit, es zu lehren, was es sagen soll. Ohne ein gewisses Drängen lernen Kinder nicht, wie man Danke sagt. Es ist nicht ungewöhnlich, wenn eine Mutter als Starthilfe zu ihrem kleinen Kind sagt: „Was sagt man?", wenn jemand freundlich zu ihm ist. Dann erinnert sich das Kind: *Oh, ich soll Danke sagen.* Wenn eine Mutter das immer wieder verstärkt, sollte das Kind mit drei Jahren von selbst Danke sagen, ohne dass es noch daran erinnert werden muss.

Ebenso verhält es sich mit grundsätzlichen Manieren – Kinder lernen sie nicht, ohne dass man sie diese lehrt und sie auffordert, sich entsprechend zu verhalten. Lehren Sie Ihr Kind, wie man Bitte und Danke sagt.

Auch wenn Sie es bisher versäumt haben, Ihren Kindern grundsätzliche Manieren beizubringen – es ist nie zu spät, damit zu beginnen. Lehren Sie Ihre Tochter, wie sie die Serviette auf ihren Schoß legt, welche Gabel sie zuerst benutzen soll, wenn es mehr als eine gibt, und wie sie ihr Besteck halten muss. Weisen Sie sie an, lieber in ihren Ellenbogen statt in jemandes Gesicht oder in ihre Hand zu husten, bevor sie einen Türgriff anfasst. Bringen Sie Ihrem Sohn bei, dass Rülpsen und andere Körpergeräusche in der Öffentlichkeit kein höfliches Benehmen sind.

Warum machen Sie das Lernen von guten Manieren nicht zu einem kreativen Spaß beim Abendessen? Spielen Sie das „Erwische jemanden dabei, dass er keine guten Manieren zeigt"-Spiel. Bei uns zu Hause lieben alle dieses Spiel. Wenn Sie zusammen am Esstisch sitzen, legen Sie vor jeden Erwachsenen und jedes Kind (im Alter von sechs bis zehn funktioniert es am besten) einen Stapel Münzen. Wenn man jemanden ertappt, der keine guten Manieren zeigt, darf man eine Münze von seinem Stapel nehmen und sie auf seinen eigenen legen. Wenn Sie ein Vater sind, der so gerne herumblödelt wie ich, können Sie mit offenem Mund kauen, damit jemand Sie ertappen kann. Sie könnten anordnen: „Gib mir die Kartoffeln" und darauf warten, dass jemand Sie mit „Bitte gib mir die Kartoffeln" korrigiert. Sie können sogar rülpsen. Seien Sie kreativ. Ihre Kinder werden es lieben. Sie brauchen eine Mutter und einen Vater, die bei dem Spiel ein paar Fehler machen. Warum sollten Sie also nicht einige erfinden, um Ihre Kinder damit zu lehren?

Nehmen wir einmal an, Ihr Sohn bekommt ein Geschenk. Ab dem Alter von drei Jahren sollte er nicht mehr dazu aufgefordert werden müssen, sich zu bedanken. Wenn er es nicht von selbst tut, was können Sie dann tun, wenn Sie wieder im Auto sind? Sagen Sie einfach: „Liebling, mir ist aufgefallen, dass du dich bei Frau Soundso nicht für das Geschenk bedankt hast, das sie dir gegeben hat."

Wahrscheinlich wird Ihr Kind dann sagen: „Oh, Mami, das habe ich vergessen."

„Okay, danke, dass du mich das wissen lässt. Ich werde das Geschenk behalten, bis du dich in einem Brief oder telefonisch bei Frau Soundso bedanken kannst."

Wie gehen Sie also mit einer solchen Situation um? Sie fallen nicht über Ihr Kind her und schlagen es in Grund und Boden, weil es vergessen hat,

Danke zu sagen und Sie blamiert hat. Stattdessen lehren Sie Ihr Kind, das Richtige zu tun, indem Sie die Freude hinauszögern (was einem Kind, das normalerweise sofort mit dem Spielzeug spielen will, gegen den Strich geht), bis die Aufgabe erledigt ist.

Höflichkeit am Telefon

Wie verhalten sich Ihre Kinder, wenn sie einen Anruf entgegennehmen?

„Ja? Wer ruft an?"

„Hier ist Megan. Wer ist da, bitte?"

„Ja! Was gibt´s?"

„Hier ist der Anschluss der Familie Leman. Kann ich Ihnen helfen?"

Haben Sie Ihren Kindern höfliche Umgangsformen am Telefon beigebracht? Haben Sie Ihre Kinder gelehrt, das Telefon nicht abzunehmen, wenn sie allein zu Hause sind? Wenn Sie nicht da sind, ist es am besten, wenn Sie den Anrufbeantworter einschalten und den Anruf aufzeichnen lassen (es sei denn, es ruft jemand aus der Familie an). Wenn Ihre Kinder das Telefon abnehmen, sollten sie einfach sagen: „Es tut mir leid, sie ist gerade nicht da. Kann ich ihr etwas ausrichten?"

Sie müssen genau wissen, wer bei Ihnen zu Hause die Anrufe entgegennimmt und wie er das tut, weil es Sie und die Art und Weise, wie Sie Ihren Haushalt führen, widerspiegelt.

Wenn jemand nach Ihnen fragt, sagen Ihre Kinder dann: „Darf ich ihr sagen, wer anruft?" (die angemessene Etikette, statt der Frage: „Wer ruft an?"), oder schreien sie vom anderen Ende des Hauses „Mami!"?

Was tun sie als Nächstes? Ihr Verhalten sollte auf jeden Fall den in Ihrer Familie gesetzten Werten entsprechen: „Bleiben Sie dran, ich hole sie."

Wenn Sie glauben, dieses Thema sei nicht wichtig genug, um sich damit zu beschäftigen, bedenken Sie Folgendes. Wenn ich mit Geschäftsleuten spreche, frage ich sie: „Wer nimmt in Ihrem Unternehmen die Anrufe entgegen?“ Es ist die Empfangsmitarbeiterin. Sie ist die erste Person in dieser Firma, die Kontakt mit der Außenwelt hat. Damit repräsentiert sie das Unternehmen und Sie als Geschäftsführer.

Genauso müssen Sie wissen, wer bei Ihnen zu Hause die Anrufe entgegennimmt und wie er das tut, weil es Sie und die Art und Weise, wie Sie Ihren Haushalt führen, widerspiegelt.

Wenn Ihr Kind am Telefon um etwas bitten muss, lehren Sie es, mit einer Aussage zu beginnen: „Ich brauche Ihre Hilfe. Könnten Sie mir helfen?“ Damit dürfte es der Person am anderen Ende schwerfallen zu sagen: „Hey, rutsch mir den Buckel runter.“ Wenn man um Hilfe bittet, veranlasst das den Zuhörer am anderen Ende normalerweise, zu fragen: „Was kann ich für Sie tun?“ Der Unterschied ist fein, aber wirkungsvoll.

Ich habe bereits darüber gesprochen, was Sie tun sollten, wenn Kinder Sie beim Telefonieren unterbrechen (siehe „Störungen“), aber ich will es hier nochmals kurz zusammenfassen. Die meisten Eltern legen die Hand auf die Sprechmuschel und zischen oder schreien ihre Kinder an: „Würdest du bitte leise sein! Ich versuche zu telefonieren!“ Doch es macht einen weitaus größeren Eindruck auf Ihre Kinder, wenn Sie sie aus dem Raum entfernen. Bringen Sie sie in einen anderen Raum oder – je nachdem, wie alt Ihre Kinder sind und wie das Wetter ist – nach draußen und schließen Sie die Tür ab. Zeigen Sie ihnen durch Ihre Handlungsweise (ohne Ihr Telefonat zu unterbrechen), dass Sie von ihnen erwarten, sich respektvoll zu verhalten und leise zu sein, wenn Sie am Telefon sind. Wenn Ihre Kinder mit ihren Freunden telefonieren, führen Sie neben ihnen schließlich auch keinen Zirkus auf.

In dem Abschnitt „Störungen“ habe ich von einer Frau erzählt, die ihre Kinder, während sie telefonierte, nach draußen brachte und erst fünfundvierzig Minuten später bemerkte, dass sie noch immer draußen waren! Als sie sie wieder hereinlassen wollte, sah sie, dass die Kinder eine alte Papiertüte gefunden und darauf geschrieben hatten: *Mami, wir lieben dich! Dürfen wir wieder hereinkommen?*

Diese Mutter hat ihren Standpunkt sicher klargestellt! Es geht nur um Taten, nicht um Worte. Und ihre Taten sagten: Ich *muss in diesem Haus respektiert werden, und ihr habt ruhig zu sein, wenn ich telefoniere.* Glauben Sie, dass diese Kinder wieder einen Zirkus machten, als ihre Mutter das nächste Mal telefonierte?

Hyperaktivität/ADS/ADHD

„Kannst du einfach mal still sitzen? Was ist los mit dir?"

Die Leute von heute lieben Verhaltensstörungen und Diagnosen. Wenn im Anschluss einer meiner Vorträge jemand auf mich zukommt und sagt: „Ich bin ein ACA [Adult Child of an Alcoholic – Erwachsenes Kind eines Alkoholkranken], bin ich immer versucht zu sagen: „Ich stehe auf Schweinebauch, zumindest vorläufig."

Wozu all das Gerede über irgendwelche Bezeichnungen?

„Mein Kind hat OCD, eine Zwangsneurose."

„Ich glaube, mein Sohn leidet unter ADS oder ADHD."

Sobald Kinder in der heutigen Zeit eines der zehn Symptome für ADS aufweisen, wird das Kind abgestempelt – und medizinisch behandelt. Das ist anscheinend eine einfache Lösung. Doch was bewirkt das bei dem Kind auf lange Sicht wirklich?

Worin liegt der Zweck, Ihr Kind mit einem Etikett zu versehen? Ich bin überzeugt davon, dass das weder im besten Interesse Ihres Kindes ist noch in Ihrem als Eltern. Offen gesagt, wenn Sie ihm einen Stempel aufdrücken, spricht das Ihr Kind von der Verantwortung für sein Benehmen frei, und darüber hinaus gibt es Ihnen eine willkommene Entschuldigung für die Handlungsweise Ihres Kindes. Dann können Sie alles auf die Diagnose bzw. die medizinische Behandlung Ihres Kindes abwälzen. „Sie ist nicht gut in der Schule, weil sie unter ADS leidet, aber die Lehrer verstehen das nicht." Oder: „Er kann nicht anders. Er ist einfach so, wie er ist."

Aber in den nahezu vier Jahrzehnten meiner Tätigkeit als Psychologe habe ich entdeckt, dass das betreffende Benehmen oft einen völlig anderen Ursprung hat. Was geschieht in vielen Familien? Nach zahllosen Fruchtbarkeitstests, die ein Vermögen kosten, nach neun Monaten einer schwierigen Schwangerschaft und der Geburt oder nach dem Ausfüllen unzähliger Adoptionsformulare kommt das Baby schließlich an. Einige Monate später wird das Kind in die Kinderkrippe gebracht, wo Fremde für den Mindestlohn ihre Zeit damit verbringen, die Kinder zu hüten, während Mami wieder zur Arbeit geht. Wenn das Kind dann zu Hause ist, muss es um die Aufmerksamkeit seiner Eltern wetteifern – nicht nur mit seinen Geschwistern, sondern auch mit den langen Arbeitstagen und der anschließenden Erschöpfung seiner Eltern.

Ich bin davon überzeugt, dass das, was Kinder wirklich brauchen, keine Diagnosen sind, sondern die persönliche Aufmerksamkeit von Mama und Papa. Wenn ein Kind die Aufmerksamkeit, die es braucht, nicht bekommt, wird es sich entsprechend benehmen (es wird Wege finden, die Aufmerksamkeit zu bekommen), sei es nun auf positive oder negative Weise.

Wenn Sie sich Sorgen um Ihr Kind machen, verlassen Sie sich nicht darauf, was Laien sagen. Es wurden schon viel zu viele Kinder falsch diagnostiziert. Gehen Sie zu einem Kinderarzt, der hinsichtlich des Verhaltens von Kindern geschult ist oder finden Sie einen wirklichen Experten in diesem Bereich. Ich bin jetzt seit vier Jahrzehnten Psychologe und habe nie die Diagnose ADS oder ADHD gestellt. Ohne vielfache Tests eines Experten auf diesem Gebiet würde ich einem Kind nie diesen Stempel aufdrücken. Stattdessen frage ich die Eltern: „Wie sollte Ihr Kind gemäß Ihren Wünschen sein?“ und helfe ihnen dann, diese Wünsche bei ihrem Kind zu verwirklichen. Darüber hinaus korrigiere ich auf sanfte Weise die falschen Erwartungen, die manche Eltern an ihr Kind stellen. Wenn Ihr Kind beispielsweise einen IQ von 85 hat, wird es kein Mathematikwissenschaftler werden. Aber höchstwahrscheinlich ist es in anderen Bereichen begabt, in denen Sie es unterstützen können.

Ich bin überzeugt davon, dass das, was Kinder brauchen, keine Diagnosen sind, sondern die persönliche Aufmerksamkeit von Mama und Papa.

Wenn Sie ein verantwortungsvolles Kind haben wollen, übertragen Sie ihm seinem Alter angemessene Verantwortung. Wenn Sie ein respektvolles Kind wollen, zeigen Sie ihm Respekt. Wenn Sie ein freundliches Kind wollen, seien Sie ihm ein Vorbild für Freundlichkeit. Wenn Sie ein Kind mit einer großen Klappe wollen, haben Sie selbst eine große Klappe.

Sie sehen, der Antrieb kommt nicht von irgendwoher, er wird vorgelebt. Wenn es an Ihrem Kind etwas gibt, das Sie nicht mögen, hat es das wahrscheinlich bei Ihnen gesehen und macht es einfach nach. Warum also arbeiten Sie nicht erst einmal selbst an den Verhaltensweisen, die Sie verändert sehen wollen, bevor Sie Ihrem Kind einen Stempel aufdrücken oder zulassen, dass jemand anders eine Diagnose stellt?

Ichbezogenheit

„Aber ich will ..."

„Ich habe keine Lust ..."

Kinder sind von Natur aus selbstsüchtig und gedankenlos, bis sie gelehrt werden, anders zu sein. Sie sind die Eltern und haben die Autorität über Ihr Kind, deshalb ist das eine Ihrer wichtigsten Aufgaben. Kinder müssen lernen, dass sie nicht das Zentrum des Universums sind. Sie müssen lernen, dass es im Universum auch noch andere Menschen gibt, an die man denken muss.

Kinder sind von Natur aus selbstsüchtig und gedankenlos, bis sie gelehrt werden, anders zu sein.

Nehmen wir einmal an, Sie haben einen zwölfjährigen Jungen, ein neunjähriges Mädchen und ein achtjähriges Mädchen. Sie sprechen oft darüber, dass Sie alle Teil der Familie sind und sowohl Spaß als auch Arbeit miteinander teilen müssen.

Ihre Kinder bekommen Taschengeld. Sie machen gemeinsame Ausflüge. Aber Ihr Zwölfjähriger begreift es einfach nicht. Er murrt, wenn er beim Abwasch helfen und das Badezimmer putzen muss, weil er keine Lust dazu hat. Er beklagt sich darüber, was Sie ihm für das Mittagessen in der Schule mitgeben. Er kritisiert alles, was sie in der Küche tun, einschließlich der Art und Weise, wie Sie das Essen kochen. Und er kritisiert alles, was seine Schwestern tun.

Was können Sie in einem solchen Fall unternehmen? Nehmen wir einmal an, Sie bereiten am nächsten Abend das Essen zu. Er steht dabei und kritisiert jeden Handgriff, den Sie und seine Schwestern tun. „Mädchen", sagen Sie, „ihr wisst, dass ich im Kinderzimmer eure Hilfe brauche. Evan, du kannst dir dein Abendessen selbst machen. Dann weißt du wenigstens, dass alles genau so gemacht wird, wie du es willst."

Glauben Sie, dass die Botschaft bei ihm ankommt? Bingo! Vielleicht wollen Sie ihm auch die Aufgabe geben, eine Woche lang nicht nur sein eigenes, sondern auch das Mittagessen für seine Schwestern zu kochen. Und wenn er meckert, weil er eines der Badezimmer putzen muss, lassen

Sie ihn alle Badezimmer im Haus putzen. Er wird ziemlich schnell darauf kommen, dass sich die Welt nicht nur um ihn allein dreht.

Der Punkt ist: Als Eltern müssen Sie Ihre Kinder immer lehren, verantwortungsvoll zu sein und an andere zu denken. Kinder werden sich immer kindlich verhalten, weil sie Kinder sind. Aber wenn Sie sich die Zeit nehmen, sie zu lehren, können Sie ihre Ansichten, ihr Benehmen und ihren langfristigen Charakter in die richtigen Bahnen lenken.

Ignorieren der Eltern

„Sie tut, als wäre ich gar nicht da."

„Ich muss fünf Schritte hinter ihr gehen, so als ob ich nicht einmal existierte."

„Er hört nie auf irgendetwas, das ich sage."

Was ist hier los? Was ist der Zweck dieses Benehmens? Sie zu ignorieren ist tatsächlich eine Möglichkeit, Ihre Aufmerksamkeit zu bekommen! Er ignoriert mich, denken Sie. Irgendetwas muss falsch sein. Sie beginnen Kreise um Ihren Sohn zu ziehen, versuchen zu ihm durchzudringen und ihn zum Reden zu bringen. Und er bleibt still. Warum? Es ist ein Machtkampf – er will sehen, wer im Haus dominiert und wie weit Sie gehen werden, um ihn glücklich zu machen.

> *Es ist ein Machtkampf – er will sehen, wer im Haus dominiert und wie weit Sie gehen werden, um ihn glücklich zu machen.*

Wenn das geschieht, funktioniert das „B tritt nicht ein, bevor A abgeschlossen ist"-Prinzip sehr gut. Wenn Ihr Kind Sie ignoriert, müssen Sie es nicht zu seinem Freund fahren, oder? Wenn Ihr Sohn im Teenageralter Sie einfach nicht beachtet und an der gewohnten Stelle nach dem Autoschlüssel sucht, könnte der Schlüssel „abhanden gekommen" sein – in ihre Tasche. Wenn Ihr Kind Sie ignoriert, könnte es einen Platz weniger am Abendbrottisch geben. Wenn Sie in seiner Welt nicht existieren, warum sollten Sie ihm dann ein Abendessen kochen oder bereitstellen?

Bedenken Sie, ein unglückliches Kind ist ein gesundes Kind. Ihre Aufgabe als Eltern besteht nicht darin, Ihr Kind glücklich zu machen. Sie besteht darin, ein Kind aufzuziehen, das zu einem produktiven, verantwortungsvollen und respektablen Mitglied der Gesellschaft wird.

Der Schlüssel zur Wende ist Ihr eigenes Verhalten – Ihre Konsequenz, Ihr Durchhaltevermögen und Ihre ruhige, vernünftige Art. Wenn Sie zornig werden und sagen: „Was ist dein Problem?", gewinnt Ihr schlagkräftiges Kind.

Internet

Lassen Sie uns den Tatsachen ins Auge sehen. Wir leben in einer hochtechnisierten Welt und viele von uns Eltern sind alles andere als hochtechnisiert. Computer und das Internet sind jedoch Fakten des Lebens, und jedes Kind, das in der heutigen Zeit aufwächst, wird seinen Eltern hinsichtlich seiner Computerkenntnisse schnell haushoch überlegen sein. Bei meinen Kindern ist das sicher der Fall!

Das bedeutet, dass Sie nie in der Lage sein werden, mit ihnen Schritt zu halten, aber Sie müssen wissen, wofür Ihre Kinder den Computer benutzen. Das Internet ist eine wunderbare Informationsquelle für Schulprojekte. Aber es kann auch eine enorme Gefahr darstellen.

Würden Sie Ihren Dreizehnjährigen in einen Strip-Club oder einen Pornoladen gehen lassen? Würden Sie Ihrem Sechzehnjährigen erlauben, das Auto zu nehmen, um in den anrüchigsten Teil der Stadt zu fahren und die Prostituierten auszuprobieren? Würden Sie zulassen, dass Ihr Elfjähriger mit Pädophilen herumhängt? Natürlich nicht! Aber im Internet kann Ihr Dreizehnjähriger mit nur einem Mausklick ganz entsetzliche Bilder sehen – und noch mehr. Ihre elfjährige Tochter kann einem Pädophilen E-Mails schicken, der sich als Dreizehnjähriger ausgibt und Interesse an ihr zeigt. Das bedeutet, Ihr Kind könnte genau jetzt einige der bizarrsten, pervertiertesten Dinge ansehen, die es überhaupt zu sehen gibt. Tatsächlich berichtet ein Softwarehersteller für Filterprogramme:

> Es gibt drei Fakten, die alle Eltern wissen sollten:
>
> - Ohne ein entsprechendes Computerprogramm, das derartige Seiten blockiert, geraten 90 Prozent der Kinder zwischen elf und siebzehn zufällig auf pornografische Seiten im Internet.

- Kinder im Alter von zwölf bis siebzehn sind die größte Gruppe der Konsumenten von Internetpornografie.
- Eine Million auf Sexualkontakte Lauernde/Pädophile stellen unseren Kindern und Teenagern im Internet nach.[5]

Wenn Sie gar nichts über Computer wissen oder nur das bloße Minimum, ist das ein Elefant, auf den Sie aufpassen müssen. Nehmen Sie irgendwo einige Stunden Computerunterricht (oder bitten Sie Ihre Kinder, Ihnen einige zu geben). Finden Sie die Chronik-Funktion auf dem Computer und machen Sie Gebrauch davon. Finden Sie heraus, was Ihre Kinder sich ansehen und welche Seiten sie aufgesucht haben.

Stellen Sie Ihren Computer an einen zentralen Ort in Ihrem Haus. Computer sollten nie im Kinderzimmer sein. Sie sollten in einem stark frequentierten Bereich stehen, wo Sie und andere ständig vorbeigehen und sehen können, was auf dem Bildschirm ist.

Aufgrund der Gefahren des Internet und der Tatsache, dass Kinder versehentlich auf ein Suchwort klicken und direkt auf eine Pornoseite gelangen können, schlage ich vor, dass Sie ein Sicherheitsprogramm installieren, das das Herunterladen von anstößigem Material verhindert.

Als Eltern ist es Ihre Aufgabe, Ihr Kind vor Gefahren zu beschützen, und die größte Gefahr befindet sich direkt bei Ihnen zu Hause. Computer werden nicht verschwinden, deshalb müssen Sie Möglichkeiten finden, wie Ihr Kind ihn sicher benutzen kann. Aber das erfordert *Ihr Engagement.*

Jedes Kind ist neugierig. Und es sind nicht nur „schlechte Kinder", die im Internet auf pornografische Seiten stoßen und dann dort hängen bleiben. Dan war ein glatter Einserkandidat, der viele Freunde hatte. Er liebte es, Gitarre zu spielen und half seiner Mutter immer, die Einkäufe aus dem Auto hereinzutragen, ohne dass sie ihn darum bitten musste.

Doch als sein Vater überprüfte, welche Internetseiten er auf dem Computer aufsuchte, fand er heraus, dass sein vierzehnjähriger Sohn in den letzten sechs Monaten regelmäßig eine Pornoseite aufgerufen hatte. Als er Dan darauf ansprach, sagte er: „Ich habe nach etwas anderem gegoogelt und darauf geklickt. Zuerst war ich schockiert, aber dann war ich neugierig. Ich wollte noch mehr sehen, obwohl ich wusste, dass es falsch war. Ich wollte nur wissen, wie Mädchen aussehen."

---

[5] „Facts Every Parent Should Know", Max Homepage, http://www.max.com/site/maxprotect.shtml

Nachdem diese klugen Eltern ihren Schock überwunden hatten, gaben sie ihrem Sohn die Aufgabe, ein Projekt durchzuführen – er sollte Nachforschungen betreiben und dann einen achtseitigen Aufsatz über Pornografie schreiben, einschließlich der Art und Weise, wie sie sich auf den Betrachter auswirkt und welches Bild sie von Frauen vermittelt. Außerdem wurde der Computer auf einen zentral gelegenen Tisch in der Küche umgesiedelt.

Darüber hinaus trat B nicht ein, bevor A abgeschlossen war. Das bedeutete, bevor Dan wieder mit Freunden weggehen oder ihnen auch nur Nachrichten schicken durfte, musste der Aufsatz fertig, an seine Eltern übergeben und akzeptiert worden sein.

Dan ist jetzt auf dem College und sagt, wie schrecklich es für ihn ist, das er diese Bilder jemals gesehen hat. Sie sind immer noch in seinem Kopf. Eltern, schützen Sie Ihre Kinder vor den Gefahren aus dem Internet. Das ist ein Elefant und Sie können es sich nicht leisten, ihn nicht in Angriff zu nehmen.

Isolation (in ihrem oder seinem Zimmer)

> „Seit Andrea dreizehn geworden ist, sehe ich sie fast gar nicht mehr. Sie kommt von der Schule nach Hause und geht auf direktem Weg in ihr Zimmer. Sie hängt die ganze Zeit am Telefon, verschickt SMS oder zieht sich x-mal um. Es ist, als würde sie nicht einmal mehr zur Familie gehören."

Lassen Sie mich gleich zu Beginn etwas klarstellen. Es ist ganz normal, wenn Teenager von der Schule nach Hause kommen, in ihr Zimmer gehen und die Tür für eine Weile schließen. Mit Freunden zu telefonieren, ihnen SMS zu schicken usw. ist sehr wichtig für Teenager. Und Zeit allein zu verbringen hilft ihnen, die ganzen hormonellen Veränderungen und die daraus entstehenden Gefühle zu verarbeiten.

Worüber ich spreche ist das Kind, das sich nur noch in seinem Zimmer aufhält. Wann der Punkt gekommen ist, an dem das Kind zu viel Zeit in seinem Zimmer verbringt, ist eine Ermessensentscheidung der Eltern. Nur Sie wissen aus dem Benehmen Ihres Kindes, wann es einfach Zeit für sich selbst braucht und wann es sich gegenüber dem Rest der Familie buchstäblich abschottet. Manche Kinder werden in ihrem eigenen Zuhause zu Einsiedlern.

Wenn das bei Ihnen der Fall ist, sollten Sie zunächst einmal damit beginnen, sich kritisch mit Ihrem eigenen Verhalten auseinanderzusetzen. Wenn sich ein Mädchen von seiner Familie zurückzieht, indem es sich in seinem Zimmer isoliert, sagt es damit Folgendes: *Ich bin nicht gern mit euch zusammen. Jedes Mal, wenn ich den Mund aufmache, korrigiert und verurteilt ihr mich. Ich kann anziehen, was ich will, ihr grinst immer darüber. Ihr mögt weder meine Frisur noch meine Kleider oder meine Musik. Ich bin fertig mit euch.*

Ein Kind, das ständig gehänselt wird und dem obendrein noch vorgeschrieben wird, wie es zu leben hat, wird sich immer entziehen und in sein Zimmer flüchten. Wer kann ihm dafür die Schuld geben? Wollten Sie die ganze Zeit gehänselt werden?

Also müssen Sie sich fragen: *Was tue ich, das zu dem Verhalten meines Kindes beiträgt?* Wenn Sie nichts weiter tun als neugierig zu sein und Fragen zu stellen: Stopp! Die beste Art und Weise, wie man Kinder zum Schweigen bringt, besteht darin, ihnen Fragen zu stellen. Hören Sie Ihren Kindern stattdessen zu. Wenn Ihre Tochter etwas erwähnt, das in der Schule vorgefallen ist, sagen Sie einfach: „Erzähl mir mehr darüber. Das muss lustig/schlimm gewesen sein." Lassen Sie die Tür für einen Dialog geöffnet, aber treiben Sie ihn nicht voran. Wenn Sie aufhören zu drängen, werden Sie überrascht sein, was Sie von Ihrem Kind hören.

Im Kern dieses Verhaltens steckt das Bedürfnis des Kindes nach Akzeptanz. Wenn Ihr Kind mit Freunden spricht, akzeptieren diese Freunde die Frisur, die Sie für albern halten (sie finden sie cool oder hänseln Ihr Kind deswegen zumindest nicht), ihr zu enges T-Shirt und seine ausgebeulten Hosen. Wenn Sie diese Dinge auf lange Sicht betrachten, sind sie keine Elefanten, sie sind Mücken. (Denken Sie einmal an die dummen Sachen, die Sie in der achten Klasse getragen haben. Habe ich genug gesagt?) Ihr Kind muss wissen, dass Sie es bedingungslos akzeptieren und lieben. Das ist die Grundlage für eine lebenslange Kommunikation.

> *Sie müssen sich fragen: Was tue ich, das zu dem Verhalten meines Kindes beiträgt?*

Jugendgruppen/Jugendgruppen der Kirchengemeinde

„Mein Sohn will nicht in die Jugendgruppe unserer Gemeinde, sondern in die einer anderen Gemeinde gehen. Wie sollen wir damit umgehen?"

Viele Kinder (vor allem Teenager) wollen in die Jugendgruppen anderer Gemeinden gehen. Normalerweise gibt es dafür gute Gründe. Manche Gemeinden haben wirklich coole Jugendgruppen; andere sind langweilig, altmodisch und völlig unattraktiv. Oder vielleicht ist in der Gruppe der anderen Gemeinde ein hübsches Mädchen oder ein pfiffiger Junge, der schrecklich interessant zu sein scheint.

Wenn Sie einen Streit beginnen, weil Ihr Kind in eine andere Gemeinde gehen will, gibt es einen sachlichen Ausdruck, um Sie zu beschreiben: Sie sind verrückt!

Eltern, wenn Sie einen Streit beginnen, weil Ihr Kind in eine andere Gemeinde gehen will, gibt es einen sachlichen Ausdruck, um Sie zu beschreiben: Sie sind verrückt! Seien Sie froh, dass Ihr Kind überhaupt in die Gemeinde gehen will! Oder würden Sie es vorziehen, wenn es sich irgendwo in eine Ecke verdrückt und Kokain raucht?

Wenn Ihr Sohn sich für derartige Dinge interessiert, sollten Sie ihn darin bestärken. Das mag vielleicht bedeuten, dass Sie ihn dort hinfahren müssten, aber das sollten Sie bereitwillig tun. Fragen Sie ihn, ob die Familie seines Freundes ihn nach Hause fahren kann, damit Sie seine jüngeren Geschwister rechtzeitig ins Bett bringen können. Auf diese Weise herrscht ein Geben und Nehmen in der Beziehung und die ganze Rennerei fällt nicht Ihnen allein zu.

Ein Teil der Entwicklung guter Ansichten, eines guten Benehmens und eines guten Charakters in Ihrem Kind besteht auch darin, dass es Umgang mit anderen Kindern hat, die auf dieselbe Art denken – keine Klone Ihres Kindes, sondern Kinder, deren Familien Interesse an der geistlichen Seite des Lebens haben. Manche Kinder, die in Jugendgruppen gehen, haben eine persönliche Beziehung zu unserem Schöpfer; andere gehen nur hin, um Spaß zu haben.

Nur weil es nicht Ihre Gemeinde ist, bedeutet das nicht, dass es keine gute Gemeinde ist – und ein einladender Ort für Ihr Kind, wo es mit Gleichaltrigen derselben Gesinnung zusammen sein kann.

Klagen

„Er geht ständig in mein Zimmer und bringt alles durcheinander."

„*Müssen* wir sie mit ins Einkaufszentrum nehmen? Sie ist so peinlich."

„Sie hat meinen Pullover genommen, ohne zu fragen. Und jetzt kann sie ihn nicht mehr finden."

„Ich hasse diese Lehrerin. Sie ist so unfair."

Vor langer Zeit, als ich der Assistenzdekan der Studenten an einer Universität war, arbeitete ich mit zwei Sekretärinnen zusammen, die sich pausenlos bei mir übereinander beklagten. Schließlich war ich es leid. Als wieder einmal eine der Sekretärinnen zu mir kam, um sich über die andere zu beschweren, nahm ich sie am Arm und ging mit ihr zum Schreibtisch der anderen Sekretärin. Ich erstickte die Klagen im Keim und nahm der Sache die Schärfe. Ich zwang diese zwei Frauen, ihre Gefechte selbst auszutragen, statt andere mit hineinzuziehen.

Ein anderes Mal erhielt ich einen Anruf von den Eltern eines Studenten. Sie waren sehr erregt, weil ihr Sohn sie wegen einer Sache angerufen hatte, die er nicht fair fand. Also bedankte ich mich und rief dann den Studenten in mein Büro.

„Wie klappt es im Unterricht?", fragte ich.

„Großartig."

„Dein gesellschaftliches Leben?"

„Gut."

„Deine Kurse?"

„Sie sind gut."

„Nun, das ist interessant, denn der Grund, warum ich dich in mein Büro gerufen habe, ist, dass ich einen Anruf von deinen Eltern bekommen habe."

Der Student rutschte auf seinem Stuhl herum. „Oh, machen Sie sich deshalb keine Sorgen. Ich war gestern Abend nur ein wenig schlecht gelaunt ..." Glauben Sie, dass dieser Student seine Eltern ein weiteres Mal anrief, um Dampf abzulassen, als er wusste, dass er dadurch erneut in meinem Büro landen könnte?

Das ist sehr unwahrscheinlich. Er war gezwungen, sich zu seinen Worten zu bekennen.

Kinder werden sich immer beklagen – über ihren Bruder, ihre Schwester, den anderen Elternteil, Lehrer. Tatsächlich lieben Kinder es, zu jammern und sich über jemand anderen zu beklagen. Was sie nicht gerne tun, ist, die andere Person zu konfrontieren. Wenn sich Ihr Kind also beklagt, führen Sie es zum Ursprung seiner Klagen.

Wenn Ihr Kind sich beklagt, führen Sie es zum Ursprung seiner Klagen.

Nehmen wir einmal an, Ihr Sohn kommt zu Ihnen und beschwert sich über seinen älteren Bruder. Der verantwortungsvolle Elternteil wird sagen: „Hör mal, hast du schon mit deinem Bruder darüber gesprochen?“ Die Wahrscheinlichkeit ist groß, dass Ihr Sohn das verneint. Dann nehmen Sie ihn bei der Hand, führen ihn zu seinem Bruder und sagen: „Sag deinem Bruder, wie du dich fühlst.“

Wenn es während meiner Schulzeit zu Auseinandersetzungen zwischen Schülern kam, gab der Vertrauenslehrer ihnen Boxhandschuhe, brachte sie zur Turnhalle und sagte: „Lasst es mich wissen, wenn ihr die Sache erledigt habt“ und ging aus der Tür. Aber ich habe nie von Schülern gehört, die sich dann tatsächlich geprügelt haben. Ich wurde selbst einige Male am Kragen geschnappt und in die Turnhalle gebracht. Ich habe nie mit jemandem gekämpft.

Es gab kein: „Du hast angefangen“ oder „Nein, du warst es“. Es machte sich nicht einmal jemand die Mühe, mit dem Finger auf den Schuldigen zu zeigen.

Wenn Sie die beiden Scharmützler zusammenbringen, wird das Ihrem Kind den Wind aus den Segeln nehmen – oder besser, die Segel aus dem Wind Ihres Kindes.

Kinder regen sich über das ein oder andere auf. Das ist eben so. Aber wenn Sie Ihr Kind zum Ursprung seiner Klagen bringen, werden sie oft schnell beendet sein, ohne dass Sie sich weiter damit beschäftigen müssen.

Klatsch

„Wisst ihr, was Katherine getan hat?“

„Sam ist heute in der Schule in Schwierigkeiten geraten ...“

„Ich habe Damon heute Abend bei Jason gesehen. Sollte er nicht in der Bibliothek sein?“

Klatsch – ebenso wie die Rivalität unter Geschwistern – gibt es schon seit der Zeit von Kain und Abel. Und es wird ihn auch immer geben, deshalb können Sie sich genauso gut daran gewöhnen. Der Grund, warum er fortbesteht, ist, dass Eltern es zweckdienlich finden, dem Klatschmaul zuzuhören.

Das Klatschmaul ist der Spitzel (oft ein leiser Flüsterer), die Person in der Familie, die es liebt, an andere Familienmitglieder auszuplaudern, was seine Geschwister tun. Oft entsprechen ihre Informationen der Wahrheit, aber ist ihr Verhalten deshalb richtig? Es ist so verlockend, diesem kleinen Spitzel zuzuhören. Schließlich ist es gut, wenn man als Elternteil Informationen darüber hat, was seine Kinder im Sinn haben. Aber die Wahrscheinlichkeit ist groß, dass jeder in der Familie besser dran wäre, wenn der kleine Spitzel seinen Mund halten würde.

Die Wahrscheinlichkeit ist groß, dass jeder in der Familie besser dran wäre, wenn der kleine Spitzel seinen Mund halten würde.

Ein kluger Elternteil wird zu dem kleinen Spitzel sagen: „Ich will das nicht hören. Wenn du ein Problem mit deinem Bruder hast, geh zu ihm und sprich mit ihm. Wenn er etwas angestellt hat, sollte er derjenige sein, der mir das sagt, nicht du.“

Das wird dem kleinen Spitzel den Wind aus den Segeln nehmen, denn Spitzel lieben es, Informationen über andere zu verbreiten. Wussten Sie, dass der Spitzel sich dadurch besser fühlt? Wenn ein Kind über seine Geschwister klatscht, tut es das meistens, weil es um die Position des „besseren“ Kindes in der Familie rangelt. Es ist eine Herabsetzung unter dem Deckmantel des „da gibt es etwas, das du wissen solltest“. Offen gesagt ist so etwas eine andere Form der Beschimpfung, nur wird diese oft nur im Flüsterton ausgesprochen.

Die dreijährige Annie war ein hübsches Kind mit natürlichen blonden Locken – ein Kind, das in einem Engelskostüm wunderbar aussehen würde. Aber sie war alles andere als ein Engel. Sie klatschte ständig über Michael, ihren großen Bruder. Das brachte ihre Eltern auf die Palme. Als sie bei mir Rat suchten, empfahl ich ihnen eine simple Strategie: „Sagen Sie ihr einfach, dass Sie das nicht hören wollen."

Ihre Mutter ging sogar noch einen Schritt weiter. Als Annie ihr das nächste Mal eine Geschichte erzählen wollte, sagte sie: „Annie, ich will das nicht hören. Erzähl das dem Baum im Garten."

Eine Woche später sah ihre Mutter aus dem Fenster und musste lachen. Die kleine Annie stand dort draußen und redete und gestikulierte mit dem Baum!

Kommunikation/Keine Lust auf Kommunikation

„Wie war es heute in der Schule?"
„Gut."
„Wie war deine Klassenarbeit?"
(Grunzen.)
„Was hast du heute gemacht?"
„Nichts."
„Wo bist du gewesen?"
(Schulterzucken.)
„Was hast du heute Abend mit deinen Freunden unternommen?"
„Nichts."

Jeder Elternteil ist schon einmal mit Nichtachtung gestraft worden. Jeder kennt Antworten wie „gut", „nichts", das Grunzen oder das Schulterzucken. Nichts ist ärgerlicher, als wenn man versucht, mit jemand zu kommunizieren und der Gesprächspartner nicht kooperiert.

Wie versuchen Sie zu kommunizieren? Indem Sie Fragen stellen. Das funktioniert in den meisten Unterhaltungen, richtig?

Falsch. Die meisten Fragen, die wir unseren Kindern stellen, sind unproduktiv („Wie war dein Tag in der Schule?"), und unsere Kinder wissen das.

Wenn ein Erwachsener Fragen stellt, wissen Kinder, welche Antworten der Erwachsene erwartet. Und das macht sie umso entschlossener, nicht zu antworten.

„Aber Dr. Leman, wie soll ich irgendetwas darüber erfahren, was bei meinem Kind vor sich geht, wenn ich keine Fragen stelle?“ Versetzen Sie sich für einen Moment in die Lage Ihres Kindes. Wenn sich Ihre Mutter oder Ihr Vater, sobald Sie Ihren Mund öffnen, in einen Richter verwandelt und einen Erlass verhängt, Ihre Ideen herabsetzt und Sie herabsetzt, würden Sie dann den Mund aufmachen wollen?

Warum drehen Sie das Muster nicht herum? Wenn Sie wollen, dass Ihre Kinder über irgendetwas mit Ihnen reden, stellen Sie keine Fragen. Nehmen Sie stattdessen ruhig Anteil an ihrer Welt. Sprechen Sie über das, wofür sie sich interessieren – auch wenn Sie selbst kein großes Interesse daran haben.

Wenn Ihr Kind beispielsweise eine bestimmte Rockband mag, auf die Sie nicht gerade versessen sind, sagen Sie: „Ich habe neulich über diese Gruppe nachgedacht. Ich frage mich, ob die Männer dieser Band klarkommen, wenn der Kerl mit der tollen Frisur so verrückt ist, wie er aussieht, und wer der Kopf der Gruppe ist.“

Wenn Sie Ihren Kindern in einem Bereich ihres Interesses begegnen, werden sie viel eher bereit sein, zu reden. Sie werden sich Ihnen weniger entfremdet fühlen, wenn Sie Interesse daran zeigen, in ihre Welt einzutreten. Indem Sie auf ihre Interessen eingehen, sagen Sie: „Ich liebe dich. Ich interessiere mich für dich. Was dich interessiert, ist auch mir wichtig.“

> *Wenn Sie wollen, dass ein Kind mit Ihnen spricht, stellen Sie ihm keine Fragen.*

Wenn Ihr Kind einen Kommentar abgibt, der in Ihren Augen schockierend oder lächerlich ist, sagen Sie nicht: „Das ist das Dümmste, was ich je gehört habe“, was wahrscheinlich Ihr erster Impuls wäre, sondern stattdessen: „Das ist interessant. Erzähl mir mehr darüber.“ Indem Sie keine Fragen stellen, werden Sie viel mehr über Ihr Kind und die Welt Ihres Kindes erfahren.

Leichtfertiger Umgang mit Geld

„Wenn Timothy Geld bekommt, verliert er es ständig. Deshalb bittet er immer um mehr."

„Immer wenn Jana von ihrer Großmutter Geld bekommt, gibt sie es sofort aus. Und das normalerweise – nun, wie soll ich das sonst sagen? – für wirklich unsinnige Dinge. Wir kann ich ihr den Wert des Geldes beibringen?"

Wenn Ihr Kind dazu neigt, sein Geld leichtfertig auszugeben, lassen Sie einfach die Realität den Lehrer sein.

Lassen Sie mich Ihnen eine Frage stellen: Wo bekommen Ihre Kinder ihr Geld her? Wenn Sie den Abschnitt über Taschengeld noch nicht gelesen haben, ist es jetzt an der Zeit, das zu tun.

Wenn Sie begonnen haben, Ihrem Sohn Taschengeld zu geben, als er fünf Jahre alt war, und er sein Geld anscheinend immer verliert, ist er vielleicht noch zu klein, um Taschengeld zu bekommen. Vielleicht sollten Sie warten, bis er sieben ist und besser auf sein Geld aufpassen kann. Jedes Kind ist einzigartig – das schließt auch die Geschwindigkeit ein, mit der sein Verantwortungsbewusstsein wächst.

Aber nehmen wir einmal an, Ihr Sohn verliert sein Taschengeld in der ersten Woche, in der sie es ihm gegeben haben. Was sollten Sie tun? Die Regel Nummer eins lautet: Ersetzen Sie es nicht. Wenn Sie in einem Supermarkt sind und er ein Eis haben will, sagen Sie: „Sicher, du kannst dir von deinem Taschengeld eines kaufen, wenn du willst."

„Aber ich weiß nicht, wo mein Geld ist", erwidert er.

Ihre Reaktion? „Dann kaufst du dir eben nächstes Mal ein Eis, wenn wir hier sind, falls du es bis dahin wiedergefunden hast."

Glauben Sie, dass dieses Kind von jetzt an besser auf sein Geld aufpasst?

Wenn Ihr Kind dazu neigt, sein Geld leichtfertig auszugeben – wenn es immer kauft, was es im Moment gerade will, statt auf etwas Besonderes zu sparen –, lassen Sie einfach die Realität den Lehrer sein. Wenn Ihr Sohn dieses neue Fahrrad will, sagen Sie: „Sicher Jeff, du kannst es mit deinem Geld kaufen." Und wenn er dann diesen niedergeschlagenen Gesichtsausdruck bekommt, weil er weiß, dass er sein ganzes Geld für Dinge ausgegeben hat, die bereits aufgegessen, weggeworfen oder zerbrochen sind, bieten Sie ihm keinen Ausweg. Wenn sich ihre Tochter Löcher in die Ohren stechen lässt und Diamantohrstecker für ihren „neuen Look" haben will, fallen Sie nicht auf ihr „Bitte, Mami!" herein. Wenn sie sich das Geld für die Diamantohrstecker selbst zusammensparen muss, können Sie wetten, dass sie viel besser darauf achtgeben wird.

Lügen

Kinder lügen hauptsächlich aus zwei Gründen.

Einer ist die eingebildete Wunscherfüllung. Manche Kinder kommen nach Hause und erzählen Ihnen, dass sie beim Fußball drei Tore geschossen haben ... und dann finden Sie heraus, dass sie überhaupt nicht gespielt haben.

Der zweite Grund ist Furcht. „Hast du die Vase zerbrochen?", verlangen Sie zu wissen. „Nein! Das war ich nicht! Die Katze war es!", behauptet Ihr Sechsjähriger.

Die meisten Kinder lügen aus Furcht. Aber Lügen ist ein Elefant, denn wenn zwischen zwei Menschen eine Beziehung bestehen soll, muss diese auf Vertrauen gegründet sein. Sonst fühlen Sie sich verletzt.

Wenn Ihr Kind Sie anlügt, müssen Sie diese Lüge aufdecken und ihm sagen, dass Lügen nicht akzeptabel ist. Die Lüge muss auch noch eine weitere Konsequenz haben. Nehmen wir einmal an, Ihr Kind sagt einige Tage später etwas Harmloses, wie: „Kann ich nach nebenan gehen und mit Ronnie spielen?"

Dann muss Ihre Antwort aus einem sachlichen „Nein" bestehen.

„Aber warum?", fragt Ihr Kind. „Du lässt mich doch sonst immer gehen."

Die meisten Kinder lügen aus Furcht.

Jetzt ist der günstige Moment für eine Lektion. Er ist sogar noch besser als der, in dem Sie Ihr Kind bei einer Lüge erwischt haben.

„Liebling, ich kann mir einfach nicht sicher sein, dass du dort hingehst, wo du sagst. Erinnerst du dich an Mittwochabend, als du mir gesagt hast, du würdest zu Susan gehen, aber in Wirklichkeit gar nicht dort warst?"

Halten Sie Ihrem Kind das nun ständig vor? Nein. Und Sie tun es auch auf lange Sicht nicht. Aber wenn Sie so etwas zwei oder drei Mal sagen, wird das Ihrem Kind dauerhaft einprägen, dass Lügen etwas ist, das man einfach nicht tut. Sie werden erkennen, dass man nichts dabei gewinnt, und dass es das Vertrauen zwischen Ihnen beiden zerstört. Kinder müssen die unmittelbaren Folgen ihrer Lügen sehen und spüren.

Eine uralte Ermahnung lautet: „Du gerätst nicht in Schwierigkeiten, wenn du mir die Wahrheit sagst." Das muss auch in Ihrer Familie gelten. Wenn Ihr Kind die Vase zerbricht und Ihnen die Wahrheit sagt, können Sie ihm sagen, dass sie traurig sind, aber Sie sollten es nicht dafür bestrafen, dass es Ihnen die Wahrheit gesagt hat. In solchen Situationen müssen Sie sorgfältig nachdenken, bevor Sie den Mund aufmachen. Wie Sie in einer solchen Situation reagieren, hängt direkt damit zusammen, wie wohl sich Ihr Kind dabei fühlt, wenn es Ihnen die Wahrheit sagt.

Kinder sind manchmal so dumm wie Bohnenstroh und tun dumme Dinge (wie eine Kamera aus dem Autofenster zu hängen und sie fallen zu lassen), aber wenn sie zugeben, was sie getan haben, und sagen, dass es ihnen leidtut, müssen sie wissen, dass das Leben weitergeht. Sie müssen sicher sein, dass Sie ihnen einen Fehler nicht jahrelang vorhalten und dass die Beziehung zwischen Ihnen beiden dadurch keinen Schaden nimmt.

Was das Lügen betrifft, gibt es da noch ein Problem: Eltern müssen sehr vorsichtig mit ihren eigenen Lügen sein; auch mit diesen verflixten kleinen Notlügen, die dennoch Lügen sind. Wenn Sie zu Ihrem Kind sagen: „Wenn jemand aus der Firma anruft, dann sage, ich sei nicht zu Hause", und das nicht der Wahrheit entspricht, nimmt Ihr Kind das zur Kenntnis. Dann wird es denken: *Wenn es okay ist, wenn du lügst, ist es auch okay, wenn ich lüge.*

Machtspiele/Dominanz/Machtkämpfe

Die Schlüsselfrage ist: Wer ist der Elternteil in Ihrer Beziehung – Sie oder Ihr Kind?

Neulich stand ich in einem Laden und sah dort ein Mädchen im Teenageralter, das definitiv das Sagen hatte. Sie erklärte ihrer erschöpft wirkenden Mutter klar und deutlich, was sie zu kaufen hatte und was sie tun würden, wenn sie aus dem Laden gingen. Und wissen Sie was? Die Mutter spielte das Spiel mit!

Das ist ein Elefant, und zwar einer, den Sie so früh wie möglich im Leben Ihres Kindes bezwingen müssen. Bedeutet das, dass Sie Ihr Kind beherrschen? Dass Sie als Autoritätsfigur handeln, die Ihr Kind herumkommandiert? Dass Sie jemand sind, der die Ansicht „Ich bin besser als du" vermittelt? Sicher nicht. Wir sind nicht besser als unser Kind; wir haben einfach andere Verantwortlichkeiten. Und eine dieser Verantwortlichkeiten besteht darin, Eltern zu sein. Wir sind diejenigen, die entscheiden müssen, was das Beste für das Kind ist – und für die Familie.

Aber was passiert stattdessen? Ein Kind wird zum entscheidenden Faktor, nur weil es jammert, klagt, weint und schreit. Es kann auch dominieren, indem es schüchtern ist und gar nichts sagt und seine Eltern damit in die Position versetzt, es ständig anstupsen zu müssen. Nehmen wir einmal an, ein Elternteil ist beunruhigt über die sprachliche Entwicklung ihrer dreijährigen Tochter. Wenn ein schlagkräftiges Kind davon Wind bekommt, wird es einfach den Mund halten und gar nichts mehr sagen. Dann dauert es nicht mehr lange, bis es die anderen Menschen nur noch mithilfe seiner Gestik dazu bringt, zu tun, was es will – und alle anderen nach seiner Pfeife tanzen, weil sie sich um das Kind sorgen.

Wie entwickelt sich ein schlagkräftiges Verhalten? Es kommt sicher nicht von ungefähr. Wenn ich auf Seminaren über Machtspiele lehre und jemand mir sagt: „Dr. Leman, ich habe eine extrem schlagkräftige Tochter", lautet meine erste Antwort an diesen Elternteil: „Wer von ihnen ist der Schlagkräftige – Sie oder Ihr Ehepartner?"

Kinder lernen ihr Benehmen irgendwo. Es wird ihnen vorgelebt. Das bedeutet, dass Eltern sehr vorsichtig sein müssen, wie sie ihrer Frustration Ausdruck verleihen.

Ich verstehe, wie hart es ist, den ganzen Tag mit Kindern zusammen zu sein. Ich habe selbst fünf Kinder. Als meine Tochter Krissy mich eines Tages anrief und sagte: „Dad, ich muss jetzt einfach mal hier raus", konnte ich das nachvollziehen. „Sicher", sagte ich, „wir treffen uns." Den ganzen Tag Kinder um sich zu haben, ist erschöpfend. Es werden ständig Forderungen an Sie gestellt, und das fordert seinen Tribut. Aber darauf haben Sie sich bereits eingelassen, als Sie sich dafür entschieden haben, Eltern zu werden. Wenn Sie Ihre Frustration darüber jetzt an Ihren Kindern auslassen, haben Sie ein Problem, das Sie angehen müssen. Schließlich sind Sie der Erwachsene.

Wenn Ihr Kind versucht, Sie in einen Machtkampf hineinzuziehen, gibt es eine einfache Lösung: Machen Sie nicht mit. Lassen Sie sich nicht darauf ein.

Wenn Sie sich auf einen Machtkampf mit Ihrem Kind einlassen, können Sie nur verlieren. Ein Kind kann das viel länger aushalten als Sie; sein Fokus liegt einzig und allein auf dem, was es will, während Sie über viele Dinge nachdenken müssen. Sie werden jedes Mal nachgeben, nur damit der Machtkampf beendet ist. Und dann gewinnt das Kind.

Wenn Ihr Kind versucht, Sie in einen Machtkampf hineinzuziehen, gibt es eine einfache Lösung: Machen Sie nicht mit. Lassen Sie sich nicht darauf ein. Gehen Sie ihm nicht in die Falle. Beginnen Sie stattdessen ruhig, die Norm aufzuheben – keine Fanfare, keine Drohungen. Wenn Ihr Kind klar und deutlich sagt: „Ich gehe nicht!", lassen Sie es zu Hause. Aber wenn es dann zu einem Freund gefahren werden will, gehen Sie nicht. Wenn Ihre Tochter sagt: „Ich mache meine Hausaufgaben nicht!", lassen Sie die Angelegenheit auf sich beruhen. Schreiben Sie einfach am nächsten Tag eine Nachricht an den Lehrer:

> *Elisabeth hat sich gestern Nachmittag geweigert, ihre Hausaufgaben zu machen. Würden Sie Ihr bitte für diese Aufgabe eine Sechs geben und tun, was immer nötig ist, dass sie ihre Hausaufgaben von jetzt an erledigt? Vielen Dank.*

Kinder müssen lernen, dass das Spiel aus ist. Wenn sie nicht tun, was sie tun sollen, erfolgen sofortige Konsequenzen.

Ihre Tochter muss lernen, dass sie für ihr Benehmen verantwortlich ist. „Ich will nicht" und Faulheit sind keine Entschuldigungen. Ist es hart, als Elternteil so zu handeln? Sicher. Es ist einfacher, sie dort hinzufahren, wo sie hin will, und ihre Hausaufgaben für sie zu erledigen. Aber was lehren Sie Ihr Kind damit auf lange Sicht? *Hey, wenn du etwas nicht tust, mach dir keine Sorgen. Mami wird es erledigen.*

Aber dann muss ich Sie fragen: Führen Sie einen Haushalt oder ein Hotel? Wenn es ein Hotel ist, sind Sie höchstwahrscheinlich das Zimmermädchen. Wollen Sie Ihre Tage wirklich so verbringen?

Es ist an der Zeit, streng zu werden. Die Kinder müssen lernen, dass das Spiel aus ist. Wenn Sie nicht tun, was sie tun sollen, erfolgen sofortige Konsequenzen.

Mangelnde Kooperation mit der Familie

„Er weigert sich immer, sich dem Rest der Familie zu fügen. Wir müssen immer das machen, was er will, sonst ist er ein schlechter Verlierer und lässt uns alle für den Rest des Tages dafür büßen."

Ich spreche hier nicht über einen einmaligen Vorfall (sehen wir den Tatsachen ins Auge: Jeder von uns hat mal einen schlechten Tag). Ich spreche über das Kind, das eine schlechte Einstellung hat. Es stürzt Sie in eine Krise nach der anderen. Sie löschen ein Feuer und sofort flammt ein weiteres auf. Es stellt klar, dass nur seine Wünsche wichtig sind und außer ihm niemand zählt.

Setzen Sie es auf Wasser und Brot.

Was können Sie in diesem Fall tun? Ich habe ein Rezept, das gut funktioniert: Setzen Sie es auf Wasser und Brot.

Was bedeutet das? Ihr Kind ist es gewöhnt, alle möglichen Dinge zu bekommen: Taschengeld, Geld für das Mittagessen, Gitarrenunterricht, Fahrten zu Freunden. Plötzlich hören alle diese Vergünstigungen auf. Keine Warnung. Keine Fanfare. Kein Zorn. Sie hören einfach auf. Ihr Sohn geht für seinen Gitarrenunterricht aus der Tür und setzt sich ins Auto. Dort sitzt er ... und sitzt ... und sitzt. Sie kommen nicht heraus, und schließlich ist er genervt genug, dass er hereinkommt und fragt: „Was ist los? Gehen wir jetzt zum Gitarrenunterricht oder nicht?"

Jetzt ist die günstige Zeit für eine Lektion.

„Ich habe angerufen und deinen Unterricht abgesagt", sagen Sie ruhig.

„Was?", sagt er.

„Nun, dein Vater und ich haben uns unterhalten. Es hat den Anschein, als wolltest du aus der Familie aussteigen, deshalb fällt dein Unterricht für eine Zeit lang aus. Ein Mitglied dieser Familie zu sein hat einige Vorteile, aber ich denke, du musst dein Leben so leben, wie du es leben willst. Ich kann dich nicht zwingen, gewisse Dinge zu tun, aber wenn du sie nicht tust, wird es hier einige Veränderungen geben. Ich werde dich weder weiterhin zum Gitarrenunterricht fahren noch werden wir ihn bezahlen."

Diese Methode funktioniert sehr gut bei älteren Kindern. Manchmal müssen Sie die Kinder dort treffen, wo es wehtut (bildhaft gesprochen natürlich), damit sie etwas begreifen.

Manieren

Gutes Benehmen gerät nie aus der Mode. Sie sollten Ihrem Kind vom allerersten Tag an Manieren beibringen. Doch auch wenn Sie das bisher nicht getan haben, ist es nie zu spät. Manieren kann man in jedem Alter lernen.

Gutes Benehmen gerät nie aus der Mode.

Wenn mein Enkel Connor unser Haus mit seinem kleinen Rollenkoffer verlässt, sagt er (ohne dass meine Tochter ihn dazu auffordert): „Danke, Opa. Danke, Oma." Warum tut er im Alter von drei Jahren, was viele Teenager nicht tun? Und das ohne jegliche Aufforderung? Weil meine Tochter sich die Zeit genommen hat, ihn zu lehren, höflich zu sein.

Mit allem gebührenden Respekt weisen das Training eines Spürhundes und eines Kindes viele Ähnlichkeiten auf. Man muss ihnen immer und immer und immer wieder sagen, dass sie etwas tun sollen, bis es haften bleibt.

Wir Eltern bilden oft Fahrgemeinschaften, wenn es darum geht, die Kinder irgendwo hinzufahren, und ich hasse es wirklich, wenn ich Kinder in meinem Wagen mitnehme und sie vergessen, sich dafür zu bedanken. *Was ist los mit den Kindern heute?* denke ich. Und dann frage ich mich: *Und was ist mit ihren Eltern los?*

Allgemeine Höflichkeit sollte Ihrem Kind als Selbstverständlichkeit vermittelt werden. Ein Benehmen, bei dem die Worte „bitte", „danke" und „gern geschehen" nicht vorkommen, ist nicht akzeptabel.

Ich kenne ein kleines Mädchen, das noch einen Schritt weiter geht. Wenn Freundinnen zum Spielen zu ihr kommen und sie und ihre Mutter sie nach Hause fahren, begleitet dieses kleine Mädchen ihre Freundin bis zur Tür und dankt nicht nur ihr für das gemeinsame Spielen, sondern auch deren Mutter für ihre Erlaubnis, dass ihre Tochter zu ihr kommen durfte. „Sie sollten einmal den verwirrten Blick dieser Mütter sehen, wenn Mei sich das erste Mal bei ihnen bedankt", erzählte mir Meis Mutter lachend. „Später sagen sie mir dann, wie sehr sie das geschätzt haben, wie ungewöhnlich es ist und dass Mei jederzeit zu ihnen kommen darf."

Manieren werden Ihr Kind im Leben weit voranbringen. Versäumen Sie es nicht, Ihrem Kind das Basiswissen dafür beizubringen.

Mätzchen beim Einkaufen

„Aber ich will das ... und ich will es *jetzt!*"
(Gejammer)

„Lass mich raus ... lass mich raus ..."
(während im Einkaufswagen herumgestrampelt wird)

Wenn Sie ein kleines Kind haben, ist es klug zu bedenken, dass Drei- bis Vierjährige ihre Aufmerksamkeit nur sehr kurz auf etwas richten können. Wenn Sie also wirklich einkaufen wollen, wählen Sie dafür eine Zeit, in der Sie Ihre Kinder nicht dabei haben. Ich kenne eine Mutter, die um zwei Uhr morgens einkaufen geht, wenn Ihr Mann von seiner Nachtschicht nach Hause kommt, nur damit sie es in Ruhe und Frieden tun kann, denn sie hat vierjährige Zwillinge.

Wenn Sie mit Ihren Kindern einkaufen müssen, reduzieren Sie Ihre Liste auf das Wesentliche. Geben Sie Ihrem Zweijährigen etwas in die Hand. Machen Sie Ihr Kind zum Teil des Erlebnisses. „Liebling, kannst du mir einen Laib Brot vom Regal herunterholen?" können Sie sagen, wenn Sie mit dem Einkaufwagen in die Nähe des Brotes kommen. Wen kümmert es, wenn das Brot ein wenig gequetscht wird? Es schmeckt danach immer noch genauso und Sie beziehen Ihr Kind mit ein.

Lassen Sie nicht zu, dass Ihr Kind bestimmt, was Sie kaufen.

Aber *lassen Sie nicht zu,* dass Ihr Kind bestimmt, was Sie kaufen. Wenn Sie das tun, haben Sie Ihren Einkaufswagen am Ende voller ungesunder Sachen und begründen darüber hinaus das Muster für zukünftige Einkaufsaktionen.

Bedenken Sie, bei Kindern dreht sich alles um Routine, und wenn Sie ein Muster festlegen, werden sie darauf bestehen, dass dieses von jetzt bis in alle Ewigkeit befolgt wird. Wenn Ihr Kind beispielsweise jedes Mal, wenn Sie in den Supermarkt gehen, einen kostenlosen Krapfen bekommt, wird es das nicht mehr vergessen. Wenn Sie also an dem Krapfenstand vorbeigehen, ohne einen Krapfen zu bekommen, machen Sie sich auf eine unglückliche Zeit für Sie beide gefasst.

Überlegen Sie sich genau, wie Ihr Einkauf ablaufen soll, noch bevor Sie einen Fuß in den Supermarkt setzen. Machen Sie eine Liste der Lebensmittel, die Sie brauchen. Legen Sie fest, was Sie kaufen wollen und ob das Kind etwas Süßes bekommt oder nicht. (Wenn Sie die Gewohnheit beginnen, dass Ihr Kind etwas Süßes bekommt, können Sie sich gleich einen größeren Vorrat davon anlegen. Dann werden Sie Ihr Leben lang Süßigkeiten kaufen müssen!) Sagen Sie Ihrem Kind schon vorher, wie der Einkauf vor sich gehen wird – und bleiben Sie dabei. Lassen Sie sich nicht von Bitten, Jammern oder Weinen von Ihrem Plan abbringen. Wenn Ihr Kind ein großes Tamtam macht, bringen Sie es einfach aus dem Laden. Sofort. Auch wenn das bedeutet, dass Sie Ihren Einkaufswagen voller Lebensmittel dort stehen lassen. Denken Sie daran, B tritt nicht ein, bevor A abgeschlossen ist. Wenn es Ihr Ziel war, die Einkäufe zu erledigen und Ihr Kind dabei nicht hilfreich ist, obwohl Sie ihm etwas Süßes versprochen haben, kann es nichts Süßes bekommen.

Sonst lassen Sie zu, dass Ihr Kind das Sagen hat – und glauben Sie nicht, dass es diese Position nicht wieder besetzen will.

Missbrauch von Fernsehen oder Videospielen

> „Mein Sohn lebt in zwei Welten – in der Welt der Schule und der Welt der Videospiele. Entweder ist er in der einen oder der anderen, aber nie irgendwo sonst. Ist das normal oder bin ich einfach zu pingelig? Ansonsten ist er ein gutes Kind."

> „Meine Tochter ist süchtig nach all diesen abendlichen Fernsehsendungen. Manchmal fängt sie erst kurz vor Mitternacht an, ihre Hausaufgaben zu machen, weil sie so von den Sendungen gefangen ist."

Lassen Sie uns ehrlich sein. Viele von uns sehen zu viel fern. Als einmal unzählige Episoden einer meiner Lieblings-Sitcom hintereinander gesendet wurden, sah ich zwei Stunden lang zu, obwohl ich sie alle schon x-mal gesehen hatte und jedes Wort kannte. (Ja, das ist dumm, aber ich tat es trotzdem. Es ist eine großartige Sendung, aber sie so lange anzusehen war Zeitverschwendung.) Aber noch schlimmer ist die Tatsache, dass es so viele geschmacklose Dinge im Fernsehen gibt. Teilweise sind sie sogar ausgesprochen ekelerregend. Sie tun niemand etwas Gutes.

Lassen Sie uns ehrlich sein. Viele von uns sehen zu viel fern.

Warum also erlauben wir unseren Kindern, so viel fernzusehen? Einfach ausgedrückt: Fernsehfilme und Videospiele sind für viele Eltern zum Babysitter geworden. Man setzt das Kind vor eine Fernsehsendung und Mami kann in Frieden den Abwasch erledigen und die Küche aufräumen. Papa gewinnt einige zusätzliche Arbeitsstunden. Wenn Sie ein zweijähriges Kind haben und einen tragbaren Fernseher und einen DVD-Player besitzen, warum sollten Sie die Geräte dann nicht einfach mit in ein Restaurant nehmen und das Kind einen Film ansehen lassen, damit Sie in Ruhe und Frieden zu Abend essen können?

Was ist falsch daran, wenn ein Kind dort sitzt und in eine DVD oder ein Videospiel vertieft ist? Zumindest ist es ruhig! Das Fernsehen, Filme und Videospiele als Babysitter einzusetzen ist sehr praktisch und verlockend. Aber ist es gesund für die Kinder? Tut es ihnen gut, Stunde um Stunde auf einen elektrischen Apparat zu starren, statt mit seinen Eltern und Geschwistern zusammen zu sein? Wahrscheinlich nicht.

Es ist nichts falsch am Fernsehen, an Filmen und DVDs, wenn man sie sparsam einsetzt, auf anstößigen Inhalt überprüft und sicherstellt, dass sie dem Alter der Kinder angemessen sind. Manche Programme wie *National Geographic* oder *Planet Wissen* sind Bildungsprogramme. Das Problem ist, dass die meisten Eltern der Nutzung dieser Programme keine vernünftigen Grenzen setzen. Warum fragen Sie nicht Ihr Kind, was eine vernünftige Grenze ist? Interessanterweise nennen Kinder, wenn man sie fragt, normalerweise strengere Grenzen als Erwachsene. Wenn sie dazu beitragen, eine vernünftige Grenze festzulegen, ist es wahrscheinlicher, dass sie ihre eigenen Regeln befolgen – und Sie müssen nicht den Wachhund spielen.

Eine letzte Bemerkung: Erlauben Sie Ihren Kindern nicht, einen Fernseher in ihrem Zimmer zu haben. Fernseher sollten in einem zentralen Raum im Haus stehen, wo jeder, der vorbeikommt, auf den Bildschirm sehen kann. Wenn Sie Ihrem Kind einen Fernseher in sein Zimmer stellen, bedeutet das nichts als Ärger, insbesondere wenn Sie Kabelfernsehen im Haus haben. Würden Sie Ihrem Kind erlauben, in die anrüchigste Straße Ihrer Stadt zu gehen? Warum sollten Sie dann zulassen, dass es Zugang zu all der Verderbtheit im Kabel- und Spätfernsehen hat? Sie haben die Verantwortung, die Seele Ihres Kindes zu schützen.

Musikalische Einflüsse

Wenn es um Musik geht, haben wir alle unsere Vorlieben und Abneigungen. Die Wahrscheinlichkeit, dass Sie die Musik Ihres Kindes nicht mögen, ist groß. (Mochten Ihre Eltern, was Sie sich angehört haben? Hört Ihr Kind gern die *Eagles* oder *U2?* Eben.) Aber gewinnen Sie wirklich etwas, wenn Sie gegenüber Ihrem Kind die Opposition beziehen, wenn es um das Thema Musik geht? Der Musikgeschmack Ihres Kindes wird sich sehr schnell ändern. Die jetzt gerade angesagte Band, die Sie nicht ausstehen können, wird höchstwahrscheinlich innerhalb von sechs Monaten gegen die nächste populäre Band ausgetauscht werden (die Sie vermutlich auch nicht mögen).

Sie müssen die Musik Ihres Kindes nicht mögen. Aber Sie können immer etwas Gutes daran finden – und werden es vielleicht auch, da Sie vor allem während der Teenagerjahre Ihres Kindes davon umgeben sein werden.

„Großartiger Rhythmus."

„Wie heißt dieses Lied?"

„Wer singt das?"

Meine Tochter Lauren, die jetzt fünfzehn ist, fliegt im Auto wie ein verrückter Specht von einem Radiosender zum anderen. „Oh", gurrt sie, „ich liebe dieses Lied. Es ist mein Lieblingslied", und dann hüpfen wir durch vier weitere Sender, um ihre anderen Lieblingslieder zu finden. Warum sollten Sie keinen Spaß an der Musik Ihres Kindes haben? Seine Welt kennenlernen?

Aber es gibt auch einen Bereich, in dem man eine Grenze ziehen muss, und das ist der Text. Manche Texte sind ausgesprochen widerwärtig, grausam und erniedrigend für bestimmte Rassen, Männer und Frauen. Wenn sich Ihr Kind solche Texte anhört, ist es an der Zeit, die rote Flagge zu hissen. „Liebling, einen Moment mal. Ich will diesen Text besser hören. Kannst du das Lied bitte etwas lauter machen? Hörst du, was sie singen? Stimmst du dem zu?“ Man erinnert sich an *Eminem* mit seinem gewalttätigen Text über einen jungen Mann, der davon träumt, seinem Vater die Kehle durchzuschneiden. Welche Eltern, die bei Sinnen sind, wollen, dass Ihr Kind mit diesem Bild im Kopf zu Bett geht? Es ist ausgeschlossen, dass Sie Geld für diese CD bezahlen oder Ihrem Kind erlauben, sie anzuhören.

Sie mögen vielleicht die Musik nicht, aber was letztendlich ausschlaggebend ist, ist der Text. Hören Sie deshalb genau zu.

Musikunterricht

„Meine Tochter war so sicher, dass sie Klarinette spielen wollte. Also kauften wir ihr eine Klarinette, damit sie in der Band der sechsten Klasse mitspielen konnte. Etwa zwei Wochen lang hörten wir nichts als quiekende Geräusche aus, ihrem Zimmer. Dann hörte sie auf zu üben und sagte, sie hätte keine Lust mehr, Klarinette zu spielen. Und wir hatten all das Geld ausgegeben ...“

„Rob ist zwölf. Er spielt seit sechs Jahren Klavier und spielt sehr gut. Aber kürzlich hat er einfach aufgehört zu üben. Als ich ihn darauf ansprach, sagte er: ‚Mami, es ist nicht mehr cool, Klavier zu spielen.‘ Ich hasse es zu sehen, wie sein Talent vergeudet wird. Wie kann ich ihn dazu bewegen, das Klavierspielen aufrechtzuerhalten?“

Jeder Musikunterricht muss auf ein Minimum von sechs Monaten festgesetzt werden.

Jeder Musikunterricht muss auf ein Minimum von sechs Monaten festgesetzt werden. In anderen Worten, es ist nicht fair, wenn Ihr Kind sagt, dass es etwas ausprobieren will und es zwei Wochen später schon wieder aufgibt, weil sich herausstellt, dass es doch nicht so einfach ist, wie es scheint. Jeder Musiklehrer, mit dem ich gesprochen habe, sagt, dass man mindestens vier bis sechs Monate braucht, um ein Instrument zu beherrschen (und es sich nicht mehr anhört wie aus einem Horrorfilm). Aber die Kinder von heute, die an Fertigmüsli und Mikrowelle gewohnt sind, wollen, dass alles schnell und automatisch geschieht. Sie werden entmutigt, wenn das nicht der Fall ist (und Sie müssen zugeben, Sie auch).

Aber wenn Sie Ihre Kinder Fleiß lehren wollen, müssen Sie darauf bestehen, dass sie ihren Unterricht mindestens sechs Monate lang durchhalten, ganz gleich, wie sehr sie ihn hassen (das gilt übrigens auch für sportliche Aktivitäten). Wenn Sie beginnen, Mitleid mit Ihrer Tochter zu haben, behalten Sie im Gedächtnis, dass sie diejenige war, die den Unterricht haben wollte. Doch auch wenn Sie es waren, der darauf bestanden hat, dass das Kind Unterricht bekommt, gilt das Prinzip, dass Ihr Kind sechs Monate lang durchhalten muss. Sie müssen dann einfach die Schuldgefühle und die Enttäuschung bekämpfen, die alle Eltern empfinden, wenn sie entdecken, dass aus dem kleinen Buford kein Franz Liszt werden wird.

Was ist nun mit dem wirklich talentierten Kind, das bereits vier Jahre lang Geige spielt und jetzt damit aufhören will? Zu diesem Kind würde ich sagen: „Hör zu, Liebling, ich verstehe, was du sagst. Aber ich habe mit deiner Lehrerin gesprochen, und sie sagt, du hast wirklich Talent. Sie meint sogar, es sei höchst ungewöhnlich, wie gut du dieses Instrument in deinem Alter bereits spielen kannst. Wir haben vier Jahre in dieses Instrument und in deinen Unterricht investiert und werden jetzt nicht damit aufhören. Du verdienst mehr. Dein Talent verdient es, ausgefeilt zu werden. Deshalb werden wir deinen Unterricht bis zum Ende des Schuljahres fortsetzen und dann noch einmal darüber nachdenken."

Wenn Sie bis zum Ende des Schuljahres warten, haben Sie die Möglichkeit, nach einer Gruppe von Gleichgesinnten zu suchen, der Ihr Kind beitreten könnte (beispielsweise ein Jazzensemble oder ein Jugendorchester am Ort) und zu sehen, ob es die Motivation Ihres Kindes steigert, wenn es Freunde findet, die seine Interessen teilen.

Viele Kinder, die wirklich Talent haben, fassen im Alter zwischen zehn und dreizehn Jahren den Entschluss, dass sie ihr Instrument nicht länger spielen wollen. Der Grund dafür besteht oftmals darin, dass ihre Freunde sich nicht dafür interessieren. Ashley hatte sieben Jahre lang Querflöte gespielt. Sie hatte auf staatlichen Musikfestivals mehrere Preise für ihren

Solovortrag gewonnen. Aber als sie dreizehn wurde, begannen alle ihre Freunde sich für Fußball zu begeistern. Plötzlich hatten sie kein großes Interesse mehr daran, Ashley zu unterstützen, indem sie ihre Konzerte besuchten und ihren Vorträgen von Händel und Bach lauschten. Sie übte immer weniger, und schließlich sagte sie ihrem Vater, dass sie aufhören wolle.

Ashley hatte einen klugen Vater. Er ermutigte sie, dabeizubleiben, besuchte alle Konzerte, auf denen sie spielte, und dachte sich besondere Überraschungen aus, die Vater und Tochter nach jeder Aufführung unternahmen. Gleichzeitig betrieb er heimlich eine Menge Forschungsarbeit über die musikalischen Möglichkeiten für Flötisten. Statt mit dem Spielen aufzuhören, trat Ashley in diesem Sommer der neuen Jazzband von Schülern aller Altersstufen im Nachbarort bei. Sie spielten auf vielen Sommerfestivals und Ashleys Interesse an der Musik nahm zu. Bei der letzten Aufführung des Sommers spielte die Gruppe ein ungewöhnliches Stück, in dem Ashley als Solistin mitwirkte. Es war ein Stück, das Ashley selbst geschrieben und dann auf die anderen Jazzmusiker, die mit ihr spielten, abgestimmt hatte.

Was glauben Sie, wer am Ende der Darbietung das breiteste Lächeln auf dem Gesicht hatte und am lautesten Beifall klatschte? Ashleys Vater.

MySpace.com/Chatten

Jeder Teenager auf diesem Planeten liebt Chatten, sofern er die Möglichkeit dazu hat. MySpace.com beispielsweise ist speziell auf Kinder ausgerichtet. Dort können sie sich in einem Forum darüber unterhalten, was sie mögen, was sie nervt, wie schrecklich ihre Eltern sind usw. Da diese Dinge Fakten des Lebens sind, sollten Sie sie selbst testen. Lassen Sie sich auf MySpace.com als Mitglied registrieren. So können Sie ganz unauffällig herausfinden, was für Freunde Ihr Kind dort hat und sehen, was sie sich gegenseitig schreiben. Mein Schwiegersohn Dennis, der Direktor an einer Mittelschule ist, war überrascht, was er dort las. Er suchte nach Kindern aus der sechsten Klasse, tippte ihre Namen ein und war sprachlos, wie oft die Kinder ihren richtigen Namen benutzten (ein absolutes Tabu im Computerbereich).

Es ist überaus informativ für Eltern, wenn sie sehen, über welche Themen dort gesprochen wird und was die Kinder dazu sagen. Wenn Sie in die Welt Ihres Kindes eintreten wollen, bietet Ihnen MySpace.com ein Fenster dafür. Die Wahrscheinlichkeit, dass Ihnen nicht gefallen wird, was Sie dort sehen, ist groß, aber Sie werden einen wesentlichen Einblick in die Dinge bekommen, mit denen Ihr Kind in der Schule jeden Tag konfrontiert wird. Erinnern Sie sich noch daran, wie Sie früher abends stundenlang am Telefon mit Ihren Freunden gequasselt haben, während Ihre Eltern die Augen verdrehten? Und wie sie Ihnen aufgrund der letzten Telefonrechnung ein Zeitlimit auferlegten?

> *Es ist überaus informativ für Eltern, wenn sie sehen, über welche Themen dort gesprochen wird und was die Kinder dazu sagen.*

Das Internet hat es Ihren Kindern noch einfacher gemacht, ihre Freunde ganz privat (bei einer geschriebenen Unterhaltung kann niemand mithören) zu kontaktieren und neue Freunde zu gewinnen (die vielleicht nicht das sind, was sie behaupten – mehr darüber finden Sie im Abschnitt „Internet"), und das sogar kostenlos. Deshalb ist es so wichtig, dass der Computer an einem zentralen Ort in Ihrem Haus steht, wo Sie und andere zu jeder Zeit vorbeigehen und die Nachrichten sehen können, die verschickt werden. Bedeutet das, dass Sie sich ständig in der Nähe Ihres Kindes aufhalten müssen, um es zu schützen? Nein. Kein Kind würde wollen, dass Sie sich in seine Freundschaften einmischen. Würden Sie das wollen?

Aber lassen Sie uns eines festhalten: Die Wahrscheinlichkeit, dass Ihr Kind mit einem anstößigen Thema in Berührung kommt, sinkt, wenn es weiß, dass jeden Moment ein Elternteil vorbeikommen könnte. Und nochmals, auf jedem Computer lassen sich die besuchten Seiten abfragen. Kluge Eltern werden das tun, um Ihre Kinder zu schützen.

Ohrringe

„Meine Tochter ist acht und will sich unbedingt Ohrlöcher stechen lassen. Aber ich glaube nicht, dass sie schon bereit dafür ist."

„Als mein Sohn sich neulich an den Abendbrottisch setzte, wartete er mit einer Überraschung auf – er hatte sich ein Ohrloch stechen lassen. Seine Mutter ließ fast das Kartoffelpüree fallen, als sie das sah. Seine Freunde und er hatten das im Rahmen einer Mutprobe machen lassen."

Ob Sie Ihrem Kind erlauben, Ohrlöcher zu haben oder nicht, ist eine Frage, bei der Sie als Eltern einfach ein gutes Urteilsvermögen brauchen. Würden Sie wollen, dass Ihr neunjähriger Sohn einen Ohrring trägt? Wahrscheinlich nicht. Aber wenn mein Sohn im Alter von fünfzehn oder sechzehn Jahren einen Ohrring haben wollte, würde ich es ihm vermutlich erlauben. Das wäre eine Mücke im Leben. Natürlich würde ich zuerst mit meinem Sohn darüber reden wollen, denn der Grund, warum Kinder oder Teenager Ohrlöcher haben wollen, liegt normalerweise darin, dass alle ihre Freunde sie haben.

Ob Sie Ihrem Kind erlauben, Ohrlöcher zu haben oder nicht, ist eine Frage, bei der Sie als Eltern einfach ein gutes Urteilsvermögen brauchen.

Eine gute Frage, die Sie ihm stellen können, lautet: „Aber willst du wirklich sein wie alle anderen?"

Offen gesagt, ich will das nicht, denn wenn ich mir „alle anderen" ansehe, gefällt mir nicht immer, was ich sehe. Einmal ging ich zu einem Basketballspiel, wo alle in Rot gekleidet waren. Wissen Sie, was ich trug? Ein weißes T-Shirt. Ich habe schon auf Veranstaltungen und Benefizgalas, wo Abendgarderobe erwartet wurde, ein Hawaiihemd getragen. Stellen Sie sich das vor – ich war der einzige Mensch dort ohne Abendkleidung – und ich war der Sprecher!

Als unser Sohn Kevin im Teenageralter begann davon zu sprechen, dass er einen Ohrring haben wollte, beschloss ich herauszufinden, wie ernst es ihm damit war. Ich plünderte die Ohrringsammlung meiner Frau und erschien mit einem Ohrring am Abendbrottisch. Kevins Wunsch nach einem Ohrring erledigte sich sehr schnell, nachdem ich erklärt hatte, dass ich ab sofort auch einen tragen würde.

Es läuft alles auf Folgendes hinaus: Befassen Sie sich vornehmlich mit Mücken oder sparen Sie Ihre großen Geschütze für die Elefanten auf? Wenn Ihr Sohn im Teenageralter zu einem Bewerbungsgespräch in einer eher konservativen Firma geht und feststellt, dass er die Stelle nicht bekommt, weil er einen Ohrring trägt, wird dieser verhasste Ohrring vor dem nächsten Bewerbungsgespräch vielleicht einfach verschwinden (dasselbe gilt für Ihre Tochter, die beschlossen hat, dass sie in jedem Ohr drei Piercings haben muss).

Ordinäre Ausdrucksweise

Ich habe hier keine speziellen Beispiele aufgeführt, weil jede Familie andere Maßstäbe dafür hat, was sie als ordinär empfindet. Es hängt viel davon ab, ob jemand gläubig ist (das heißt, ob er Christ oder Jude ist) und die Zehn Gebote achtet oder nicht. Wenn jemand das tut, sagen diese Gebote ganz klar, dass man den Namen des Herrn nicht missbrauchen soll. Aber eine ordinäre Ausdrucksweise missbraucht nicht nur den Namen des Herrn. Sie gilt darüber hinaus auch für Worte oder Sätze wie F... dich, das Sch-Wort, A-Loch ... Sie wissen schon, was ich meine.

Manchmal benutzen kleinere Kinder eine ordinäre Ausdrucksweise, ohne es überhaupt zu wissen. Sie hören sie in der Schule und probieren sie am Abendbrottisch aus. Zahllose Erwachsene waren schon überrascht, was da plötzlich ganz nüchtern aus dem Mund ihres Kindes herauskam. Eine Mutter erzählte mir von einem Abendessen, das ganz ruhig verlief, bis ihre sechsjährige Samantha ganz sachlich sagte: „Kannst du mir die besch... Kartoffeln reichen?“ Am folgenden Abend gebrauchte Samanthas achtjährige Schwester das V-Wort.

Bei beiden Gelegenheiten ließ ihre Mutter fast die Gabel fallen. Ihre Kinder sahen sie nur gelassen an. Beim zweiten Vorfall sagte die Achtjährige ruhig: „Was bedeutet *verd...t* eigentlich?“ Keines der beiden Mädchen hatte irgendeine Vorstellung davon, was es sagte. Sie wiederholten nur, was sie aus dem Mund eines anderen Kindes gehört hatten. Nachdem sich der Blutdruck ihrer Mutter nach diesem Schock wieder gesenkt hatte, nutzte sie diese Erfahrung für einen Schritt nach vorn und beschloss, dass jetzt die günstige Zeit für eine Lektion gekommen war.

„Ich kenne die Worte", sagte sie. Dann erklärte sie, was die Worte bedeuteten und dass man sie in der Öffentlichkeit häufig aus dem Munde anderer Menschen hörte. „Aber wir als Familie haben uns dafür entschieden, diese Worte nicht zu benutzen, weil sie schmutzig sind und Gott nicht ehren."

Ob Sie nun gläubig sind oder nicht, gibt es noch einen weiteren wichtigen Punkt zu bedenken: Die Worte, die Sie gebrauchen, offenbaren Ihren Charakter. Nur aufgrund der Worte, die sie aus Ihrem Mund hören, werden andere Schlüsse über Sie ziehen, die wahr sein können oder auch nicht. Entsprechen Ihre Worte dem Bild, das Sie für andere abgeben wollen?

Im Endeffekt geht es also darum, dass sich Eltern entscheiden müssen, ob in ihrer Familie bestimmte Worte gebraucht werden dürfen oder nicht. Dann müssen sie sich selbst an diese Entscheidung halten und ihren Kindern die entsprechenden Werte vermitteln.

Partys (Geburtstagspartys/Teenagerpartys)

Haben Sie das Gefühl, Sie müssten für Ihre Kinder geradezu unglaublich große Geburtstagspartys ausrichten? Warum genau glauben Sie das? Fürchten Sie, dass Ihr Kind zu kurz kommen könnte? Dass man Sie nicht als gute Mutter bezeichnet, wenn Sie es nicht tun – und es darüber hinaus nicht im großen Stil tun? Was ist nur geschehen mit dem Vorschlag: „Lade doch die Kinder nach der Schule zu Törtchen im Garten ein"? In dem Quiz im Vorwort dieses Buchs habe ich folgende überdimensionalen Partys erwähnt:

> *Was ist nur geschehen mit dem „Lade doch die Kinder nach der Schule zu Törtchen im Garten ein"?*

- Die Eltern der siebenjährigen Rosa mieteten einen Bus und fuhren mit ihr und zahlreichen ihrer Freunde in eine 185 Kilometer entfernte Stadt, wo sie sich in einer Bastelwerkstatt ihren eigenen Teddybären basteln konnten; dann feierten sie mit Kuchen und Eis in einer Eisdiele.
- Die Eltern des fünfjährigen Mike mieteten den Stadionclub, von dem aus man das Spielfeld überblicken kann.

- Marti, eine alleinerziehende Mutter, gab ein komplettes Monatseinkommen für die Geburtstagsparty ihrer zehnjährigen Tochter aus.

Ich habe festgestellt, dass es oftmals die Eltern sind, nicht die Kinder, die noch einen draufsetzen. Ihre geheime Motivation besteht darin, sich als gute Eltern zu erweisen, indem sie mit anderen Schritt halten. Aber ist das wirklich das, was Kinder wollen? Die meisten Kinder, die ich kenne, wollen einfach im Garten herumtollen, Spaß haben, vielleicht unter dem Rasensprenger oder mit Wasserballons spielen und Eis und Kuchen essen. Das ist für sie die Party, die sie genießen können.

Die Familie Lupkin hat eine Regel für Geburtstagspartys, die jeder in der Familie befolgt. Außer den engsten Familienmitgliedern kann jedes Kind immer die Zahl von Gästen einladen, die seinem Alter entspricht. Das bedeutet, der Sechsjährige darf sechs Freunde zu seiner Party nach Hause einladen, der Fünfzehnjährige fünfzehn. Das hat die Familie mit sechs Kindern vor der Verrücktheit bewahrt, zu jedem Geburtstag eines Kindes eine ganze Klasse einladen zu müssen.

Was Teenagerpartys anbetrifft, wäre es sicher eine gute Idee, diese bei sich zu Hause stattfinden zu lassen. Damit ersparen Sie sich eine Menge Kosten – und vermeiden gleichzeitig das Risiko, dass Ihre Tochter mit jemand, den Sie kaum kennen, irgendwo hingeht, wo sie möglicherweise großem Druck ausgesetzt ist, zu trinken und Sex zu haben. Wenn die Party bei Ihnen zu Hause stattfindet, können Sie ein Auge darauf haben, was dort vor sich geht (Sie müssen nicht ständig in der Nähe sein, aber es ist gut, wenn Sie von Zeit zu Zeit einen Blick in den Raum werfen). Und was noch besser ist, Ihre Tochter ist in einer sicheren Umgebung und Sie müssen nicht bis spät in die Nacht aufbleiben und sich darum sorgen, wer sie wohl nach Hause fährt (oder ob diese Person betrunken ist). Wenn Sie die Kosten für Essen und Getränke gegen die Sorgen aufwiegen, die Ihnen dadurch erspart bleiben, sind diese sicherlich das kleinere Übel.

Das Wichtigste ist zu entscheiden, welche Art von Party Sie geben wollen und welche nicht – und dann bei dieser Entscheidung zu bleiben, auch wenn Sie von dem Kind oder einem wohlmeinenden Freund oder Verwandten herausgefordert werden, der denkt, Sie sollten mehr tun, als Sie beschlossen haben.

Pflichten im Haushalt

„Oh, Mami, *muss* ich das tun?"

„Ich habe es so satt, hier die ganze Arbeit zu machen."

In jedem Haushalt gibt es Aufgaben, die erledigt werden müssen, und jedes Familienmitglied muss dabei mithelfen. Das bedeutet, alle – sowohl die Eltern als auch sämtliche Kinder, vom kleinsten bis zum ältesten. Es gibt viele Dinge, die jüngere Kinder tun können, beispielsweise den Tisch decken, den Abwasch erledigen, Wäsche in die Waschmaschine füllen, den Abfall einsammeln, die Veranda fegen, das Auto waschen oder die Haustiere versorgen. Wenn die Kinder älter werden, können sie bei anspruchsvolleren Aufgaben mithelfen, wie den Rasen zu mähen, Lebensmittel einzukaufen, einen Ölwechsel am Auto vorzunehmen oder am Computer nach einem Ort für den Familienurlaub zu recherchieren.

> *In jedem Haushalt gibt es Aufgaben, die erledigt werden müssen, und jedes Familienmitglied muss dabei mithelfen.*

Jedes Kind wird es hin und wieder vergessen, eine Aufgabe zu erledigen. Wenn das geschieht, ist das kein Elefant, deshalb machen Sie es nicht dazu. Sagen Sie einfach: „Liebling, du warst sicher sehr in Eile, als du heute früh zur Schule aufgebrochen bist, denn du hast vergessen, den Hund auszuführen. Ich habe gesehen, dass Rosie ganz unruhig war, weil sie ihr Geschäft erledigen musste, deshalb habe ich sie selbst ausgeführt." In den meisten Fällen wird Ihr Kind dann sagen: „Oh, danke, Mami. Das habe ich vergessen. Tut mir leid!" und damit ist die Sache erledigt. Am nächsten Tag wird es wieder daran denken.

Wenn es jedoch zur Regel wird, dass Ihr Kind vergisst, den Hund auszuführen, müssen Sie zu anderen Maßnahmen greifen, um die Aufmerksamkeit Ihres Kindes zu bekommen. Das beste Mittel, das ich dafür gefunden habe, ist es, Ihr Kind in finanzieller Hinsicht zu belangen. Es gibt keine Warnungen, keine Drohungen, kein Gejammer, kein Streit. Bezahlen Sie einfach jemand anderen (oder sich selbst, wenn sonst niemand da ist) dafür, dass er diese Aufgabe erledigt und ziehen Sie diesen Betrag vom Taschengeld Ihres Kindes ab. Ihre Botschaft wird ankommen – laut und deutlich. Die Familie – und die Aufgaben, die sie zu erledigen hat – muss zuerst kommen.

Die Maßnahmen dieser Mutter erzielten schnelle Resultate: „Jason muss jede Woche den Müll hinausbringen. Als er das die dritte Woche hintereinander nicht getan hatte, erzählte mir meine Freundin, mit welcher Taktik es ihr gelungen war, ihrem Sohn im Teenageralter ihren Standpunkt klarzumachen. Sie sammelte den ganzen Abfall im Haus und aus den Mülleimern draußen und brachte ihn, nachdem ihr Sohn zur Schule gegangen war, in sein Zimmer. Sie schloss die Tür und ließ den stinkenden Müll den ganzen Tag dort liegen. Als er nach Hause kam, stank es dort wirklich entsetzlich. Ich probierte dasselbe bei Jason aus. Eine verzweifelte Mutter muss tun, was sie tun muss! Er hat es kapiert, insbesondere weil seine Freundin an diesem Tag nach der Schule zufällig mit zu ihm nach Hause kam. Das war vor sechs Monaten, und seit damals denkt er *immer* daran, dass er montags den Müll hinaustragen muss.

Er steht jetzt sogar ein wenig früher auf, damit ihm genug Zeit dafür bleibt. Als Jason herausfand, dass ich es ernst meinte, hörte er auch auf, sich über die anderen Dinge zu beklagen, die ich ihn zu tun bat."

Pornografie

Alles, was die Mutter vorhatte, war, die stinkende Bettwäsche ihres Sohnes zu wechseln. Auf das, was ihr dabei in die Hände fiel, war sie nicht gefasst gewesen. Als sie das Leintuch abzog, fiel noch etwas anderes unter der Matratze hervor: *Penthouse-* und *Playboy-*Zeitschriften.

Die Mutter war mehr als sprachlos. Was sollte sie tun? Sie hatte Schmutz in ihrem Haus und ihr Sohn sah sich diesen nicht nur an, sondern brachte ihn auch noch herein!

Ich gab ihr folgenden Rat: Statt ihren Dreizehnjährigen zu konfrontieren und sich mit viel Geschrei letztendlich nur in eine Sackgasse zu manövrieren, legte die Mutter die beiden Zeitschriften wortlos zu ihren eigenen Zeitschriften auf den Couchtisch im Wohnzimmer. Dann wartete sie, bis ihr Sohn von der Schule nach Hause kam.

Natürlich entdeckte er sie innerhalb weniger Minuten, als er sich auf das Sofa plumpsen ließ, um fernzusehen. Er verschluckte sich fast an seiner Cola. Dann wurde er rot. „Was machen die hier?", brachte er schließlich heraus.

„Oh“, sagte die Mutter schlagfertig, „ich habe diese Zeitschriften mit den hübschen Frauen darin unter deiner Matratze gefunden. Ich dachte, ich lege sie hier heraus, wo deine Schwester und dein Vater sich auch an den schönen Bildern erfreuen können.“

An diesem Punkt sah der Sohn aus, als müsse er sich übergeben. Er war auf frischer Tat ertappt worden.

„Oder vielleicht gibt es noch einen besseren Ort für dieses Zeug“, fuhr die Mutter sachlich fort. „Man könnte sie zerreißen und in den Müll werfen. Aber ich dachte, das ist etwas, das du tun solltest, nicht ich. Schließlich bist du derjenige, der sie ins Haus gebracht hat.“

Die Mutter setzte sich zu dem Sohn, sprach mit ihm über den Inhalt der Zeitschriften und die Art und Weise wie die Frauen darin dargestellt wurden. Dann fragte sie: „Willst du deine Zeit wirklich damit verbringen, dir das anzusehen? Pornografie macht in hohem Grad süchtig.“

Und das ist wahr. Ein langfristig abhängiges Verhalten beginnt mit einer kurzen Begegnung mit derartigem Material. Ist es natürlich für einen Jugendlichen (elf bis vierzehn Jahre ist das Alter, in dem neun von zehn Jungen pornografische Bilder ansehen), dass er sehen will, wie der Körper einer Frau aussieht? Ja. Aber es gibt gesunde und ungesunde Möglichkeiten, den Körper einer Frau zu betrachten. Und Pornografie ist aufgrund ihrer lüsternen Posen, ihrer pervertierten Sichtweise der Sexualität und ihrer herabsetzenden Darstellung von Frauen definitiv ungesund.

Der weibliche Körper hat schon seit Anbeginn der Zeit jeden Jungen interessiert und fasziniert. Doch aufgrund der verschiedenen Arten widerwärtigen Materials, das in unserer heutigen Zeit so leicht zugänglich ist, sind die Eltern mehr denn je gefordert, achtsam zu sein. Als ich ein Kind war, gelangte man nicht so leicht an Pornografie wie heute. Mein Freund Moonhead und ich wurden dank der Tatsache, dass sein Vater die Zeitschrift *National Geographic* abonniert hatte, aufgeklärt.

Mittels des Internet kommt die Pornografie direkt in Ihr Wohnzimmer ... wenn Sie es zulassen. Wussten Sie, dass die Internetpornografie eine 12-Milliarden-Dollar-Industrie ist?[6] Kluge Eltern installieren Blocker für anrüchige Seiten und prüfen von Zeit zu Zeit, welche Seiten auf dem Computer aufgerufen wurden. Sie würden Ihr Kind nie in einen Erotik-

---

[6] Donna Rice Hughes, Enough Is Enough Homepage, http://www.enough.org (aufgerufen am 10. August 2010)

buchladen gehen lassen, richtig? Nun, ich habe Neuigkeiten für Sie. Mit nur einem Mausklick im Internet kann Ihr Kind weitaus schlimmere Bilder sehen als diese. Kluge Eltern müssen über alles informiert sein, was ihre Kinder sehen – sei es nun in Zeitschriften oder im Internet. Statistiken belegen, dass neun von zehn Kindern Pornografie im Internet ansehen. Ist Ihr Kind eines von ihnen?

Doch bei der Sache besteht noch eine weitere Gefahr – Erwachsene, die Jagd auf nichts ahnende Kinder und Teenager machen. Donna Rice Hughes von *Enough Is Enough*, einer Organisation, die hart daran arbeitet, das Internet für Kinder und Familien sicherer zu machen, sagt: „Kinderpornografie ist zu einem Multi-Milliarden-Handelsunternehmen geworden und eine der am schnellsten wachsenden Industrien im Internet. Und neunzig Prozent der Jugendlichen, die sexuelle Angebote erhalten, sind Teenager zwischen dreizehn und siebzehn."[7]

Sie können Ihr Kind nicht immer vor jeder Gefahr beschützen, aber es ist extrem wichtig, in diesem Bereich Wachposten aufzustellen. Wenn Ihr Kind erst einmal pornografische Bilder gesehen hat, ist es sehr schwer, sie aus seinem Kopf auszulöschen. Und Sie wollen es einem Menschen, der auf Sexualkontakte lauert, sicher nicht leicht machen, zu ihrem Kind durchzudringen.

Prahlerei

Jungen werden immer Jungen sein. Sie werden für alle Zeiten ihre Muskeln voreinander spielen lassen. Doch es ist ein Unterschied, ob das innerhalb einer Gruppe von Jungen auf dem Spielplatz stattfindet oder beim Abendessen mit Ihren Geschäftspartnern. Es ist auch ein Unterschied, ob Jungen unter sich einen Rülps- und Furzwettbewerb durchführen oder ob das am Abendbrottisch der Familie geschieht. Kinder sind Kinder, und sie tun dumme Dinge. Und die Dümmsten von allen sind Jungen, die versuchen, vor Mädchen zu prahlen. Aber letzten Endes werden auch sie heranwachsen, erwachsen werden – und immer noch dumme Dinge tun.

Nehmen wir einmal an, Sie haben Besuch und Ihre Tochter kommt ins Zimmer gerannt und schlägt Purzelbäume, um Ihre Aufmerksamkeit auf

---

[7] Ebd. Für weitere Informationen und wertvolle Quellen besuchen Sie die Seite http://www.protectkids.com

sich zu ziehen. Was sollten Sie sagen? „Würdest du das nochmals machen, damit ich meine ganze Aufmerksamkeit darauf richten kann?"

Das würde die meisten Kinder veranlassen, sofort damit aufzuhören, denn entgegen ihrer Handlungsweise scheuen sie das Rampenlicht. Sie könnten auch sagen: „Liebling, würde es dir etwas ausmachen, draußen anzugeben?"

Mit derartigen Äußerungen zeigen Sie Ihrer Tochter, dass Sie wissen, was sie mit ihrem Spektakel bezweckt: Ihre Aufmerksamkeit zu bekommen. Die Art und Weise, wie sie das tut, ist jedoch in dieser Situation nicht angemessen.

„Dr. Leman", werden einige von Ihnen vielleicht einwenden, „wie könnte ich das tun? Es würde mein Kind doch beschämen, wenn ich so etwas sage."

Nun frage ich Sie. Sie lesen dieses Buch, weil Sie wollen, dass sich gewisse Dinge in Ihrem Haus verändern. Ich sage Ihnen, wie Sie dieses Ziel innerhalb kurzer Zeit erreichen und dafür sorgen, dass dieses Benehmen nicht länger andauert. Wird eine Peinlichkeit Ihre Tochter zerstören – oder wird es ein Benehmen bei ihr fördern, das sie für den Rest ihres Lebens zu einem akzeptablen Mitglied der Gesellschaft macht?

Wenn Sie zu den Eltern gehören, die sagen: „Das könnte ich meinem Kind nie antun", werden Sie dieselbe Art von Dilemmas – und viele mehr – immer wieder erleben, weil Sie in früheren Jahren nicht konsequent darin waren, Ihr Kind zu disziplinieren. Und später wird es um viel mehr gehen als um Purzelbäume im Wohnzimmer.

Einige Jahre lang hielt ich Schulungen für Lehrer ab. Ich sagte ihnen geradeheraus: „Wenn Sie ein Kind in Ihrer Klasse haben, das Ihren Unterricht stört, weisen Sie alle anderen an, ihre Arbeit niederzulegen und dieses Kind fünf Minuten lang anzustarren, damit es die Aufmerksamkeit des ganzes Raumes hat. Wenn es läutet, rennen die Kinder normalerweise aus der Tür. Das ist der Zeitpunkt, wo Sie sagen: ‚Und jetzt werden wir die fünf Minuten nachholen, die wir heute damit vergeudet haben, Timothy bei seinen Mätzchen zuzusehen.' Lassen Sie die Klasse während der Pause noch fünf Minuten lang sitzen. Und dann überlassen Sie alles weitere dem Gruppendruck."

Viele soziale Wohltäter ärgerten sich über mich, weil ich das gesagt hatte, aber die Lehrer, die diese Methode ausprobierten, schwärmten

Wenn Kinder angeben, können Sie sie überraschen, indem Sie sagen: „Würde es dir etwas ausmachen, das nochmals zu machen?"

davon, wie gut sie funktionierte. Und erstaunlicherweise brauchten sie sie nur *ein Mal* anzuwenden, um das Benehmen abzustellen.

Wenn Kinder angeben, können Sie sie überraschen, indem Sie sagen: „Würde es dir etwas ausmachen, das nochmals zu machen? Ich sehe, dass du beachtet werden willst, deshalb will ich dir meine volle Aufmerksamkeit widmen." Auch ich liebte es als Kind, Aufmerksamkeit auf mich zu ziehen, aber dieser Ansatz hätte sogar mich dazu gebracht, jegliche Versuche in dieser Richtung einzustellen.

Quengelei

„Aber Papiii ...!"

„Mami, er hat gesaaagt ..."

Es ist eine Tatsache, dass es in dieser Welt Quengler gibt. Ich habe schon viel zu viele von ihnen gesehen und sie sind keine angenehmen Menschen. Der Quengler bedient sich dieser Methode, weil sich das Quengeln in der Vergangenheit bezahlt gemacht hat. Quengler wissen, dass sie Mami oder Papi mit ihrem Gejammer in der Hand haben und selbst Regie führen. Und wir Eltern sind dumm genug, um darauf hereinzufallen. Doch sobald wir dem Verlangen des Kindes nachgeben, gießen wir Öl ins Feuer und die Quengelei wird sich das nächste Mal noch steigern.

Kinder sind abhängig von Routine. Beginnen Sie deshalb keine Gewohnheit mit ihnen, die Sie nicht beibehalten wollen. Lassen Sie dem Quengeln *niemals* irgendeine Art von Belohnung folgen. Gejammer fängt immer milde an und steigert sich dann zu einem „Aber Mami ...!"

Ein kluger Elternteil wird zu dem Kind sagen: „Wenn du jammern willst, jammere draußen. Ich will es nicht hören." Welchen Zweck verfolgt das Kind mit seinem Benehmen? Ihre Aufmerksamkeit auf sich zu ziehen und zu bekommen, was es will. Wenn beides fehlschlägt und es kein Publikum (nämlich Sie) mehr hat, macht das Quengeln keinen Spaß mehr.

Rauchen

Rauchen ist ein Elefant. Ich sollte das wissen; ich habe früher geraucht. Im Alter von sieben Jahren habe ich auf dem Fahrradgepäckträger meines Freundes Eddie meine erste Zigarette ausprobiert und hielt mich für cooler als cool. Ich rauchte während meiner ganzen Zeit auf der weiterführenden Schule und auch noch, als ich mein Studium begann. Einige Monate, nachdem ich Sande kennengelernt hatte, die jetzt seit vier Jahrzehnten meine Frau ist, hörte ich auf einen Schlag damit auf, weil sie es hasste. Für diejenigen unter Ihnen, die damit kämpfen, mit dem Rauchen aufzuhören: Das sagt eine Menge über meine Frau aus, nicht wahr?

Ich kenne auch einige Elternpaare, die glauben, das Rauchen sei keine große Sache. Sie erlauben sogar ihren fünfzehn- und sechzehnjährigen Kindern, im Haus zu rauchen und erdulden, dass sie passiv mitrauchen, weil sie ihre Kinder nicht verletzen oder ihre Rechte beschneiden wollen.

Meiner Meinung nach ist das verrückt. Wissen Sie, wie schädlich Passivrauchen für Sie ist? Ganz zu schweigen davon, dass diese Eltern ihren Kindern erlauben, zu Hause Regie zu führen – und ihre eigene und die Gesundheit anderer zu ruinieren.

Wenn Sie ein Kind beim Rauchen erwischen, lassen Sie es über das Rauchen nachforschen und einen fünfseitigen Aufsatz über die Gefahren des Rauchens schreiben. Der Aufsatz muss in Ihren Händen sein, bevor das Kind irgendetwas anderes machen darf. In anderen Worten, das Leben geht nicht weiter, bis es die Arbeit fertig hat und Sie die Zeit hatten, sie zu lesen und zu akzeptieren.

Warum werden manche Kinder zum Rauchen hingezogen und andere nicht? Der Psychologe Sigmund Freud hatte eine interessante Meinung über das Rauchen. Im Wesentlichen sagte er, die Menschen, die Zigaretten rauchten, seien auf der oralen Stufe der Entwicklung stehen geblieben. Sie hätten nicht genug Stimulation durch das Stillen ihrer Mutter bekommen.

Der Psychologe Alfred Adler sagte, Menschen, die rauchen, tun das aus einem von zwei Gründen: 1. Sie versuchen, Aufmerksamkeit auf sich zu ziehen oder 2. sie sind dumm.

Was immer der Grund sein mag, Rauchen ist schädlich für Ihren Körper. Wenn Sie glauben, dass Ihr Kind Zigaretten oder Pot raucht oder Drogen nimmt, ist es an der Zeit, aktiv zu werden. Einige Elternpaare aus

Der Psychologe Alfred Adler sagte, Menschen, die rauchen, tun das aus einem von zwei Gründen: 1. Sie versuchen Aufmerksamkeit auf sich zu ziehen oder 2. sie sind dumm.

meinem Bekanntenkreis haben in ihrem eigenen Haus eine Abhöranlage installiert, um herauszufinden, was dort vor sich ging, während sie über das Wochenende weg waren. Andere Eltern kontrollieren, welche Seiten auf dem Computer besucht wurden und lesen die Kommentare ihres Kindes auf MySpace.com.

„Aber Dr. Leman", sagen Sie vielleicht, „was ist mit der Privatsphäre meines Kindes?"

Wenn es um die Sicherheit Ihres Kindes geht, gibt es kein Recht auf eine Privatsphäre. Wenn etwas vor sich geht, sind Sie dafür verantwortlich, es herauszufinden. Sie sind die Eltern.

Wenn Sie glauben, dass Ihr Kind Drogen nimmt (heute sind Meth/Crack/Kokain und Heroin sehr weit verbreitet), gehen Sie mit ihm zum Arzt. Tun Sie das ohne Fanfaren, aber bitten Sie den Arzt (außerhalb der Hörweite Ihres Kindes) ausdrücklich darum, dass eine Urinuntersuchung durchgeführt wird, um festzustellen, ob sich im Körper Ihres Kindes Spuren irgendwelcher illegalen Drogen befinden.

Wenn das Ergebnis positiv ausfällt, müssen Sie Maßnahmen ergreifen. Drogen führen in die Abhängigkeit, deshalb könnte ein Eingreifen notwendig sein. Bitten Sie einige Menschen zu sich, die Ihr Kind respektiert, setzen Sie sich ohne Vorwarnung mit ihnen und Ihrem Kind zusammen und legen Sie Ihre Karten auf den Tisch. Sagen Sie ihm, dass Sie wissen, was in seinem Leben vor sich geht. Wenn Ihr Kind mit dem Familienauto oder einem eigenen Auto fährt, wird dieses Privileg sofort widerrufen, denn es ist offensichtlich, dass ihm das Verantwortungsbewusstsein dafür fehlt.

Woher stammt das Geld, mit dem das Kind seine Zigaretten oder Drogen finanziert? Wenn es sein Taschengeld dafür ausgibt, streichen sie es sofort. Wenn Ihr Kind einen Teilzeitjob hat, gehen Sie in die entsprechende Firma und lösen Sie das Arbeitsverhältnis. Sagen Sie dem Arbeitgeber, dass Sie Ihrem Kind nicht länger erlauben, dort zu arbeiten. Es ist schwer, den Drogenkonsum aufrechtzuerhalten, wenn man kein Geld hat, um sie zu bezahlen. Das Geld für Zigaretten oder Drogen bei

Freunden zusammenzuschnorren wird ebenfalls nicht lange funktionieren. Kluge Eltern werden einen harten Kurs einschlagen, um jeglichen Drogenkonsum sofort zu stoppen. Es steht viel zu viel auf dem Spiel.

Respekt

Das ist ein grundsätzliches Thema für alle Familien. Ohne Respekt gibt es keine Familie. Ohne Respekt sind Sie lediglich Menschen, die zusammen in einem Haus wohnen und tun, was sie wollen und wann sie es wollen. Respekt, Verantwortlichkeit und Pflichtgefühl sind es, die eine *Familie* zu einer Familie machen.

Wenn Sie ein Kind dafür in die Verantwortung nehmen, dass es Ihnen und den anderen Familienmitgliedern gegenüber respektvoll ist, sind Sie ihm gegenüber respektvoll. Denn wenn ein junger Mann nicht lernt, seine Mutter zu respektieren, wen wird er dann eines Tages heiraten wollen? Eine Frau, die er beherrschen und demütigen kann. Und wenn eine Tochter ihren Vater nicht respektiert, welche Meinung wird sie dann über die anderen Männer in ihrem Leben haben, einschließlich ihres Chefs bei der Arbeit? Sie wird einen Mann heiraten, den sie herumschubsen kann. Ihre Respektlosigkeit gegenüber ihrem Vorgesetzten kann sie nicht nur in Schwierigkeiten bringen, sondern sie sogar ihren Job kosten.

Die Lebensanschauung eines Elternteils wird auf die Kinder übertragen. Das bedeutet, dass wir als Eltern über unsere Worte nachdenken müssen, bevor wir sie aussprechen. Sind es Worte, von denen wir wollen, dass sich unser Kind daran erinnert? Oder sind es in der Hast gesprochene Worte, die nicht respektvoll sind? Wir müssen bedenken, dass jedes Familienmitglied bei gemeinsamen Aktivitäten ein Stimmrecht hat. Das heißt nicht, dass Ihr Kind in Ihrer Familie Regie führt, aber ein Familienmitglied zu sein bringt den Vorteil mit sich, ein Mitspracherecht zu haben.

Wenn Sie sich die Meinung Ihrer Tochter anhören und sich für die Dinge interessieren, die ihr wichtig sind, bringen Sie damit zum Ausdruck: „Ich schätze und respektiere dich. Ich interessiere mich dafür, was du denkst und fühlst."

Respekt ist eine Zweibahnstraße. Wenn Ihr Kind Sie nicht respektiert, werfen Sie zuerst einen Blick auf sich selbst, um zu sehen, ob Sie ein Teil des Problems sind. In den meisten Fällen haben die Probleme mit

Respektlosigkeit ihren Ursprung in den Ansichten, dem Benehmen und dem Charakter eines oder beider Elternteile.

Ich weiß, dass Sie das nicht hören wollen, aber es ist die Wahrheit. Ich habe schon am Anfang gesagt, dass es in diesem Buch Stellen geben wird, an denen Ihnen nicht gefallen wird, was ich zu sagen habe. Das ist eine dieser Stellen. Aber bitte hören Sie mich um Ihrer Familie willen an. *Sie* sind der Schlüssel zum Benehmen Ihres Kindes. Wenn Sie erreichen wollen, dass Ihr Kind Sie respektiert, müssen Sie bereit sein, in diesem Bereich an sich selbst zu arbeiten. Respektieren Sie Ihr Kind mit Ihren Worten und Ihrem Benehmen? Wenn nicht, warum sollte es dann Respekt vor Ihnen haben? (Überlegen Sie nur einmal: Würden Sie Ihren Chef so behandeln, wie Sie Ihren Ehepartner und Ihr Kind behandeln?) Bedenken Sie, dass Ansichten, Benehmen und Charakter eher abgeschaut als aufgebaut werden. Ihr Kind beobachtet Sie. Was lernt es dabei?

> *Ansichten, Benehmen und Charakter werden eher abgeschaut als aufgebaut. Ihr Kind beobachtet Sie. Was lernt es dabei?*

Die Erziehung ist eine schwierige Aufgabe. Sie können acht Dinge gut machen und zwei vermasseln, und diese beiden Dinge werden bewirken, dass Sie mit Ihren Kindern wieder dort stehen, wo Sie angefangen haben. Dann müssen Sie hart daran arbeiten, absolut konsequent zu sein, nicht überzureagieren und es nicht zu vermasseln. Sie müssen den Kurs beibehalten, selbst auf respektvolle und verantwortungsvolle Weise zu handeln. Was lernt Ihr Kind beispielsweise, wenn Sie es anbellen: „Du musst zur Kirche gehen. Das ist gut für dich!" und es dann vor der Kirche absetzen und selbst einen Kaffee trinken gehen?

Ihr Kind beobachtet Ihre Ansichten, Ihr Benehmen und Ihren Charakter. Wenn die Dinge zu Hause nicht mit dem Bild übereinstimmen, das Sie anderen vermitteln, ist Ihr Kind der Erste, der die Unstimmigkeit entdeckt. Wenn Sie das eine sagen und das andere tun, legt das den Grundstein für Respektlosigkeit in Ihrem Zuhause. Streben Sie Konsequenz und ein ruhiges, vernünftiges Verhalten an. Kein Schreien, kein „ich habe dir doch gesagt", kein „wenn du nicht ..." Ihre Kinder müssen an Ihren Taten sehen, dass in Ihrem Leben etwas anders ist und dass Sie sich zum Positiven hin verändern. Vielleicht stiften Sie manchmal immer noch Verwirrung oder vermasseln etwas. Schließlich sind Sie ein Mensch. Aber wenn das der Fall ist, müssen Sie zu Ihrem Kind gehen und sich für Ihr Benehmen entschuldigen.

Wenn Sie ein respektvolles Kind wollen, müssen Sie selbst respektvoll sein.

Rivalität unter Geschwistern

Vor Jahren schrieb ich ein Buch über die Geburtsfolge und wie sie die Kinder in der Familie beeinflusst. Es ist unter dem Titel *Geschwisterkonstellationen* erschienen.

Rivalität unter Geschwistern gibt es schon seit der Zeit, als Kain und Abel auf dem Acker ihren Kampf ausfochten und Abel verlor. Wenn Sie mehr als ein Kind haben, wird es unter den Geschwistern in Ihrer Familie immer Rivalität geben. Aber wenn Sie sie auf minimalem Niveau halten wollen, sorgen Sie dafür, dass Sie Ihre Kinder dafür zur Verantwortung ziehen.

Nehmen wir einmal an, Ihre Tochter beklagt sich: „Sie hat meinen Pullover getragen und dann auf einen Haufen geworfen. Jetzt will ich ihn anziehen und er ist schmutzig!“

Wenn Sie sich als Elternteil in diese Schlacht hineinziehen lassen, wird man Sie durchkauen und wieder ausspucken. Wie lautet dieses Sprichwort – „Blinder Eifer schadet nur“? Begeben Sie sich nicht zwischen die Fronten zweier Geschwister, die sich bekriegen.

> *Wenn die Belohnung aufhört, hört auch das entsprechende Benehmen auf.*

Da an einem Streit mindestens zwei beteiligt sind, müssen beide Geschwister zur Verantwortung gezogen werden. Bringen Sie sie zusammen in einen Raum und lassen Sie sie ihren Kampf ausfechten. Ich kann Ihnen versprechen, dass am Ende eines von ihnen den Pullover wäscht, sodass er wieder getragen werden kann.

Wenn Ihre Kinder im Auto einen Streit anfangen (siehe „Streiten im Auto“), drehen Sie um und fahren Sie wieder nach Hause. Fahren Sie Ihre Kinder an diesem Tag nirgends mehr hin. Wenn Sie das tun, denken Ihre Kinder entweder: *Mami dreht durch!* oder *Ich schätze, wir haben ihre Aufmerksamkeit auf uns gezogen. Aber offensichtlich hat es nicht ganz so funktioniert, wie wir dachten.*

So oder so werden Ihre klugen Kinder verstehen, dass es keinen Sinn macht, etwas zu tun, das nicht belohnt wird. Zu viele Eltern belohnen unwissentlich die negativen Dinge, die ihre Kinder aufgrund ihrer unreifen Persönlichkeit tun. Wenn die Belohnung aufhört, hört auch das entsprechende Benehmen auf.

Das kann ich Ihnen versichern.

Rollende Augen

Kinder können so dramatisch sein, nicht wahr? Vor allem vor und während der Teenagerzeit. Sie beherrschen es meisterhaft, die Augen zu verdrehen. Es ist ihre nonverbale Art zu sagen: „Bitte, nicht schon wieder!“ oder „Papi, du bringst mich in Verlegenheit. Ich kann nicht glauben, dass du das getan hast!“

Wenn Sie das nächste Mal rollende Augen sehen, sagen Sie: „Oh, das war großartig. Kannst du das nochmals machen? In Zeitlupe?“

Wenn Ihre Kinder mit den Augen rollen, ist das kein Elefant. Alle Kinder rollen mit den Augen. (Auch Sie tun das manchmal!) Es ist, als würde man sagen: „Was du gerade gesagt/getan hast, ist völlig plemplem. Es darf wirklich nicht wahr sein, dass du das gesagt/getan hast.“ Die Augen zu rollen ist ein schlechtes Benehmen, aber es ist nicht das Ende der Welt und wird den Charakter Ihres Kindes auf lange Sicht nicht beeinflussen. (Freche Antworten zu geben und besserwisserisch zu sein hingegen ist eine andere Geschichte.)

Eltern, das ist kein Problem, für das Sie in den Krieg ziehen sollten. Warum machen Sie nicht einen Spaß daraus? Wenn Sie das nächste Mal rollende Augen sehen, sagen Sie: „Oh, das war großartig. Kannst du das nochmals machen? In Zeitlupe?“

Wenn Sie diesem Benehmen mit Fröhlichkeit begegnen, wenn es auftritt, wird es heruntergespielt … und darüber hinaus könnte es Ihnen beiden zu einem dringend benötigten, entspannenden Lachen verhelfen.

Sauberkeitserziehung

Es gibt drei grundsätzliche Dinge, die Ihr Kind tut, was auch passiert – essen, schlafen und zur Toilette gehen – und Eltern machen eine viel größere Sache daraus, als sie sollten.

Haben Sie schon einmal einen Zweitklässler gesehen, der nicht zur Toilette geht? Einen Fünftklässler? Einen Achtklässler? Jedes Kind lernt das. Manche Kinder lernen es nur etwas schneller als andere.

Unzählige Menschen haben Bücher über die Sauberkeitserziehung geschrieben, aber das Wesentliche ist: Suchen Sie nach Zeichen dafür, dass Ihr Kind bereit dazu ist, bevor sie beginnen, es an die Toilette zu gewöhnen. Sonst führen Sie einen harten Kampf (bei dem vermutlich des Öfteren eine Spur Pipi den Gang hinunter zum Badezimmer führt). Und dann steigern Sie Ihre Belohnung.

Kaufen Sie dem großen Jungen bzw. dem großen Mädchen neue, „erwachsene" Unterwäsche. Kaufen Sie einen dieser kleinen Töpfe, auf denen Ihr Kind nahe am Boden sitzt und den es bequem ausprobieren kann. Manche Eltern kaufen auch einfach einen gepolsterten kleineren WC-Sitz, den man auf dem großen befestigen kann (aber seien Sie sich darüber bewusst, dass manche kleine Popos dennoch durch die Öffnung rutschen können).

Natürlich werden diese kleinen Hilfsmittel Ihr Kind nicht zur Sauberkeit erziehen. Aber sie sind eine gute Unterstützung auf dem Weg dorthin. Plädieren Sie dafür, dass Ihr Sohn ein großer Junge ist und das „allein" tun kann (das ist sehr wichtig für ein Kleinkind). Das Entscheidende ist, dass das Kind lernt, wann es Zeit ist, zur Toilette zu gehen, und nicht alle paar Minuten von seiner Mutter gefragt werden muss, ob es zur Toilette gehen sollte. Wenn die Mutter zu große Hilfestellung leistet, schwächt sie das Selbstvertrauen ihres Kindes. Werden auf diesem Weg Unfälle passieren? Sicher. Aber wenn das Kind einen Unfall hat und mithilft, die Verschmutzung sauberzumachen (statt dass Mami herbeieilt und es für ihr Kind tut), erkennt es: *Oh-oh, ich habe zu lang gewartet. Ich muss gleich gehen, wenn ich spüre, dass ich muss.*

Manche Eltern benutzen nachts Höschenwindeln. Sie sehen das als Fortschritt an. Aber ich denke, wenn ein Kind alt genug ist, zu sagen: „Ich will eine Höschenwindel", ist es auch alt genug, um an die Toilette gewöhnt zu werden. Wenn Sie dem Kind sagen: „Liebling, die Höschenwindeln sind uns ausgegangen, wir haben keine mehr“, werden die meisten Kinder das akzeptieren. Und wenn es keine Höschenwindel bekommt, muss Ihr Kind die Verantwortung für seine Blase übernehmen.

Der Moderator einer Talkshow sagte kürzlich zu mir über seinen Sohn: „Hey, Doc, der kleine Jake weigert sich, sein großes Geschäft zu machen, wenn wir ihm keine Pampers anziehen. Was können wir da tun?“ Das ist einfach verrückt, um es ganz offen zu sagen.

Wenn ein Kind nach einer Pampers fragen kann, um sein großes Geschäft zu erledigen, kann es auch rechtzeitig auf den Topf gehen. Ein solches Kind manipuliert Sie und genießt jede Minute davon. Es führt die Regie im Haus, nicht Sie. Und das ist weder für Sie gut noch für das Kind.

Meine Frau machte bei dem Erstgeborenen unseres fünfköpfigen Nachwuchses einen kolossalen Fehler. Sie beschloss, den Tag festzulegen, an dem sie Holly daran gewöhnen würde, auf das Töpfchen zu gehen. Sie hatte ein Buch von zwei Psychologen über das Sauberkeitstraining gelesen und beschlossen, diese Methode anzuwenden. Ich erinnerte sie daran, dass ich ebenfalls Psychologe war und die Dinge anders sah, aber das spielte keine Rolle. Meine als erstes Kind geborene Frau, die weiß, was Sache ist, verbannte mich für diesen Tag aus dem Haus und verlangte, nicht gestört zu werden. Mit Kartoffelchips und M&Ms – Dingen, die die Venen verstopfen, das Leben um zwanzig Jahre verkürzen und normalerweise nicht bei uns im Haus zu finden waren – begann sie, diesen „Plan“ in die Tat umzusetzen. Am Ende des Tages klopfte Holly auf das Töpfchen und sagte „Töpfchen, Töpfchen“ – während das, was in das Töpfchen hinein sollte, an ihrem Bein hinunterlief.

Wir Eltern denken oft, wir wüssten, was das Beste für unsere Kinder ist, aber die Realität ist, dass alle Kinder, was die Sauberkeitserziehung anbetrifft, eine Uhr in sich haben. Man nennt diese Uhr Bereitschaft, und man kann ihre Zeichen erkennen. Das Kind beginnt, Ihr Verhalten nachzuahmen, wenn Sie zur Toilette gehen, stellt Fragen und will Ihnen ins Badezimmer folgen. Dann machen Sie den nächsten Schritt. Sie kaufen ein Plastiktöpfchen, stellen es auf den Boden und machen es zu einer festen Vorrichtung in Ihrem Badezimmer. Sie machen keine große Sache daraus, und so hält es auch das Kind nicht für eine große Sache (und daher für einen Weg, um Mami oder Papi zu kontrollieren).

Wenn das Kind das Töpfchen sieht, erklären Sie ihm ruhig, dass es sein Töpfchen ist, das es benutzen kann. Es ist nahe am Boden und es kann sich leicht daraufsetzen. Mit dieser Methode sind viele Mütter angenehm überrascht, wie leicht die Sauberkeitserziehung vonstattengeht, wenn sie nicht darauf drängen. Oft wird man das neugierige Kind im Badezimmer finden, wie es allein das neue Töpfchen ausprobiert!

Wenn das Kind sich auf das Töpfchen setzt und sein kleines Geschäft (das einfachere von beiden) erledigt, dann ist der richtige Zeitpunkt, Aufhebens davon zu machen (aber kein großes). „Nun sieh dir das an. Das hast du ganz allein gemacht!" sind ermutigende Worte für ein Kind. Wenn Sie das mit etwas Süßem verstärken möchten, können Sie das tun. Aber ich glaube nicht, dass es eine gute Idee ist. Warum nicht? Wenn Sie Ihre Freunde fragen würden: „Wer von euch war heute schon auf der Toilette?", würde die Mehrheit von ihnen Sie ansehen, als seien Sie verrückt und würden sagen: „Natürlich war ich schon auf der Toilette." Nun, hat irgendjemand *ihnen* ein M&M dafür gegeben? Nein. Warum also sollten Sie das bei Ihrem Kind tun?

Auf die Toilette zu gehen ist eines der natürlichsten Dinge der Welt. Wir sind diejenigen, die es zu etwas Großem und Komplexem aufbauschen. Aber das verdient die Sache nicht. Wenn Ihr Kind nicht innerhalb von einigen Tagen auf das Sauberkeitstraining anspricht, machen Sie kein Drama daraus. Nehmen Sie das Töpfchen einfach für kurze Zeit weg und stellen Sie es dann wieder auf. Manchmal ist ein Kind schon ein oder zwei Wochen später bereit, sich jetzt darauf einzulassen.

Wenn Ihr Kind sein großes Geschäft auf dem Töpfchen erledigt, können Sie sagen: „Oh, sieh mal, was du gemacht hast. Das ist großartig!" Aber so begeistert Sie auch von dieser Leistung sind, sollten Sie keinen allzu großen Wirbel darum machen. Ich kenne eine Mutter, die das Geschäft „aufhob", um es ihrem Mann zu zeigen, wenn er von der Arbeit nach Hause kam. An diesem Abend versammelten sie, ihr Mann und die anderen beiden Geschwister sich um den Porzellanthron, um das Aa zu bewundern. Sie glaubten, das würde den kleinen Jungen dazu ermuntern, öfter auf sein Töpfchen zu gehen. Stattdessen bewirkten sie damit, dass der kleine hedonistische Kerl dachte: *Hey, das ist eine große Sache. Mama gefällt es wirklich, wenn ich aufs Töpfchen gehe. Hm ... ich frage mich, was sie tun wird, wenn ich nicht gehe. Was wird sie mir geben? Damit ging* die Sache trotz der guten Absichten dieser Mutter völlig daneben. Plötzlich konnte dieses Kind keinen sechs Zentimeter langen Picasso mehr produzieren, ohne dass sie oder jemand anders bei ihm im Badezimmer saß.

Die meisten Kinder sind im Alter von zwei oder zweieinhalb Jahren bereit für das Sauberkeitstraining.

Die meisten Kinder sind im Alter von zwei oder zweieinhalb Jahren bereit für das Sauberkeitstraining. Wenn sich ein Kind normal entwickelt (und keine Wachstumsverzögerungen aufweist), gibt es keinen Grund, warum es im Alter von drei Jahren nicht an die Toilette gewöhnt werden sollte. Wenn Ihr Kind mit dreieinhalb immer noch nicht zur Toilette geht, haben Sie die Sache mit Belohnungen und Bestrafungen viel zu sehr aufgebauscht. Dieses Kind hat Ihre Masche durchschaut, und jetzt hat es das Sagen. Behalten Sie im Gedächtnis, dass ein Kind noch in die Hosen machen kann, auch wenn es vier Jahre alt ist. „Aber, Doc, er geht schon seit zwei Jahren auf die Toilette. Was ist da los?“, fragen Sie.

Was will dieses Kind Ihnen sagen? „Ich habe es vergessen.“

Das Kind hat es nicht vergessen. Es hat dasselbe Gefühl in seiner Blase wie Sie und ich, wenn wir zur Toilette müssen. Es war einfach so sehr in sein Spiel vertieft, dass es faul wurde und seine Hose nass gemacht hat.

Im Hause Leman galt immer das Gesetz, dass man pro Tag nur eine bestimmte Anzahl frischer Unterhosen tragen durfte. Wenn man bei den Menschen in Ihrer Stadt eine Umfrage durchführen würde, würde man feststellen, dass der Durchschnitt bei einer Unterhose pro Tag liegt. Das bedeutet, wenn ein Kind draußen spielt und seine Hosen nass macht, weil es vergessen hat hereinzukommen und auf die Toilette zu gehen, ist sein Tag draußen zu Ende, sobald er wieder zu Hause ist.

Das ist ein simpler Fall von Ursache und Wirkung, der das Kind für seine eigene Blase verantwortlich macht. Wenn die Zeit, in der das Kind mit seinen Freunden spielen darf, für diesen Tag beendet ist, weil es in die Hose gemacht hat, glauben Sie, dass es das nächste Mal daran denkt, ins Haus zu kommen und auf die Toilette zu gehen?

Schikane

„Ich war erzürnt, als mein Kind mir erzählte, was ihm auf dem Spielplatz passiert war. Wie war es nur möglich, dass der Spielplatzaufseher nicht gesehen hatte, was da vor sich ging? Jetzt will Daniel nicht einmal mehr zur Schule gehen."

„Es war mir so peinlich, als ich einen Anruf von der Schule bekam, in dem mir mitgeteilt wurde, dass Ricky ein kleines Mädchen beschimpft, sie in die Büsche gestoßen und ihr das Gesicht zerkratzt hatte. Wie konnte ich nur so einen Tyrannen aufziehen? Ich meine, ich weiß, dass Ricky aggressiv sein kann, aber ich habe nie geglaubt, dass er gemein sein würde, schon gar nicht zu einem Mädchen."

„Mädchen können so gemein sein. Die siebte Klasse war ein furchtbares Jahr für Crystal. Es war tatsächlich so schlimm, dass wir den Entschluss fassten, mitten im Jahr die Schule zu wechseln. Eine Gruppe von Mädchen lehnte sie ab, weil sie es sich nicht leisten konnte, die richtigen Kleider zu kaufen, und eine Brille trug. Während der ersten Hälfte des Schuljahres reichten sie Zettel mit arroganten Bemerkungen über sie herum, gaben derbe Kommentare über ihren Körper ab und drohten den anderen Mädchen, dass sie sie niemals in ihren Freundeskreis aufnehmen würden, wenn sie sich mit Crystal anfreundeten. Ich muss zugeben, ich war mehr als ein wenig versucht, diesen Mädchen selbst ins Gesicht zu schlagen. Eine Zeit lang versuchte ich, Crystal die Sache selbst regeln zu lassen, aber es wurde zu schlimm. Sie kam jeden Tag weinend von der Schule.

Schließlich beschloss ich, mit den Müttern von zwei der Mädchen zu sprechen, bevor ich zum Direktor ging. Traurigerweise waren ihre Mütter genau wie sie. Es schien, als würde in dieser Welt nichts zählen, als zu dieser populären Gruppe zu gehören. Eine Mutter sagte, sie habe eine Verabredung mit ihrem Privattrainer und sei schon spät dran, deshalb habe sie jetzt keine Zeit, mit mir zu sprechen. Die andere sagte, sie wisse nicht, warum ihre Tochter ihre Zeit mit ‚einem Mädchen wie Crystal' verschwenden sollte, weil sie nicht zur Gruppe ihrer Tochter gehörte ... Da wusste ich, dass ich auch beim Direktor der Schule nichts erreichen würde, denn diese beiden Mütter hatten der Privatschule schon große Spenden zukommen lassen. Also gab ich auf und schickte Crystal auf eine andere Schule. Wir waren uns einig, dass die Schule es nicht wert war, dass sie danach jeden Tag weinte.

Nachdem wir dieser Schule den Rücken gekehrt hatten, hörte ich, dass sich die Mädchen gegen Jeni, das neuste Mitglied der Gruppe, gewendet hatten und nun ihr das Leben schwer machten. Obwohl auch Jeni Crystal zugesetzt hatte, tat es Crystal jetzt leid für sie ... weil sie wusste, wie es sich anfühlt, wenn auf einem herumgehackt wird."

Ist Ihr Kind der Tyrann oder das Kind, das tyrannisiert wird?

Es gibt etwas sehr Wichtiges, das man über Tyrannen wissen sollte. Tyrannen sind unsicher. Sie glauben, wenn sie andere herabsetzen (körperlich oder emotional), würde ihnen das ein besseres Selbstgefühl verschaffen und sie würden sich stärker fühlen.

Tyrannen sind unsicher. Sie glauben, wenn sie andere herabsetzen (körperlich oder emotional), würde ihnen das ein besseres Selbstgefühl verschaffen.

Als ich aufwuchs, waren die Tyrannen jene gemeinen Jungen, die anderen auf ihren Fahrrädern nach Hause folgten und sie in einer Hintergasse verprügelten. Wenn so ein geschlagener Junge dann nach Hause kam, warf sein Vater nur einen Blick auf ihn und sagte, er solle das nächste Mal nicht nachgeben. Er gab ihm einige Tipps, wie er am besten zurückschlug (außerhalb der Hörweite seiner Mutter natürlich). Wenn der Junge dann einige Tage später mit einem blauen Auge, aber von einem Ohr zum anderen grinsend nach Hause kam, gratulierte sein Vater ihm, weil er wusste, dass er dem Tyrannen Paroli geboten ... und gewonnen hatte.

Aber die Tyrannen von heute sind anders. Sie sind aggressiver, und traurigerweise haben viele von ihnen Eltern, die körperlich abwesend sind, zu denen auf emotionaler Ebene eine große Distanz besteht oder die es einfach nicht kümmert, was ihre Kinder treiben. Man kann sich nicht einmal mehr darauf verlassen, dass die Eltern des Tyrannen, der Ihrem Kind das Leben schwer macht, selbst ein diszipliniertes Leben führen.

Schikane kann viele Formen annehmen. Im Kindergarten sagte ein gemeines Mädchen zu einem anderen, das adoptiert worden war: „Deine Eltern haben dich in China von einem Regal gekauft, weil niemand dich haben wollte. Niemand wollte ein Mädchen haben." Danach hatte das Mädchen monatelang Albträume, in denen sie „gekauft" wurde und ein

Preisschild am Arm trug. Sie fragte sich ständig, zu welchem Preis sie verkauft worden war. Und da ihre Adoptiveltern sie hatten kaufen können, befürchtete sie, dass jemand anderer sie ihnen möglicherweise abkaufen könnte. Als ihre Mutter mit der Mutter des anderen Mädchens über die Situation sprechen wollte, lachte diese nur und sagte: „Manchmal sagen Kinder die dümmsten Dinge, nicht wahr?“ Es war offensichtlich, dass sie nicht verstand, welche Auswirkungen der Vorfall gehabt hatte und es auch gar nicht verstehen wollte.

Ein anderes kleines Mädchen wurde in der ersten Klasse von einem Klassenkameraden so hart an den Armen gepackt, dass er sie damit in Angst und Schrecken versetzte. Er war viel größer als sie und hinterließ blaue Flecken auf ihren Armen. Als ihre Mutter dem Lehrer davon berichtete, sagte der Lehrer: „Oh, er hat doch nur versucht, freundlich zu sein.“ Doch die Mutter verfolgte die Angelegenheit weiter und wandte sich an den Direktor der Schule, denn das war bereits das dritte Mal gewesen, dass der Junge ihre Tochter so hart angepackt hatte. Sie befürchtete, der Junge würde ihrer Tochter das nächste Mal den Arm brechen.

Einem Jungen aus der vierten Klasse wurde gesagt, er sei „wie ein kleines Mädchen“, weil er während der Mittagspause nicht mit den anderen Jungen Fußball spielen wollte. Am nächsten Tag legte jemand rosa Ballerinaschuhe und ein rosa Ballettröckchen, auf dessen Vorderseite das Wort *schwul* stand, in sein Schließfach. Ian war am Boden zerstört. Er ist jetzt in der siebten Klasse, aber er wird diesen Moment nie vergessen.

Seitdem fragt er sich ständig, ob er wohl schwul ist. Ein Mädchen aus der zweiten Klasse verbrachte ihre Ferien damit, sich vor zwei Jungen zu verstecken, die gerne „Ballwerfen“ spielten, indem sie sie als Ball benutzten.

Tyrannen, denen nicht Einhalt geboten wird, werden nur zu älteren Tyrannen, die noch gefährlicher sind. An manchen Orten tragen die Tyrannen heute Messer und Waffen bei sich, je nachdem in welcher Umgebung sie sich befinden und in welchem Alter sie sind. (Und nicht nur Bandenmitglieder sind Tyrannen; auch sehr sauber und ordentlich aussehende Personen können Tyrannen sein.) Das sind die Kinder, die anderen nach Schulschluss in finsteren Gassen auflauern und versuchen, sie zum Rauchen oder zum Konsum von Drogen zu zwingen. Das sind die Jungen im Umkleideraum, die einen Jungen mit einem kleinen Penis schnappen, ihn bis auf sein Suspensorium ausziehen und ihn zwingen, vor den Augen des

Mädchens, in das er verknallt ist, auf den Gang hinauszugehen. Das sind die Mädchen, die einem anderen, das neu dazugekommen ist, erzählen, dass sie mit einem der Fußballspieler Oralsex betreiben müsse, um als cool zu gelten.

Wenn Ihrem Kind so etwas passiert, gehen Sie sofort zu einem Lehrer, dem Sie vertrauen. Wenn Sie vonseiten des Lehrers keine Taten sehen, gehen Sie zum Direktor. Schikane ist nichts, mit dem man herumspielt. Sie ist ein Elefant, den man *sofort* angreifen muss, ganz gleich wer es ist, der andere schikaniert.

Wenn Ihr Kind dasjenige ist, das andere Kinder schikaniert, kämpfen Sie mit harten Bandagen. Setzen Sie sich mit Nachdruck mit Ihrem Kind auseinander, wenn Sie mit ihm allein sind: Führen Sie ein ernsthaftes Gespräch mit Ihrem Kind. „Bist du wirklich so unsicher, dass du andere Kinder schikanieren musst?“ Damit kommen Sie der Sache auf den Punkt, denn kein Kind will zugeben, dass es unsicher ist oder dass es auf einem jüngeren und kleineren Kind herumgehackt hat, nur um sich selbst besser zu fühlen. Fragen Sie Ihr Kind, warum es getan hat, was es getan hat. Erklären Sie ihm, wie das andere Kind sich dabei gefühlt hat, wie Sie sich deshalb fühlen und welches Benehmen Sie von jetzt an von Ihrem Kind erwarten. Bestehen Sie darauf, dass sich Ihr Kind so schnell wie möglich bei demjenigen entschuldigt, dem es Unrecht getan hat. Es trägt noch dazu bei, die Lektion zu festigen, wenn Sie dabei anwesend sind und sicherstellen, dass Ihr Kind es auch tut. Um eine emotionale Entschädigung zu leisten, muss der Tyrann sagen: „Es tut mir leid, dass ich dir wehgetan habe. Es wird nicht wieder vorkommen.“

Hierbei gibt es jedoch noch einen wichtigen Punkt zu beachten. Wenn es Ihrem Kind wirklich leidtut, müssen Sie ihm erlauben, sein Leben weiterzuleben. In anderen Worten, kommen Sie ihm nicht ständig mit alten Kamellen. Wir Eltern neigen dazu, zurückzublicken und unserem Kind etwas wieder aufzutischen, das es zu einem früheren Zeitpunkt getan hat. Wir lieben es, sie ständig an ihre Fehler zu erinnern, damit sie „gut“ werden.

So peinlich es auch ist, die Mutter oder der Vater eines Tyrannen zu sein, behalten Sie im Gedächtnis, dass Sie als Eltern viele Krisen durchmachen werden. Ihre Aufgabe besteht darin, sie so gut wie möglich zu meistern und dann weiterzumachen. Kindern etwas beizubringen braucht Zeit. Sie werden Fehler machen. Sie selbst werden Fehler machen. Erinnern

Sie sich an die Regeln der demokratischen Gesellschaft? „Wenn du das Recht hast, mich herabzusetzen, habe ich das Recht, dich herabzusetzen." Dieser Kreislauf wird sich schwer durchbrechen lassen, wenn Sie ständig davon sprechen, was Ihr Kind alles falsch gemacht hat. Wenn Sie sich mit dem tyrannischen Benehmen auseinandersetzen und eine sofortige emotionale Entschädigung verlangen, können Sie und Ihr Kind den Weg des Lebens weitergehen.

Wenn Ihr Kind dasjenige ist, das schikaniert wird, erstatten Sie sofort dem Lehrer des Kindes Bericht darüber. Wenn Ihr Lehrer Ihnen keine Rückmeldung gibt wie etwa die folgende: „Danke, dass Sie mir das gesagt haben. Ich werde das aufmerksam beobachten. Sagen Sie Ihrem Kind, dass es sofort zu mir kommen soll, wenn es sich bedroht fühlt", dann wurden Sie nicht gehört und der Lehrer nimmt schikanierendes Verhalten nicht ernst.

Der nächste Schritt besteht darin, zum Direktor zu gehen. Sie können Schikane nicht auf die leichte Schulter nehmen, und Sie können auch nicht „abwarten und sehen, was passiert". Zu viele Kinder werden von Tyrannen windelweich geprügelt. Ihre körperlichen Wunden werden heilen, aber ihre emotionalen Wunden vielleicht nicht. Tyrannen hören nicht ohne Weiteres auf, andere zu schikanieren. Der Spielplatzaufseher, der Lehrer, der Direktor und beide Elternteile müssen gemeinsam daran arbeiten, ihn zu stoppen. Tyrannei und Schikane darf man nie auf die leichte Schulter nehmen.

Schimpfworte

„Der Spielplatzaufseher hat mich angerufen, weil mein Sohn, der in die dritte Klasse geht, einen anderen Jungen ‚Fettsack' genannt und ihn damit zum Weinen gebracht hat. Ich war so beschämt, dass ich nicht wusste, was ich sagen sollte. Warum sagt Luke so etwas? Luke ist selbst kein mageres Kind."

„Ich verbrachte meine gesamte Kindheit mit Kindern in der Nachbarschaft, die mich beschimpften, weil ich einen anderen ethnischen Hintergrund hatte als sie. Deshalb ging es mir wirklich an die Nieren, als meine Tochter aus dem Kindergarten nach Hause kam und fragte: ‚Mami, was ist ein Spik? Einige Kinder haben Spik zu mir gesagt.'"

Warum betiteln Kinder einander mit Schimpfnamen?

Menschen, die andere beschimpfen, tun das, damit sie sich selbst besser fühlen.

Menschen, die andere beschimpfen, tun das, damit sie sich selbst besser fühlen. Sie sehen vielleicht groß und herrschsüchtig aus, aber hinter dieser Fassade sind sie unsicher. Dennoch können sie anderen Kindern erheblichen Schaden zufügen, wenn sie nicht gestoppt werden.

Wenn Ihr Kind ein anderes mit einem Schimpfwort betitelt, können Sie das nicht durchgehen lassen. Sie müssen Ihr Kind mit quietschenden Bremsen stoppen.

Sie müssen es fragen: „Hast du ein schlechtes Gefühl, was dich selbst betrifft?"

„Wovon sprichst du?", stottert Ihr Kind.

„Du hast deinen Bruder gerade heruntergemacht. Du hast ihn einen ... genannt. Menschen, die das tun, haben kein gutes Selbstgefühl. Es beschäftigt mich, dass das offensichtlich auch bei dir der Fall ist."

Das wird dem Kind den Spaß an der Beschimpfung anderer sicher nehmen, glauben Sie nicht? Plötzlich registriert das Kind: *Wenn ich meinen Bruder herabsetze, sage ich damit den anderen, dass ich kein gutes Selbstgefühl habe? Huch!*

Kinder sind im Allgemeinen sehr unverblümt. Manchmal sagen sie aufgrund von Unkenntnis oder Naivität etwas, das andere verletzt. Aber jeder Elternteil weiß, ob sein Kind einfach ehrlich ist und eine unpassende Bemerkung macht, weil es neugierig ist („Mami, warum hat diese Frau ein schwarzes Gesicht und einen schwarzen Körper? Ist ihr Bauch auch schwarz oder weiß, wie meiner?") oder ob es eine andere Person absichtlich beschimpft und verletzt. Hier geht es um die Einstellung.

Kinder können besonders verletzend sein, wenn es um die Rasse, die Ethnizität und um körperliche Eigenschaften geht. Einem kleinen Mädchen wurde gesagt, es könne nicht mit seinen Klassenkameraden spielen, weil sie kein blondes Haar hatte wie sie. Einem Jungen wurde gesagt, er habe „lustige" Ohren, woraufhin er seine Eltern die nächsten drei Jahre anbettelte, seine Ohren operieren lassen zu dürfen, damit er normal aussah.

In meiner Klasse war früher ein Mädchen, deren Nase dem Rüssel eines Schweins sehr ähnlich war. Jeder nannte sie „Schweinsgesicht". Können Sie sich das vorstellen? Das arme Mädchen! Mich schaudert noch heute, wenn ich darüber nachdenke, was sie durchmachen musste. Was ihre Klassenkameraden im Scherz gesagt haben, muss sie zur Verzweiflung getrieben haben. Kinder können ausgesprochen grausam sein.

Lassen Sie nicht zu, dass Ihr Kind so handelt! Wenn es andere beschimpft, müssen Sie sich sofort damit befassen. Warten Sie nicht, bis Ihr Kind Jagd auf ein weiteres Opfer macht.

Wenn Ihre Tochter zu denjenigen gehört, denen Schimpfnamen verpasst werden, ermutigen Sie sie. „Liebling, ich weiß, es muss dich verletzt haben, was sie gesagt hat, aber ich bin stolz darauf, wie du mit der Situation umgegangen bist und was du gesagt hast." Wenn Sie Ihrem Kind sagen, dass Sie stolz darauf sind, wie es reagiert hat, wird das den Schmerz über die Beschimpfung aufwiegen und mehr dazu beitragen, die Selbsteinschätzung Ihres Kindes wiederherzustellen als alles andere, das Sie als Elternteil tun können (auch wenn Sie am liebsten zum Haus des anderen Mädchens hinüberstampfen und ihr Saures geben würden).

Wenn Sie so handeln, vermitteln Sie Ihrem Kind: Ja, die Menschen behandeln andere manchmal schlecht. Aber es ist die Art und Weise, wie man auf die Situation reagiert, die den Unterschied macht. Wenn man den schwierigeren Weg geht, wird man auf lange Sicht gewinnen.

Schlafenszeitkämpfe

„Wir brauchen um die drei Stunden, um die Kinder ins Bett zu bringen. Während dieser Zeit kommen wir ihren Bitten nach einem Betthupferl, Saft, Wasser und einer Gutenachtgeschichte nach und decken sie zu – nur, damit sie zehn Minuten später wieder aufstehen und nach unten kommen – und dann bin ich so erschöpft, dass ich mir wünsche, ich könnte auch ins Bett gehen."

„Aaron geht nicht ins Bett, ohne dass ich oder mein Mann sich neben ihn legt. Das Problem ist: Wenn wir so lange neben ihm liegen bleiben, bis er einschläft, schlafen wir auch ein. Ich glaube, wir hatten seit über einem Jahr keine Zeit mehr für uns als Ehepaar."

> „Ich kann mich noch daran erinnern, dass ich als Kind nachts immer imaginäre Monster sah, deshalb verstehe ich Annas Ängste und habe versucht, geduldig zu sein. Aber kürzlich ist sie in der Nacht so oft aufgestanden und hat behauptet, Monster zu sehen, dass ich fast die Wände hochging. Es muss eine bessere Möglichkeit geben."

Ich werde ganz offen sein. Wie mein Vater immer sagte: „Wenn Schlafenszeit ist, ist Schlafenszeit. Entweder du gehst von selbst ins Bett oder du wirst dorthin befördert." Wir Kinder wussten alle: Wenn wir einmal im Bett waren, gab es keinen Weg mehr heraus. Darin war mein Vater sehr entschieden.

Der Punkt ist, dass jedes Kind eine feste Schlafenszeit braucht. Doch dieser Zeitpunkt kann je nach Alter und Wesen des Kindes variieren. Ein Zweijähriger braucht beispielsweise eine andere Schlafenszeit als ein Vierzehnjähriger, weil der Zweijährige mehr Schlaf braucht. Manche Kinder brauchen mehr Schlaf als ihre gleichaltrigen Geschwister. Die einzigen Kinder in einer Familie, die normalerweise zur gleichen Zeit zu Bett gehen, sind Zwillinge und Drillinge. Bedeutet das, dass ein Kind nicht vor seiner üblichen Schlafenszeit zu Bett gehen kann, wenn es müde ist? Natürlich nicht! Aber es kann ihrem ältesten Kind schrecklich viel bedeuten, zu wissen, dass es fünfzehn Minuten länger aufbleiben könnte als die anderen Kinder, wenn es das wollte – eine Art Geburtsrecht.

Für viele Familien wird die Schlafenszeit zur Kampfzone, wenn es darum geht,

- die Zubettgehroutine des Kindes zu durchlaufen,
- das Kind ins Bett zu bekommen,
- das Kind ins Bett zurückzubringen, wenn es wieder aufgestanden ist,
- sicherzustellen, dass das Kind im Bett bleibt.

Kinder lieben regelmäßige Abläufe, deshalb möchte ich Sie an dieser Stelle warnen: Achten Sie sehr sorgfältig darauf, wie Sie die tägliche Routine zur Schlafenszeit gestalten. Wenn Sie sich einmal festgelegt haben, ist es sehr schwer, sie zu ändern.

Wenn Sie Ihrem Kind beispielsweise einen Müsliriegel als Betthupferl geben und ihm eine Gutenachtgeschichte vorlesen, wird Ihr Kind diese beiden Dinge wie ein Jurist immer einfordern, bevor es schlafen kann. Je komplizierter der gewohnte Ablauf ist, desto mehr Zeit wird er in Anspruch nehmen.

> *Achten Sie sehr sorgfältig darauf, wie Sie die tägliche Routine zur Schlafenszeit gestalten. Wenn Sie sich einmal festgelegt haben, ist es sehr schwer, sie zu ändern.*

Jedes Kind auf dieser Welt wird versuchen, diese Routine hinauszuzögern. Aus meiner persönlichen Erfahrung mit fünf Kindern lautet mein Rat: Lassen Sie das nicht zu. Wenn Sie „nur noch eine Geschichte“ vorlesen, werden Sie das jeden Abend tun müssen. Kluge Eltern gestalten den regelmäßigen Ablauf kurz und einfach. Ich erinnere mich noch daran, wie ich Holly, unsere Erstgeborene, zu Bett brachte, als sie noch ein Kind war. Im Alter von achtzehn Monaten grunzte sie und zeigte auf Dinge, die ich aufheben sollte. Und ich verhielt mich wie ein trainierter Affe und war dumm genug, es zu tun. Nach einiger Zeit hatte ich so viele Dinge in meinen Armen, dass ich sie kaum noch halten konnte. Ist das nicht verrückt?

Ganz gleich, welche Routine Sie entwickeln – wenn es 21.00 Uhr (oder wann immer Sie die Schlafenszeit festgelegt haben) ist und das Kind zu Bett gebracht wurde, ist es wichtig, dass es dort bleibt. Als Holly ein Kleinkind war, machte ich den Fehler, ihr, bevor sie ins Bett ging, immer noch ein Glas Wasser aus der Küche zu holen, von dem sie behauptete, es schmecke besser als das Wasser aus dem Bad nebenan. Als wir Lauren, unsere Jüngste, bekamen, gab es nur noch Wasser aus dem Badezimmer, das näher lag (inzwischen war ich klug genug, kein Wort darüber zu verlieren, woher das Wasser stammte).

Kinder sind sehr geschickt darin, ihre Eltern zu manipulieren … insbesondere, wenn sie einmal im Bett sind. Sie können manipulieren, indem sie Wasser und etwas Süßes „brauchen“ („Mein Bäuchlein ist so hungrig, dass es wehtut“), imaginäre Monster sehen („Mami, ich habe Angst“), behaupten, dass sie sich nicht gut fühlen („Mein Bauch tut weh“) oder etwas über ihre Geschwister ausplaudern („Jason ist in mein Zimmer gekommen und hat mich erschreckt“ oder „Amanda will mir mein Spielzeug nicht geben“). Kinder verfügen über ein riesiges Arsenal von Trümpfen, die sie ausspielen,

Kinder verfügen über ein riesiges Arsenal von Trümpfen, die sie ausspielen, um ihre Schlafenszeit hinauszuzögern und ihre Eltern unnötigerweise in etwas hineinzuziehen.

um ihre Schlafenszeit hinauszuzögern und ihre Eltern unnötigerweise in Auseinandersetzungen unter den Geschwistern hineinzuziehen.

Aber was ist der Zweck dieses Verhaltens? Ihre Aufmerksamkeit zu bekommen. Funktioniert das bei Ihnen zu Hause? Wahrscheinlich, wenn Sie dieses Buch lesen. Also was können Sie tun?

Entwickeln Sie eine Schlafenszeitroutine, wenn Sie noch keine haben. Je kürzer und einfacher, desto besser. Wenn diese Routine einmal eingeführt ist, befolgen Sie sie. Und wenn die Kinder dann im Bett sind, bestehen Sie fest darauf, dass jetzt Schluss ist. Die Kinder müssen im Bett bleiben.

Ich warne Sie: Ihre Kinder beherrschen das Schlafenszeitspiel sehr gut. Manche Kinder werden ganz brav ins Bett gehen und Sie werden einen glücklichen Seufzer ausstoßen. Dann, eine halbe Stunde später, werden Sie kleine Augen sehen, die Sie vom Treppenhaus aus anstarren. Die Kinder werden darauf beharren, dass sie irgendetwas brauchen. Wenn sich das für Sie vertraut anhört, probieren Sie folgende Taktik aus: Ohne auch nur den Kopf zu drehen oder das Kind zu beachten, sagen Sie einfach: „Es ist Schlafenszeit. Geh zurück ins Bett“, und wenden Sie Ihre Aufmerksamkeit wieder dem zu, was Sie gerade getan haben. Wahrscheinlich wird das Kind zögern, vielleicht auch nochmals einen Snack oder Wasser wollen oder Sie bitten, es ins Bett zurückzubringen. Ignorieren Sie das alles. Gehen Sie einfach weiter Ihrer Beschäftigung nach. Soweit es Sie betrifft, ist die Schlafenszeitroutine beendet. Sie haben Ihr Kind ins Bett gebracht und jetzt sind Sie mit etwas anderem beschäftigt.

Was tun Sie mit dem Kind, das nachts in Ihrem Schlafzimmer auftaucht? Wenn Ihr Kind gelegentlich nachts um zwei in Ihr Bett schlüpft, ist das eine Mücke. Wenn Ihr Kind jede Nacht um zwei Uhr in Ihr Bett schlüpft, ist das ein Elefant. Warum? Weil Ihr Kind dort nicht hingehört.

Mit allem Respekt für die Befürworter des Familienbettes glaube ich von ganzem Herzen an die Philosophie, dass jedes Kind einen vom Elternschlafzimmer abgetrennten Schlafraum braucht. Kinder brauchen einen Platz, den sie als ihren eigenen Raum bezeichnen können. Und das gilt auch für einen Ehemann und eine Ehefrau. Wie können Sie und Ihr Ehepartner eine solide, dauerhafte Basis entwickeln – eine, die noch andauert, wenn die Kinder aus dem Haus sind –, wenn Sie keinen Ort im Haus haben, an dem Sie ungestört zusammen sein können? Wie können Sie einander näherkommen, wenn im Bett zwei kleine Körper zwischen Ihnen liegen?

Wenn Ihr Kind ständig mitten in der Nacht aufsteht und in Ihr Bett kriecht, machen Sie Ihre Tür zu und schließen sie ab, um diese Störung zu verhindern. Für diejenigen unter Ihnen, die sich dann Sorgen machen: Was kann im schlimmsten Fall passieren? Sie werden aufwachen und Ihr kleines Kind in seine Decke eingewickelt oder mit einem Kissen vor Ihrer Schlafzimmertür finden.

Bedeutet das, dass Sie Ihr Kind mitten in der Nacht nie trösten sollen? Sicher nicht. Ich spreche von einem andauernden Verhalten, nicht von einem Verhalten, das hin und wieder vorkommt.

Es werden Gewitter kommen und es werden Dinge in der Nacht geschehen. Ihr Kind wird krank werden, verängstigt aus einem Albtraum aufwachen oder aufgrund einer Situation im wahren Leben traurig sein. Als Elternteil sind Sie der psychologische Tröster für Ihr Kind, und dieses Kind braucht Sie manchmal. Hier ist mein Vorschlag für solche Gelegenheiten: Bewahren Sie einen Schlafsack unter Ihrem Bett auf. Sagen Sie Ihrem Kind, dass es, wenn es sich fürchtet und nahe bei Ihnen sein will, den Schlafsack hervorziehen und sich darin neben ihr Bett legen kann, ohne Sie aufzuwecken. Auf diese Weise bekommt Ihr Kind die psychologische Nähe, nach der es sich sehnt, und Sie können am nächsten Tag trotzdem funktionieren, weil Sie die Nacht über gut geschlafen haben. Darüber hinaus bewahren Sie Ihr Bett aus der Sicht Ihres Kindes als Ihren persönlichen Raum.

Für diejenigen mit kleineren Kindern: Legen Sie sich nicht mit in das Bett Ihres Kindes, um mit ihm zu kuscheln, wenn Sie es ins Bett zurückbringen. Wenn Sie das tun, verstärken Sie die Verhaltenweisen, die es anwendet, um Ihre Aufmerksamkeit zu bekommen. Außerdem verletzen Sie den individuellen Ort des Kindes, den es ganz für sich allein haben muss. Wenn Sie seinen persönlichen Raum verletzen, warum sollte es dann nicht Ihren verletzen?

Und, Mütter (denn es sind insbesondere Mütter, die dieser Versuchung erliegen), legen Sie sich nicht zu einem gemeinsamen Mittagsschläfchen mit Ihrem Kind in sein Bett, sonst wird es nicht mehr in der Lage sein, ein Schläfchen zu machen, ohne dass seine Mutter neben ihm liegt. Betrachten Sie es einmal so: Wenn Sie klein wären, würden Sie dann lieber allein zu Bett gehen, das sich ständig drehende Spielzeug betrachten und seiner Musik lauschen, bis Sie benommen genug sind, um einzuschlafen, oder sich an Mamis warmen Körper kuscheln?

Ein Teil des Lernprozesses, den man durchläuft, wenn man aufwächst und seinem Alter entsprechend unabhängig wird, besteht darin, dass man sein eigenes Bett und seinen eigenen kleinen Raum besitzt. Das ist wichtig für die psychologische Entwicklung. Wenn sich Kinder ein Zimmer teilen, sollte dieses deshalb auf irgendeine Weise abgetrennt werden, damit jedes Kind seine eigene Privatsphäre und seinen Raum hat.

Jedes Kind wacht anders auf. Manche Kinder wachen langsam auf, reden mit sich selbst und singen. Sie sehen sich zwei Stunden lang glücklich Bücher an. Sie genießen die Zeit in ihrem eigenen „Raum“. Andere Kinder wachen auf und sind sofort bereit, es mit der Welt aufzunehmen und bestehen (für gewöhnlich laut) darauf, so schnell wie möglich aus ihrem Bett geholt zu werden. So war es bei unserer Holly, die im Alter von achtzehn Monaten mittels einer Art Stabhochsprung aus ihrem Bett kletterte. Sie wachte mit Feuer in den Augen auf. Sie war ein entschlossenes kleines Kind. Einer der Scherze innerhalb unserer Familie lautete:

Manche Kinder wachen mit einem glücklichen Gesicht auf. Manche Kinder wachen auf und sind sehr anstrengend.

„Lemey (einer der Kosenamen, die meine Frau für mich hat), du solltest Holly jetzt aufwecken.“

„Nein, ich gehe nicht. Mach du das.“

„Nein, du.“

Das Hin und Her setzte sich fort. Sie sehen, wenn man klug war, wollte man Holly nicht aufwecken. Manche Kinder wachen mit einem glücklichen Gesicht auf. Manche Kinder wachen auf und sind sehr anstrengend.

Manche Kinder lassen sich leicht ins Bett bringen. Manche Kinder lassen sich schwer ins Bett bringen. Und manche Kinder bleiben naturgemäß einfach nicht im Bett. Sie wollen Wasser oder etwas Süßes, sie fühlen sich nicht gut, sie ängstigen sich, sie wollen bei Ihnen schlafen oder sie sind gesellig – sie möchten um drei Uhr morgens einfach eine nette Unterhaltung führen (was für eine angenehme Zeit, um anderen seine innersten Gedanken und Gefühle mitzuteilen).

Eine regelmäßige Schlafenszeit festzulegen und sich daran zu halten ist ein Elefant, keine Mücke. Wenn Sie in diesem Bereich beginnen, schlechte Gewohnheiten anzunehmen, wird die ganze Familie darunter leiden. Jeder ist frischer und besserer Stimmung, wenn er in der Nacht einen guten Schlaf genossen hat. Seien Sie deshalb in diesem Punkt besonders vorsichtig.

Schlagen

Das ist ein heißes Thema, das Eltern sehr stark polarisiert. Aber Sie lesen dieses Buch, um zu erfahren, was ich als Psychologe und Experte darüber denke, deshalb werde ich es Ihnen sagen.

Es gibt Zeiten, in denen es die einzig angemessene Strafe für Ihr Kind ist, dass es eins auf den Hintern bekommt. Und zwar dann, wenn Ihr Kind trotzig ist.

Was meine ich mit trotzig? Nehmen wir einmal an, Ihr Kind spielt an einer Steckdose herum und Sie sagen zu ihm: „Lass das, ich will nicht, dass du damit spielst. Das ist gefährlich." Doch daraufhin blickt es Sie an, verengt die Augen und tut es erneut. Das ist Trotz. Es ist eine aktive Entscheidung, die besagt: „Ich gehorche dir nicht. Ich werde genau das tun, von dem du gesagt hast, dass ich es nicht tun soll. Ich führe die Regie."

Nun, glauben Sie nicht, dass das einen Klaps auf den Hintern verdient?

Aber wir wollen zunächst einmal definieren, was Schlagen ist. Sie sollten Ihr Kind niemals schlagen, wenn Sie, der Elternteil, zornig sind. Wenn Sie zornig sind, müssen Sie Ihr Kind zuerst aus der Situation entfernen und sich beruhigen. Ansonsten werden Sie nicht vernünftig handeln. Einem Klaps auf den Hintern sollte die Erklärung vorausgehen, warum Sie das Kind schlagen; es sollte nicht einfach eine reflexartige Reaktion sein. „Es gefällt mir nicht, was du gerade getan hast. Das hat mir gezeigt, dass du entschlossen bist, mir nicht zu gehorchen und genau das zu tun, was ich dich gebeten habe nicht zu tun. Das ist mir als deiner Mutter gegenüber nicht respektvoll." Dann geben Sie ihm den Klaps.

Lassen Sie mich jedoch verdeutlichen, was ich mit einem Klaps meine. Ein Klaps erfolgt mit flacher Hand auf den Po des Kindes. Es ist ein einmaliger Schlag.

Ein Klaps erfolgt mit flacher Hand auf den Po des Kindes. Es ist ein einmaliger Schlag.

Das ist etwas völlig anderes als das Kind längere Zeit mit zornigen Schlägen zu traktieren. Es ist auch etwas völlig anderes, wenn Sie dafür Ihre Hand benutzen (damit Sie spüren können, wie hart Sie Ihr Kind schlagen), als wenn sie ein Kind mit einem Gürtel versohlen. Traurigerweise misshandeln viele zornige Eltern ihre Kinder, statt sie zu disziplinieren, um ihr Verhalten zu korrigieren. Wenn Sie als Kind körperlich misshandelt wurden, sollten Sie das Schlagen nie als disziplinarische Maßnahme bei Ihren Kindern einsetzen. Es ist für Sie mit einer viel zu großen Last verbunden – und mit zu vielen Emotionen. Es könnte sehr leicht passieren, dass Sie die Kontrolle verlieren und das tun, was Ihr Vater oder Ihre Mutter Ihnen angetan hat.

Manche Kinder sind so sensibel, dass ein einziger Klaps seinen Zweck für ein ganzes Leben erfüllt. Andere Kinder brauchen häufiger eine Erinnerung.

Doch wenn Sie sich dafür entscheiden, Ihr Kind zu schlagen, behalten Sie das Ziel in Erinnerung: Es soll dazu dienen, das Verhalten des Kindes zu korrigieren, nicht, es zu verletzen. Wenn Sie Ihrem Kind beispielsweise sagen, dass es nicht auf der Straße spielen darf und es ständig hinausrennt, ist ein Klaps in Ordnung. Sein Verhalten ist gefährlich. Was passiert, wenn ein Auto um die Ecke kommt und das Kind, das noch nicht einmal einen Meter groß ist, nicht sieht?

Disziplinieren sollte immer zum Besten des Kindes sein, keine zornige Reaktion, nach der Sie sich vorübergehend besser fühlen – und später schuldig.

Schreien

„Ihr Geschrei macht mich verrückt. Jedes Mal, wenn ich es höre, springe ich auf und renne in den Garten, weil ich denke, irgendetwas sei nicht in Ordnung."

Sie müssen hinsichtlich der Entwicklung eines Kindes etwas Grundsätzliches verstehen: Kleine Kinder schreien. Das ist eine Tatsache. Die Kinder beginnen, das Leben zu erforschen, und das schließt nicht nur ihre Umgebung ein, sondern auch die Art und Weise, wie ihr Körper funktioniert.

Kinder im Alter von vierzehn Monaten bis zwei Jahren entdecken, dass sie eine Stimme haben. Mehr noch, diese entzückenden Stimmen können wunderbar hohe Geräusche produzieren, die ein Elternteil herbeieilen lassen. Das auszutesten ist wirklich lustig! Für die Kinder ist das wie ein neues Spielzeug, bei dem sie erst einmal versuchen herausfinden, wie es funktioniert.

Deshalb probiert ein Kind verschiedene Schreie aus, um zu sehen wie seine Eltern darauf reagieren. Wenn Sie zu heftig darauf reagieren, wird das Kind sich sagen: *Hey, das war lustig. Ich schreie und sie kommen angerannt. Sie fuchteln wild mit den Händen durch die Gegend, bekommen diesen lustigen Gesichtsausdruck und die Venen an ihrem Hals treten hervor. Aha, so geht das Spiel also. Ich verstehe. Lasst uns das nochmals machen ...*

Ein Elternpaar, das ich beraten habe, war bei ihrem kleinen Kind mit ihrer Weisheit am Ende. Das Kind wachte mitten in der Nacht schreiend auf und störte den gesamten Haushalt mit seinen sechs Personen. Die Eltern hatten alles probiert, um das Kind vom Schreien abzuhalten, aber nichts hatte funktioniert. Eines Tages sagte eines seiner Geschwister: „Was würde passieren, wenn wir zurückschreien?" Und genau das taten sie. Das Kind sah so verwirrt drein, dass sein Schreien in einem Gurgeln endete. Und das war das Ende des Geschreis um drei Uhr morgens in diesem Haus. Manchmal funktionieren auch unorthodoxe Maßnahmen. Der Punkt ist, Kinder schreien. Aber sie werden nicht ewig schreien, es sei denn, dieses Benehmen hat sich ausgezahlt. Wenn Sie zu Ihrem Kind eilen, um es zu beschwichtigen, verstärken Sie das negative Verhalten, weil es ihm Aufmerksamkeit verschafft. Wenn Sie nicht überreagieren, wird Ihr Kind das Schreien nicht als negatives Verhalten ansehen.

Deshalb kümmert es mich nicht, wenn ich ein Kind mit zwei Jahren oder darunter schreien sehe. Das ist Teil seiner Entwicklung und seiner Körpererforschung. Aber wenn ein Neun- oder Zehnjähriger schreit, tut er es aus einem bestimmten Grund. Er will Ihnen zeigen, wer hier Regie führt. Das muss im Keim erstickt werden, denn dann ist das Experimentieren, wie der Körper funktioniert, zu einem Respektproblem geworden (siehe „Respekt").

Schüchternheit

„Sie hat keine Freundinnen, weil sie mit niemandem spricht. Sie ist wirklich schüchtern."

Ein extrem schüchternes Kind ist ein extrem schlagkräftiges Kind.

Wussten Sie, dass ein extrem schüchternes Kind ein extrem schlagkräftiges Kind ist? Schüchternheit wird zu einer Möglichkeit, sicherzustellen, dass die Erwachsenen im Leben dieses Kindes die Dinge auf die Art und Weise tun, wie das Kind es will. Genau genommen ist Schüchternheit eine Form der Manipulation.

Vielleicht sagt die kleine Annie, sie sei zu schüchtern, um im Park zu den anderen Kindern im Sandkasten hinüberzugehen und mit ihnen zu spielen. Was sagt sie wirklich? „Papi, ich will nicht allein dort hinübergehen. Ich weiß nicht, was ich sagen soll, und will mir auch gar nicht die Mühe geben, es zu versuchen. Ich will, dass du für mich hinübergehst und das Eis für mich brichst." Aber bewirkt das für die kleine Annie auf lange Sicht irgendetwas Gutes?

Um gesunde Erwachsene zu werden, müssen Kinder lernen, wie man mit anderen Beziehungen knüpft. Das bedeutet, mit anderen zu kommunizieren. Ihr Kind wird das nie lernen, wenn Sie sich immer in den Mittelpunkt stellen und ihm seinen Weg im Leben ebnen.

Was sollte der Vater mit seiner kleinen Annie im Park tun? „Das ist aber sehr schade, Annie. Ich dachte, es sei ein großartiger Tag zum Spielen, und diese Kinder sehen aus, als hätten sie Spaß. Ich habe dich hergebracht, damit ich etwas Arbeit erledigen kann, während du Spaß hast, aber ich glaube, wir müssen nach Hause gehen. Ich kann auch dort arbeiten."

In fünfundneunzig Prozent aller Fälle würde diese Bemerkung Annie dazu anspornen, die Initiative zu ergreifen, zu den Kindern hinüberzugehen und mit ihnen zu spielen. Warum? Weil sie im Grunde ihres Herzens nicht nach Hause gehen will. Sie will mit diesen Kindern spielen. Sie wollte schlicht alles auf ihre Art geregelt haben – auf die einfache Art.

Ein kluger Elternteil wird nicht darauf hereinfallen.

Neulich hörte ich eine interessante Unterhaltung zwischen zwei Zweitklässlerinnen, die im Rahmen einer schulischen Exkursion auf dem Weg zum Besuch eines Seniorenheims waren.

Kimmy, das erste kleine Mädchen, erklärte: „Ich werde nicht mit diesen alten Menschen sprechen. Ich bin schüchtern."

Kayla, das zweite, hielt inne. „Weißt du, was schüchtern ist? Meine Mami sagt, schüchtern zu sein bedeutet, dass man an sich selbst denkt, statt an andere. Es bedeutet, dass man selbstsüchtig ist. Es drückt aus: ‚Ich bin wichtiger als du.'"

Ich wollte Kayla applaudieren. Vor allem, als ich den Ausdruck äußerster Verwirrung auf Kimmys Gesicht sah. Was Kayla sagte, war absolut richtig. Schüchterne Kinder sagen „ich, ich, ich" – aber auf so dezente Weise, dass ihre Eltern es oft überhören. Kluge Eltern werden Schüchternheit jedoch als das ansehen, was sie wirklich ist: ein Manipulationsinstrument für ein Kind, um seinen Willen durchzusetzen. (Siehe auch: „Selbstsucht".)

Schummeln

> „Ich war schockiert, als ich einen Brief von Kents Lehrerin bekam. Sie hatte ihm in seinem Biologie-Examen eine Sechs gegeben, weil sie ihn dabei erwischt hatte, wie er mit seinem Handy schummelte. Als ich ihn fragte, ob das wahr sei, gab er es zu. Zumindest war er dann ehrlich!"

Nun, man sagt, beichten sei gut für die Seele, dann mal los. Ich wäre immer noch im ersten Lateinkurs, gäbe es da nicht einen Kerl namens Carl Maahs. Als die Zeit für das Examen gekommen war, fragte ich einfach: „Hey, Maahs, könntest du deine linke Schulter etwas nach unten ziehen?" Ohne diese freundliche Geste wäre ich immer noch in dieser Klasse. Damals war ich in der zehnten Klasse und war bereits zwei Mal sitzen geblieben.

Und dann war da mein Soziologie-Kurs in meinem ersten Jahr auf dem College. Eine Frau, an deren Namen ich mich nicht mehr erinnere, Gott segne sie, hatte eine sehr krumme Haltung. Diese Haltung half mir, meine Abschlussprüfung zu bestehen. Während dieses Schuljahres studierten wir die Dobu-, Zuni- und Kwakiutl-Indianer. Unser Lehrer war einer dieser tiefgründigen Denker, die in ihren Bart hineinmurmeln. Angesichts dessen, was mir das brachte, hätte er auch arabisch sprechen können.

Lassen Sie uns ehrlich sein. Jeder hat schon einmal geschummelt.

Lassen Sie uns ehrlich sein. Jeder hat schon einmal geschummelt. Wenn ein Kind dabei erwischt wird, wie es betrügt, ist es deshalb gut, sich an seine Seite zu stellen und das walten zu lassen, was ich Gleichstellung nenne. Sagen Sie Ihrem Kind: „Auch ich habe das schon erlebt. Es gab Zeiten in meinem Leben, in denen auch ich geschummelt habe. Alles was ich dir sagen kann, ist, dass du dich danach nicht gut fühlst und dass du am Ende dafür bezahlen musst. Manchmal bezahlst du dafür, indem dich jemand in seinem Kurs durchfallen lässt oder dir eine Sechs gibt, weil du abgeschrieben hast. Das ist es einfach nicht wert."

Es ist auch wichtig, dass Sie Ihren Gefühlen in dieser Sache Ausdruck verleihen. „Liebling, ich bin enttäuscht darüber, was du getan hast. Ich wünschte, du hättest es nicht getan." Beachten Sie: Es ist ein großer Unterschied, ob Sie sagen, dass Sie enttäuscht darüber sind, *was Ihr Kind getan hat* oder ob Sie sagen, dass Sie enttäuscht darüber sind, *wer es ist.* Ihr Kind muss wissen, dass Sie es lieben, was auch passiert –, aber dass Ihnen manchmal nicht gefällt, was es tut.

Wenn ein Kind immer wieder schummelt, ist es das Klügste für die Eltern, den Ball an die Schulverwaltung zurückzuspielen. Lassen Sie sie ein gerechtes Urteil über Ihren Sohn oder Ihre Tochter aussprechen. Nach meiner Erfahrung hat es normalerweise etwas mehr Gewicht – und verursacht etwas mehr Furcht – wenn ein Fremder oder jemand anders außerhalb der Familie Disziplin walten lässt.

Schummeln ist eine Mücke, kein Elefant – es sei denn, es kommt wiederholt vor. Kluge Eltern halten einem Kind eine einmalige Schummelei nicht ewig vor. Sprechen Sie einfach über die Sache und gehen Sie weiter.

Schusseligkeit

„Ach, sie vergisst einfach, das zu tun. Sie ist etwas schusselig."

Die meisten Eltern leben in einer Scheinwelt. Sie haben zu jeder Zeit eine passende Entschuldigung für ihr Kind. Aber was drücken sie damit wirklich aus? „Oh, mein Kind ist für nichts verantwortlich."

Doch was geschieht dann später, wenn Ihr Kind einundzwanzig oder zweiundzwanzig ist und immer noch für nichts verantwortlich gemacht wird? Wie wird sein Arbeitgeber (wenn es einen hat) darüber denken? Was ist, wenn es Ihr Auto demoliert und immer noch nicht verantwortungsvoll ist?

Warum glauben wir, dass wir unsere Kinder zu jeder Zeit beschützen müssen, damit sie als Sieger hervorgehen? Dass wir das wettmachen müssen, was sie nicht tun? Warum können wir unsere Kinder nicht zur Verantwortung ziehen?

Meiner Überzeugung nach liegt der Grund darin, dass heute viele Eltern zu faul sind, ihre Kinder zu erziehen. Sie gehen den einfachen Weg. Auch sie sind mit einer stark ichbezogenen Einstellung aufgewachsen. Das Leben dreht sich immer noch allein um sie selbst, und so erfahren die Kinder keine erzieherische Beaufsichtigung und laufen Amok. Ich könnte noch hinzufügen, dass die Eltern sich so verhalten, um ihrem Kind zu ermöglichen, ein „Individuum" zu sein.

Wenn Ihr Kind vergisst, seine Hausaufgaben zu machen, lassen Sie es die Konsequenzen am nächsten Tag spüren. Wenn Ihr Sohn es versäumt, sein Fahrrad von der Auffahrt hereinzuholen und jemand es stiehlt, kaufen Sie ihm kein neues. Das ist eine gute Lektion dafür, dass man auf seine Besitztümer aufpassen muss; eine, die er lange Zeit nicht vergessen wird – vor allem, wenn seine Freunde wollen, dass er mit ihnen Rad fährt und er ihnen erklären muss, warum er keines mehr hat. (Manchmal kann der Gruppendruck sehr nützlich dabei sein, ein Verhalten zu ändern.)

Jede Tat hat Konsequenzen, und je früher die Kinder das lernen, umso besser.

Durch Fehler lernen Kinder Gewissenhaftigkeit und Disziplin, sodass sie später im Leben erfolgreich werden können. Entschuldigungen für ihre Schusseligkeit wird ihre Entwicklung nur schwächen.

Kinder sind schusselig. Manchmal verlieren sie sich in Tagträumen und überhören Ihre Anweisungen. Zu anderen Zeiten werden sie Dinge einfach vergessen. Aber jede Tat hat Konsequenzen, und je früher die Kinder das lernen, umso besser.

Selbstsucht

Kinder sind von Natur aus selbstsüchtig und haben wenig „soziales Interesse" an anderen. Wir Eltern sollten aus dem, was sie als Erstes sagen, wenn sie geboren werden, bereits unsere Schlüsse ziehen: „Waah!" Alles, was sie interessiert, sind sie selbst – und ob ihnen warm ist, ob sie verhätschelt werden und satt sind. Das Leben dreht sich wirklich nur um sie. Die menschliche Rasse ist interessant und unterscheidet sich von den meisten anderen Spezies, weil es eine Weile dauert, bis ein kleines Kind die wesentlichen Dinge lernt (im Gegensatz zu Tieren, bei denen das viel schneller vor sich geht). Im ersten Jahr spricht ein Kind normalerweise nicht, kann nicht allein essen usw. Es ist vollkommen abhängig von seiner Mutter (der Vater hat nicht alle Körperteile, die dazu benötigt werden).

Kinder sind von Natur aus selbstsüchtig.

Wenn das Kind beginnt zu krabbeln und später zu laufen, ist es wichtig, dass Sie es lehren, mit anderen zu teilen (mehr darüber im Abschnitt „Teilen"). Die Selbstsucht eines Kindes ist offenkundig. Sie geben uns jeden Tag viele Beispiele dafür. Wenn das geschieht, sagen Sie zu dem Kind: „Was du da gemacht hast, war selbstsüchtig. Wolltest du selbstsüchtig sein?"

Oft wird das Kind sagen: „Nein."

„Fällt dir eine bessere Möglichkeit ein, mit der Situation umzugehen?", fragen Sie.

„Warum rufst du deinen Freund jetzt nicht zurück und schlägst etwas anderes vor?"

In dieser Situation ist es Ihre Verantwortung, der Hirte zu sein, der die Schafe führt. Wie ein guter Hirte müssen Sie sie manchmal mit ihrem Stock sanft in die richtige Richtung lenken (auch wenn Sie sich dabei vorkommen, als würden sie ihnen etwas überstülpen). Jeder Elternteil hat die Verantwortung, sein Kind so zu erziehen, dass es sich selbstlos verhält und auch an andere denkt.

In meinen Seminaren frage ich die Eltern: „Warum halten wir an einer roten Ampel an?“

„Weil das gesetzlich vorgeschrieben ist und wir keinen Strafzettel bekommen wollen“, antworten sie normalerweise.

„Die beste Antwort“, sage ich dann, „ist, dass wir anhalten, damit wir niemand anderen verletzen.“

Beachten Sie den Unterschied zwischen den Antworten – und die Tatsache, dass die selbstlose Antwort nicht als Erstes gegeben wurde. Wir alle sind selbstsüchtig. Wir leben in einer ich-gesteuerten Gesellschaft. Es gibt sogar eine amerikanische Zeitschrift, die sich *Self* nennt.

Wenn Sie ein Kind lehren, nicht selbstsüchtig zu sein, lehren Sie es in Wirklichkeit, antigesellschaftlich zu sein, das heißt, anders zu sein als alle anderen. Aber warum sollten Sie auch wollen, dass Ihr Kind ist wie alle anderen?

Selbstlosigkeit ist ein wichtiger Charakterzug für ein gesundes Kind. Wir haben hart daran gearbeitet, unseren Kindern diese Eigenschaft zu vermitteln. Seit ihrem zehnten Lebensjahr nimmt Lauren sich die Zeit, unserem Patenkind in El Salvador zu schreiben. Es ist gut für sie, wenn sie weiß und sieht, dass die Mehrheit der Menschen auf der Welt viel weniger hat als sie. Darüber hinaus bringen wir in den Ferien Lebensmittel zu bedürftigen Familien.

Es ist sehr wichtig, dass Sie als Familie und als Einzelner ein Vorbild dafür sind, andere, die weniger Glück haben als Sie, zu unterstützen. Freunde von uns helfen samstagvormittags ehrenamtlich in einer Suppenküche mit. Ihre Kinder im Teenageralter begleiten sie. Das Lustige ist, bevor sie ihre Arbeit in der Suppenküche aufnahmen, nervten die Teenager ihre Eltern ständig damit, sich ein zweites Auto zuzulegen, damit sie nicht in Verlegenheit kämen, wenn das Auto ihrer Eltern nicht verfügbar war. Nach drei Wochen in der Suppenküche wurde diese Bitte nie mehr erwähnt.

Wenn Ihre Kinder selbstsüchtig sind, brauchen Sie eine kleine Dosis Realität, wie die Teenager, die in der Suppenküche mithalfen. Oder wie das Einzelkind, dessen Mutter beschloss, ihre Süßigkeiten nicht mit ihrem Kind zu teilen, da sich ihr Kind früher an diesem Tag geweigert hatte, seine Süßigkeiten mit einem Kind aus der Nachbarschaft zu teilen.

Selbstlosigkeit zu lehren zahlt sich auf der ganzen Linie aus. Ich sehe diesen Charakterzug schon immer bei unserem vierten Kind, Hannah. Sie können fragen, wen Sie wollen – jeder, der sie kennt, würde sagen, dass sie ihr Leben in großer Selbstlosigkeit lebt. Im letzten Winter brauchte eine von Hannahs Klassenkameradinnen einen Wintermantel, hatte jedoch kein Geld dafür. Als Hannah das hörte, kaufte sie dieser jungen Frau, ohne etwas zu sagen, einen Mantel und schenkte ihn ihr.

Glauben Sie mir, dieses Verhalten hat nichts damit zu tun, dass ihr Vater ein bekannter Psychologe ist. Es hat einzig und allein damit zu tun, wie Hannah aufwuchs – wie ihr Bruder, ihre Schwestern und wir mit ihr umgingen – und dass sie ihr Zuhause als liebevollen, freigiebigen Ort ansah, wo sie an das Wohlergehen anderer denken konnte. Sage ich das, um der Familie Leman auf die Schulter zu klopfen, weil sie so wunderbar ist? Nein, ich benutze dieses Beispiel, um ein einfaches Prinzip zu erklären: Kinder ahmen das nach, was sie zu Hause erfahren haben. Wenn Sie eine Umgebung schaffen, in der sich die Kinder für das, was sie sind, geliebt und akzeptiert fühlen und ihrerseits zu dem beitragen, was Ihre Familie zurückbekommt, was glauben Sie dann, was geschieht, wenn sie ihr Zuhause verlassen und in die Welt hinausgehen? Sie tun, was sie auch in ihrem Elternhaus getan haben!

Wie sieht die Alternative aus? Lesen Sie heute Abend einmal die Zeitung. Sie werden auf alle möglichen Fälle von Menschen stoßen, die nicht in einer solchen Umgebung aufgewachsen sind. Ihre Verbrechen werden in den Zeitungen und Nachrichten im ganzen Land dokumentiert. Die Gefängnisse sind voll mit Menschen, die es nie gelernt haben, selbstlos zu sein.

Lehren Sie Ihr Kind Selbstlosigkeit. Dann wird es in der Gesellschaft ein Geber sein, kein Nehmer.

Sportliche Aktivitäten

> „Er sagte, er wolle Fußball spielen. Er war erst zweimal dort, und schon will er wieder damit aufhören. Er sagt, er sei nicht gut darin. Aber wir haben so viel Geld für seine Ausrüstung ausgegeben, dass wir nicht wollen, dass er aufhört. Was sollen wir tun?“

Meine Regel für sportliche Aktivitäten ist dieselbe wie für den Musikunterricht. Wenn Ihr Kind darauf besteht, eine Sportart auszuprobieren, bleibt er mindestens ein Vierteljahr, ein Semester oder sechs Monate dabei (in anderen Worten, eine Saison dieser Aktivität). Nichts, das man zum ersten Mal ausprobiert, ist leicht. Es ist wie in dem alten Sprichwort: „Übung macht den Meister."

Lassen Sie nicht zu, dass Ihr Kind aufgibt. Erlauben Sie ihm nicht, von Aktivität zu Aktivität zu hüpfen. Wenn es etwas ausprobieren will, stellen Sie sicher, dass es von Anfang an weiß, wie die Regel lautet: „Du kannst gerne etwas ausprobieren, aber dann musst du mindestens sechs Monate dabeibleiben."

Nichts, das man zum ersten Mal ausprobiert, ist leicht.

Ich schlage außerdem vor, dass Kinder immer nur *eine* Aktivität außerhalb der Schule betreiben. Die Familien von heute betreiben oft so viele Aktivitäten, dass ihnen kaum noch Zeit bleibt, die sie mit der Familie zu Hause verbringen können. An ein gemeinsames Abendessen ist kaum mehr zu denken ... es sei denn, es handelt sich um McDonald's im Auto.

Wenn Sie drei Kinder haben und jedes von ihnen eine Sportart für sich auswählt, werden Sie mehr als beschäftigt sein, insbesondere wenn bei diesem Sport mehrere Trainings pro Woche durchgeführt werden. Wenn sich das als zu große Belastung erweist und Sie keine Zeit mehr haben, die Sie gemeinsam als Familie verbringen können, müssen Sie alle Opfer bringen. Ihre Tochter könnte beispielsweise im Winter Volleyball spielen, Ihr Sohn könnte im Sommer Baseball spielen und Ihr Kindergartenkind kann im Herbst Ballettunterricht nehmen. Vielleicht müssen Sie die Treffen mit Ihren Freunden von einem Mal pro Woche auf einmal in zwei Wochen oder einmal pro Monat reduzieren.

Teil der Familie zu sein bedeutet auch, zum Wohle aller Opfer zu bringen. Die Frage ist: Was wird bis in die Zukunft hinein andauern? Die Interessen Ihres Kindes werden sich höchstwahrscheinlich viele Male ändern. Seine Freunde werden sich verändern. Ihre Freunde werden sich verändern. Aber die Beziehungen in Ihrer Familie sind für ein ganzes Leben. Schieben Sie sie nicht auf die lange Bank, weil Sie so beschäftigt sind.

Spucken

Das ist eine jener Gewohnheiten, die viele Menschen abstoßend finden. Kleine Jungen spucken, und manchmal tun das auch kleine Mädchen. Selbst manche Erwachsene sind Spucker.

Auch ich bin ein Spucker. Ich gehöre zu den Menschen, deren Nebenhöhlen übermäßig viel Schleim produzieren. Ich kann ihn entweder heraushusten, so hässlich sich das auch anhört, oder, was noch schlimmer ist, ihn hinunterschlucken. Wenn ich meine Kehle im Auto entleeren musste, kurbelte ich jahrelang das Fenster herunter, spuckte hinaus, schrie: „Achtung!" (wie man es beim Golf tun würde) und dann: „Passt auf da unten!" Eines Tages saß unsere dreijährige Lauren, die immer sehr ernst war, bei mir im Auto, als ich aus dem Fenster spuckte. Da sagte eine ruhige Stimme vom Rücksitz: „Papi, du hast vergessen, ‚Achtung!' zu sagen!" Ein anderes Mal, als Kevin II noch klein war, musste ich ebenfalls aus dem Fenster spucken. Da hörte ich hinter mir ein kleines „aargh". Kevin hatte versucht, das Verhalten seines Vaters nachzuahmen, und was glauben Sie, wo seine Spucke landete? Direkt in meinem Nacken.

> *Wenn ich meine Kehle im Auto entleeren musste, kurbelte ich jahrelang das Fenster herunter, spuckte hinaus, schrie: „Achtung!"*

Glauben Sie nicht, dass Spucken von ungefähr kommt. Die Komik ist, dass wir bekommen, was wir verdienen. Unsere Kinder ahmen uns nach. Was werden sie tun? Ihr Kind beobachtet, was Sie tun und sagen. Wenn Sie ein Kind haben, das ein Spucker ist, hat es oft einen Elternteil, der ein Spucker ist.

Ist das ein Elefant? Nein. Es ist eine Mücke. Die Wahrscheinlichkeit ist groß, dass Ihr Sohn in ein paar Jahren keinen großen Schleimbrocken vor seiner Freundin ausspeien wird, noch wird er es später vor seinem Chef tun. Manche Dinge erledigen sich mit zunehmender Reife von selbst. Das Spucken ist eines davon … mit Ausnahme von mir natürlich.

Stampfendes Verlassen des Raums

„Es war so eine große Vorstellung – ein dramatisches Stampfen durch die Küche und die Treppe hinauf –, dass ich hätte lachen können ...; aber es hat mich zu ärgerlich gemacht."

Kinder wissen sehr genau, wie man eine Stellungnahme abgibt, und aus dem Raum zu stampfen ist eine gute Möglichkeit, das zu tun. Oft wird wenige Sekunden später eine Zimmertür (oder die Haustür) zugeknallt. Was sagt ein Stampfen aus? Dasselbe wie ein Türenknallen: „Du bist absolut die dümmste Mutter, die ich haben könnte. Ich bin so wütend, dass ich nicht weiß, was ich tun soll, deshalb werde ich es dir zeigen. Nimm das!"

Der Stampfer hat keine Ahnung, wie ausgesprochen lächerlich er aussieht. Kluge Eltern werden Ihr Kind nicht daran hindern, durch das Haus in sein Zimmer oder zur Tür hinauszustampfen. So sehr Sie das Stampfen auch ärgert, ist es besser, wenn Sie eine Zeit lang etwas anderes tun, bevor Sie sich mit dem Benehmen befassen. Wenn Sie zum Angriff übergehen und Ihrem Sohn in sein Zimmer oder zur Tür hinaus folgen und sagen: „Nun werde ich dir mal etwas sagen, junger Mann!", machen Sie alles nur noch schlimmer. Dann wird die Schlacht noch weiter eskalieren. In Machtkämpfen mit Kindern werden Sie nie gewinnen, deshalb lassen Sie sich nicht darauf ein. Sie haben in einem Machtkampf viel mehr zu verlieren als das Kind, und Sie haben nicht den unbeirrbaren Fokus Ihres Kindes. Sie haben noch andere Dinge zu erledigen.

Warten Sie deshalb, bis Ihr Kind sich beruhigt hat, gehen Sie dann in sein Zimmer (oder warten Sie im Wohnzimmer darauf, dass er wieder nach Hause kommt) und sagen Sie: „Du scheinst äußerst erregt zu sein, und ich denke, dass das, was ich zu dir gesagt habe, unangemessen (oder falsch) war und ich mich dafür entschuldigen muss."

Ein solcher Ansatz wird Ihr Kind verwirren. Was? Sie entschuldigt sich? Bei mir? Das ist neu ...

Wenn Sie zu jemandem sagen: „Ich hatte unrecht" und sich bei ihm entschuldigen, wird das die entsprechende Person in den meisten Fällen besänftigen. Sie sind der Elternteil und der Erwachsene in der Situation, deshalb entschuldigen Sie sich zuerst. Sagen Sie dann: „Hör mal, können wir nochmals neu anfangen? An dem Punkt, bevor du aus der Küche gestampft bist und ich mich zum Narren gemacht habe, indem ich dich angeschrien habe und dir den Gang hinunter gefolgt bin? Können wir uns ein paar Minuten Zeit nehmen und darüber reden? Wie fühlst du dich?"

Sie sind der Elternteil und der Erwachsene in der Situation, deshalb entschuldigen Sie sich zuerst.

Wer wird nach einer solchen Rede noch streiten? Und was tun Sie? Sie geben ein Vorbild für eine andere Reaktionsweise. Zornig zu werden, durchs Haus zu stampfen, Türen zuzuknallen und wegzurennen ist nicht die Art und Weise, wie man reagieren sollte. Stattdessen sagen Sie: „Okay, wir waren beide ärgerlich. Aber wir lieben einander, deshalb lass uns die Sache jetzt gemeinsam angehen. Ich möchte wissen, wie du dich fühlst und was du denkst."

Wenn es Ihnen gelingt, mit einem Kind an diesen Punkt zu kommen, begründen Sie Ebenbürtigkeit. Sie projektieren nicht den „Ich bin heiliger als du"-Ansatz. Sie begegnen Ihrem Kind auf gleicher Ebene. Nahezu jedes Kind auf diesem Planeten wird das respektieren – wenn es sich beruhigt hat.

Stehlen

Es spielt keine Rolle, ob Ihr Kind auf frischer Tat beim Stehlen ertappt wurde oder nicht. Worauf es ankommt, ist, dass Ihr Kind etwas gestohlen hat. Mit diesem Benehmen muss man sich sofort befassen.

Ob es nun ein Schokoriegel für 55 Cent oder eine Designerjeans war – der Gegenstand muss dem Eigentümer so schnell wie möglich zurückgegeben werden, mit dem Kind im Schlepptau. Doch die Tatsache, dass Sie das Kind in den Laden gebracht haben, bedeutet nicht, dass Sie das Reden für Ihr Kind übernehmen. Das Kind muss den Gegenstand dem Verkäufer (oder dem Nachbarn oder wem auch immer es ihn gestohlen hat) selbst aushändigen und sich entschuldigen: „Es tut mir leid, ich habe das gestohlen. Ich weiß, dass es falsch war und möchte es Ihnen jetzt zurückgeben."

Eltern, bitte kehren Sie einen Diebstahl nicht unter den Teppich, weil es Ihnen peinlich ist. Wenn Sie beispielsweise entdecken, dass Ihr Sohn einen Schokoriegel genommen hat, gehen Sie sofort mit ihm zurück in den Laden und sorgen Sie dafür, dass er den Riegel zurückgibt und sich entschuldigt. Wahrscheinlich wird Ihnen auffallen, dass der Erwachsene die meiste Zeit versucht, mit Ihnen zu sprechen. Lenken Sie die Aufmerksamkeit jedoch stattdessen auf das Kind und sorgen Sie dafür, dass Ihr Kind für sich selbst spricht.

Wenn Sie erst später herausfinden, dass Ihr Kind gestohlen hat (weil Sie beispielsweise erst spätabends oder am nächsten Tag nach Hause kommen und den Gegenstand entdecken), rufen Sie in dem Geschäft an und finden Sie heraus, ob der Geschäftsführer anwesend ist, damit sich das Kind bei ihm persönlich entschuldigen kann. Nochmals, stellen Sie sicher, dass der Geschäftsführer weiß, dass er sich an Ihr Kind wenden sollte, nicht an Sie, und dass Sie klarstellen wollen, dass Stehlen nicht angemessen ist.

Obwohl Stehlen eine sehr peinliche Situation für die Eltern und das ertappte Kind ist, besteht keine Notwendigkeit für weitere disziplinarische Maßnahmen, als den Gegenstand zurückzubringen und sich jeglicher Forderung zu stellen, die der Ladenbesitzer (oder der Nachbar) stellt. Strenge Worte von einer Autoritätsperson außerhalb der Familie reichen normalerweise aus, dass das Kind es nicht wieder tut.

Ein Ladenbesitzer unserer Stadt ließ einen Jungen, der eine Uhr gestohlen hatte, eine Woche lang nach der Schule in den Laden kommen und den Boden fegen. Ein anderer wies ein Mädchen, das eine Geldbörse gestohlen hatte, an, so zu tun, als würde sie einkaufen und dabei ein Auge auf andere Teenager zu haben, die möglicherweise etwas stehlen wollten – eine verblüffende Strafe für das Vergehen.

Viele Kinder stehlen in Geschäften. Andere Kinder stehlen Kekse aus einer Keksdose oder stecken Geldstücke ein, die zu Hause auf der Garderobe liegen. Es geht nicht um die Örtlichkeit; wichtig ist jedoch, dass man sich mit dem Stehlen befasst und dem Kind sagt, dass ein solches Benehmen weder ehrlich noch angemessen ist. Wenn es etwas nicht geschenkt bekommen oder dafür bezahlt hat, ist es nicht seines und sollte bei seinem Besitzer bleiben.

Die Bedeutung von Eigentum sollte fest in das Denken eines Kindes eingepflanzt sein.

Die Bedeutung von Eigentum sollte fest in das Denken eines Kindes eingepflanzt sein.

Stillen

Jede Frau und jeder Experte wird über dieses Thema eine andere Meinung haben. Aber in diesem Buch sage ich meine Meinung darüber. Sie müssen mir nicht zustimmen.

Ich will die Mütter ermutigen, ihre Kinder zu stillen. Eine Mutter, die ihr Kind stillt, gewährt ihm damit alle möglichen positiven Schutzmaßnahmen für seine Gesundheit. (Die internationale gemeinnützige Organisation *La Leche League* hat eine Menge großartiger Informationen über dieses Thema herausgegeben, die es zu studieren lohnt. Als mein Enkel vor drei Jahren geboren wurde, bekam Krissy verschiedene Merkblätter von ihnen, unter anderem zum Thema Immunität.) Wenn Sie also die Wahl haben, ermutige ich Sie, Ihr Kind zu stillen. Sogar einige Adoptivmütter haben mithilfe von *La Leche League* versucht, ihre Kinder zu stillen. Ist Stillen natürlich? Ja, aber viele Mütter haben am Anfang Schwierigkeiten damit, weil sowohl das neugeborene Baby als auch die Mutter lernen müssen, wie man das macht. (Deshalb gibt es Stillberater in den Kliniken.)

Meine Faustregel lautet, dass man ein Kind etwa ein Jahr lang stillen sollte. Diese Empfehlung stammt von vielen Kinderärzten aus meinem Freundeskreis und entspricht auch der Meinung der Ärztegemeinschaft.

Manche von ihnen wollen mir sicher an die Kehle gehen, wenn sie diese Zeitvorgabe hören. Da durch das Stillen viele (psychologische und emotionale) Bedürfnisse einer Mutter befriedigt werden, ist es nicht ungewöhnlich, wenn Kinder auch noch im Alter von drei, vier oder sogar fünf Jahren gestillt werden. Aber ich denke, wenn ein Kind zu Ihnen sagen kann: „Ich bin satt", ist es zu alt, um gestillt zu werden. Ein Jahr ist reichlich!

Stören im Unterricht

„Jake steckt ständig in Schwierigkeiten. Er wurde dabei erwischt, wie er die Leiterin der Schulbibliothek mit einer Wasserpistole nass gespritzt hat. Dann setzte er eine Maus aus dem Biologielabor in den Umkleideraum der Mädchen, woraufhin sie alle schreiend hinausrannten. Jake verbringt jedes Jahr mehrere Stunden im Büro des Direktors, und die Lehrer stöhnen, wenn sie sehen, dass sie ihn im nächsten Jahr in ihrer Klasse haben."

Sie kennen diesen Jungen. Es scheint sein erklärtes Ziel zu sein, die Klasse zu stören. Er ist derjenige, der im Papierkorb unter dem Tisch des Lehrers Rauchbomben zündet. Er steht mitten im Unterricht auf und beginnt wie eine Schlange auf die Tür zuzukriechen. Er hält immer die Hand hoch, um etwas Witziges beizutragen, das die anderen Kinder zum Lachen bringt. Er kann einfach nicht still sitzen. Wenn er auftaucht, verdrehen die anderen Schüler die Augen, aber er hat immer Erfolg, wenn er den Unterhalter spielt.

Er treibt jeden Lehrer auf diesem Planeten in den Wahnsinn. Ich weiß, was Kinder wie Jake brauchen, weil auch ich ein solcher Störenfried war. All die Störungen verfolgen nur einen Zweck: Aufmerksamkeit zu bekommen. Also halten Sie inne und schenken Sie ihm Aufmerksamkeit.

„Leman, sind Sie verrückt?", fragen Sie. „Wenn ich ihm Aufmerksamkeit schenke, treibt er es nur noch schlimmer. Damit ermutige ich ihn doch noch in seinem Verhalten."

Aber hören Sie sich den Rest der Geschichte an. Jakes Benehmen änderte sich nicht, bis ich seinen Eltern und Lehrern diese Strategie vorschlug. (Diejenigen unter Ihnen, die über diese Strategie entsetzt sind, möchte ich daran erinnern, dass dieses Buch *Die Rebellen bändigen* heißt. Wir müssen in einem knappen zeitlichen Rahmen viel erreichen, deshalb sind manchmal drastische Maßnahmen nötig.) Jedes Mal, wenn Jake wieder störte, sollte der Lehrer den Unterricht stoppen und auf sein Benehmen eingehen. „Kinder, wie ich sehe, will Jake uns heute unterhalten. Fang an, Jake, und tu, was du tun willst. Wir werden alle zusehen." Diese Reaktion würde seinem Benehmen allen Spaß nehmen und jeglichen Überraschungseffekt zunichtemachen. Nachdem Jake (jetzt nicht mehr ganz so zuversichtlich) seine kleine Show zum Besten gegeben hatte, sollte der Lehrer sagen: „Kinder, danke, dass ihr Jakes kleine Show angesehen habt. Ich hoffe, sie hat euch gefallen. Und weil wir uns die Zeit nehmen mussten, um sie anzusehen, müssen wir jetzt den Mathematikunterricht zu Ende bringen."

All die Störungen verfolgen nur einen Zweck: Aufmerksamkeit zu bekommen. Also halten Sie inne und schenken Sie ihm Aufmerksamkeit.

Vielleicht erhebt sich daraufhin ein Chor von Stöhnen aus der Klasse. „Aber jetzt ist doch Pause!", mag jemand sagen.

„Ja, das ist richtig", sollte der Lehrer antworten. „Und die Pause wird aufgrund von Jakes Darbietung zehn Minuten kürzer sein." Ich versicherte ihnen, dass der Druck seiner Mitschüler, die über eine kürzere Pause verärgert wären, den Rest übernehmen und die Sache zu einem Ende bringen würde.

Und so war es. Wunderbar.

Störungen

Kinder wollen Ihre Aufmerksamkeit, und sie wollen sie am dringendsten, wenn Sie telefonieren. Sie wissen, wie das abläuft. Sie flüchten in eine entlegene Ecke des Hauses, um eine Freundin anzurufen, und innerhalb von 25,5 Sekunden hängt Ihnen ein Kind am Rockzipfel und muss unbedingt in genau diesem Moment etwas haben. Was sagen Sie? „Nur eine Minute!" Und Sie telefonieren weiter.

Nach weiteren 5,5 Sekunden spüren Sie ein erneutes Ziehen an Ihrem Arm, das Ihre Aufmerksamkeit erregen soll. „Nur eine Minute!", wiederholen Sie. Innerhalb von wenigen weiteren Sekunden haben Sie einen Quengler oder einen Schreihals vor sich.

Dieses Benehmen ist nicht nur ärgerlich, es ist ein Elefant. Vielleicht erscheint es nicht wie ein Elefant, wenn man es mit all Ihren anderen Problemen vergleicht, die Sie auf Trab halten, aber es ist einer. Warum? Weil es hier um Respekt geht. Wenn ein Kind Sie ständig unterbricht (ob Sie nun arbeiten, telefonieren oder Gäste zum Abendessen haben), respektiert es Sie nicht.

Sicher gibt es Zeiten, in denen Ihre Kinder Ihre Aufmerksamkeit brauchen (beispielsweise wenn Sie etwas auf dem Herd vergessen haben und sie riechen, dass es anbrennt), aber oftmals sind ihre Störungen ganz einfach das – Störungen. Es ist eine weitere Möglichkeit, Sie zu kontrollieren, der Chef im Haus zu sein. Sie verdienen Zeiten ohne Unterbrechung – um Ihre Arbeit fertigzustellen, mit Freundinnen zu telefonieren usw.

Was können Sie nun tun, um Ihren Standpunkt klarzumachen, außer zu schreien (womit Sie Ihren Standpunkt ohnehin nicht klarmachen)? Sobald Ihre Kinder mit ihrem Zirkus beginnen, telefonieren Sie weiter, aber entfernen Sie Ihre Kinder aus der Situation und isolieren Sie sie (vielleicht in ihrem Zimmer oder auch vor der Haustür). Wenn Sie das bei kleinen Kindern einige Minuten lang tun, wird es ihnen vorkommen wie ein ganzes Leben. Bei älteren Kindern können Sie die Dauer verlängern.

Wenn ein Kind Sie ständig unterbricht, respektiert es Sie nicht.

Wenn Sie dann Ihr Telefonat beendet haben, sprechen Sie mit Ihren Kindern darüber, wie Sie sich bei ihrer Störung gefühlt haben. „Es ist wichtig für mich, mit Sandy zu sprechen. Sie ist meine Freundin und ich spreche gern mit ihr. Ihr sprecht auch gerne mit euren Freunden, nicht wahr? Ich mag es nicht, wenn Ihr mich beim Telefonieren stört. Ich nehme das persönlich. Indem ihr mich stört, sagt ihr mir, dass ich euch nicht wichtig bin und dass es euch egal ist, was mich oder meine Freunde interessiert."

In anderen Worten, ergreifen Sie Maßnahmen und lassen Sie diesen Maßnahmen eine Erklärung folgen. Aber unterbrechen Sie nicht, was Sie gerade tun.

Ich bekam eine E-Mail von einer Mutter, die mich auf einem Seminar über dieses Thema hatte sprechen hören. Sie probierte meine Taktik aus, als Ihre Kinder sie an einem schönen Sommertag bei einem Telefonat mit ihrer Freundin störten. Sie sprach einfach weiter, begleitete die Kinder aus der Küchentür in den Garten hinter dem Haus und verschloss die Tür. Fünfundvierzig Minuten später sagte sie zu ihrer Freundin: „Oh, meine Güte! Ich habe die Kinder draußen vergessen!" (Lesen Sie im Abschnitt „Höflichkeit am Telefon" den Rest der Geschichte.)

Glauben Sie, dass diese Kinder die Lektion vergessen haben? Wenn Sie danach glaubten, etwas zu brauchen, während ihre Mutter am Telefon war, zuckten sie nur mit den Schultern und verzogen sich. Meistens war das, was sie brauchten, ohnehin etwas, das sie sich selbst holen konnten – und sie lernten, unabhängiger zu sein.

Sie verdienen die Freiheit, zu telefonieren, ohne dabei gestört zu werden. Das ist Ihre Zeit und es geht dabei um das Thema Respekt. Nehmen Sie Störungen nicht tatenlos hin.

Streiten im Auto

„Ich habe gesagt, ihr sollt aufhören ... *sofort!*"

„Wenn du nicht aufhörst, deinen Bruder zu stoßen, werde ich ..."

„Wartet nur, bis wir nach Hause kommen ..."

Dann fliegt der elterliche Arm vom Fahrer- oder Beifahrersitz auf den Rücksitz ...

Warum streiten Kinder sich am häufigsten im Auto? Weil sie in einem begrenzten Raum sind und um ihre Position rangeln. Sie wollen herausfinden, wer der Dominanteste unter ihnen ist – und auch, um zu sehen, wie sie *Sie* dominieren können. Es ist faszinierend, wo kampfstarke Kinder ihre Machtspiele austragen. Normalerweise sind das Orte, wo Sie zusammengepfercht sind wie Ölsardinen (wie beim Autofahren) und es kein Entkommen gibt.

Was tun Sie also? Wenn Sie fahren und Ihre Kinder auf dem Rücksitz des Autos übereinander herfallen, kann Sie das wirklich ablenken, und das umso mehr, wenn Sie sie anschreien und in den Rückspiegel sehen. Ihnen zu drohen hat keinen Zweck. Ihre Kinder wissen:

- Sie meinen das nicht so.
- Sie werden Ihre Drohungen ohnehin nicht wahr machen. Viele Eltern sagen: „Wenn Ihr nicht ruhig seid, kaufen wir das nicht oder gehen wir dort nicht hin." Aber normalerweise ist das nur heiße Luft. Wenn es derartige Drohungen und Warnungen schon oft erlebt hat, wird kein Kind mehr darauf achten, was Sie sagen.
- Sie können Sie nicht erreichen (mit Ausnahme des fliegenden Armes, was Sie nur noch ärgerlicher macht).

Versuchen Sie als Erstes das Folgende: Machen Sie die Musik auf den hinteren Lautsprechern lauter. Ein Teil des Spaßes Ihrer Kinder besteht in dem Wissen, dass Sie ihre Streitereien hören. Sie warten darauf, dass Sie einschreiten und schlichten. Das ist ein Teil ihres organisierten Plans.

Wenn das Aufdrehen der Musik nichts nützt und ihre Kinder sich weiterhin in den Haaren liegen, fahren Sie den Wagen in aller Ruhe an den Straßenrand und halten an. Steigen Sie aus, dehnen Sie sich ein wenig, prüfen Sie Ihre Reifen, öffnen Sie den Kofferraum. Wenn Sie gerade dabei sind, Ihre Kinder irgendwo hinzufahren und sie dadurch zu spät kommen, umso besser. Lassen Sie sich Zeit.

Fahren Sie den Wagen in aller Ruhe an den Straßenrand und halten an. Steigen Sie aus, dehnen Sie sich ein wenig, prüfen Sie Ihre Reifen, öffnen Sie den Kofferraum.

Wenn Sie wieder einsteigen, sagen Sie etwas wie: „Ist das Autofahren für Mami jetzt sicher?"

Wenn Sie diese Aktion ein Mal ausführen, reicht das normalerweise aus, um das Gezänk zu stoppen. Wenn Sie jedoch bis zu diesem Punkt ein Papiertiger-Elternteil waren, werden Ihre Kinder vielleicht eine weitere Dosis brauchen.

Und wissen Sie was? Wenn Sie so handeln, wird sich auch Ihr Herzschlag nicht beschleunigen. Sie wenden das Prinzip „B tritt nicht ein, bevor A abgeschlossen ist" an. Diese Kinder werden ihr Ziel nicht erreichen, bevor ihre Streitereien beendet sind.

Taschengeld

„Ich gebe Matt, unserem Vierzehnjährigen, jede Woche Taschengeld. Aber am Tag, nachdem ich ihm das Geld gegeben habe, kommt er regelmäßig zu mir und bittet um mehr Geld für etwas, das er unbedingt haben muss. Das macht mich verrückt."

„Trey ist erst drei Jahre alt, aber er scheint sich für Geld zu interessieren. Neulich nahm er einige Münzen von der Küchenanrichte und steckte sie in seine Tasche. Er ist noch so klein, dass er sich sicher nicht darüber bewusst war, dass er stahl, indem er sie nahm ohne zu fragen. Doch die Angelegenheit ließ in mir die Frage aufkommen: Sollte ich ihm Taschengeld geben? Ab welchem Alter sollten Kinder generell Taschengeld bekommen?"

„Wir geben unseren drei Kindern im Alter von zwölf, vierzehn und sechzehn jede Woche denselben Betrag als Taschengeld. Aber unser Sechzehnjähriger bittet unseren Zwölfjährigen ständig darum, ihm etwas zu leihen – und bekommt es. Sollten wir dem Sechzehnjährigen mehr Geld geben, weil er älter ist, oder sollten wir allen dreien der Fairness halber weiterhin denselben Betrag geben?“

„Unsere zwei Kinder im Alter von elf und dreizehn haben völlig unterschiedliche Persönlichkeiten. Jen, unser älteres Kind, ist eine wahre Arbeiterin. Wenn sie ihre üblichen Aufgaben erledigt hat, hilft sie immer noch bei weiteren mit, wenn sie sieht, dass etwas getan werden muss. Mark, unser jüngeres Kind, muss mehrmals aufgefordert werden, sein Spiel an der PlayStation zu unterbrechen, damit er wenigstens seine eigenen Aufgaben erledigt bekommt. Ich bin mit einem Bruder aufgewachsen, und bei uns zu Hause herrschte immer der Grundsatz, dass jeder genau dasselbe bekam. Aber es ärgerte mich immer, wenn ich all die Arbeit tat und den gleichen Betrag als Taschengeld bekam wie mein jüngerer Bruder. Ich möchte nicht, dass Mark sich minderwertig fühlt, weil ich ihm weniger Geld gebe als seiner Schwester. Hilfe! Was sollen wir tun?“

Das Taschengeld ist ein Thema, das sich auf viele andere Bereiche auswirkt, deshalb werde ich darauf etwas ausführlicher eingehen. Warum? Weil sowohl das Geld selbst, das ein Kind zur Verfügung hat, als auch die Art und Weise, wie es das Geld bekommen hat und welche Einstellung es zu diesem Geld hat, nicht nur bestimmen, was es kaufen oder sparen kann, sondern auch, wie es sich fühlt.

Wozu dient ein Taschengeld? Meiner Meinung nach ist das Taschengeld ein Teil des Freizeitbudgets einer Familie. Es ist eine der Vergünstigungen, die es mit sich bringt, ein Mitglied der Familie zu sein.

Diese Sichtweise weicht stark von derjenigen ab, mit der die meisten von uns aufgewachsen sind. Gab es bei Ihnen auch eine Aufgabenliste am Kühlschrank? Wir haben alle darüber gemurrt, aber wir haben uns daran gehalten (es sei denn, wir konnten unsere kleine Schwester heimlich dazu überreden, unsere Aufgaben zu übernehmen), denn das war die einzige Möglichkeit, an Geld zu kommen. Die Liste lautete in etwa folgendermaßen:

- Dein Zimmer sauber machen. 30 Cent.
- Den Tisch decken. 5 Cent.
- Eine Woche lang den Hund füttern und ausführen. 30 Cent.
- Die Garage gründlich reinigen. 70 Cent.
- Den Müll hinaustragen. 15 Cent.

Die Erledigung dieser Aufgaben wirkte sich unmittelbar darauf aus, wie viel Taschengeld wir jede Woche bekamen.

Das Taschengeld ist ein Teil des Freizeitbudgets einer Familie. Es ist eine der Vergünstigungen, die es mit sich bringt, ein Mitglied der Familie zu sein.

Aber hier ist mein Vorschlag: Jedes Familienmitglied sollte automatisch ein Taschengeld aus dem Freizeitbudget der Familie bekommen. Das bedeutet, dass einer der Vorteile, zur Familie zu gehören, darin besteht, dass jeder Geld zum Ausgeben hat. Ich weiß, einige von Ihnen denken jetzt: *Ich kann mir kein Taschengeld leisten.* Die Realität sieht jedoch so aus, dass alle Eltern Geld für ihre Kinder ausgeben, deshalb nehme ich Ihnen das nicht ab. Rechnen Sie einfach zusammen, was Sie für das Essen, die Kleidung usw. Ihres Kindes aufwenden und geben Sie ihm diese Summe als Taschengeld. Das kostet Sie nicht mehr, als Sie ohnehin ausgeben, und es wird Ihr Kind Verantwortung lehren.

Manche Familienmitglieder werden aufgrund ihres Alters oder ihrer Fähigkeiten mehr Aufgaben zu erledigen haben als andere. Beispielsweise würden Sie nicht erwarten, dass ein Sechsjähriger dieselbe Arbeit tut wie ein Vierzehnjähriger, und das noch genauso gut. Aus demselben Grund hat das ältere Kind auch einige Vorteile, die das jüngere Kind nicht hat – es darf beispielsweise später zu Bett gehen und mit Freunden ausgehen.

Ich schlage vor, dass Sie beginnen Ihrem Kind Taschengeld zu geben, wenn es fünf Jahre alt ist. Geben Sie dem Kind einen Euro pro Woche. Es gibt nichts Wundervolleres für ein Kind, als etwas für sich allein zu haben, und glänzende Münzen sind für ein Kind wie Gold. Das Alter von fünf Jahren ist auch gut dafür geeignet, dem Kind den Wert des Geldes beizubringen – ihm zu erklären, was ein Cent, fünf Cent, zehn Cent, fünfzig Cent und ein Euro wert sind und was sie damit kaufen können. Gehen Sie zusammen zur Bank und eröffnen Sie ein Sparkonto für Ihr Kind. Investieren Sie in ein Geldmarktkonto oder in Aktien, wenn Sie es können. (Es ist erstaunlich, wie schnell kleine Summen wachsen können, und es ist wunderbar für ein Kind, das in jedem Quartal oder Jahr zu sehen.)

Wenn ein Kind Geld für etwas ausgeben will, das die Höhe seines Taschengeldes übersteigt, stocken Sie sein Taschengeld *nicht* auf. Lassen Sie das Kind mit dem Kauf so lange warten, bis es genug Geld dafür gespart hat. Dann kann es die Erfahrung machen, wie begeisternd es ist, etwas zu kaufen, auf das es selbst hingearbeitet hat – und auch den Nebeneffekt der Reue über den Kauf, wenn es ein Plastikspielzeug, das es gekauft hat, versehentlich kaputt macht. „Eigenes“ Geld zu haben verschafft dem Kind eine gewisse Herrschaft über das Geld und ein wachsendes Verständnis dafür, wie lange es dauert, bis Sie den Betrag zusammenhaben, um bestimmte Dinge für die Familie zu kaufen.

Wenn ein Kind älter wird, erhöhen Sie sein Taschengeld entsprechend seines Alters. Je mehr Taschengeld Sie Ihrem älteren Kind geben, umso mehr kann das Kind damit anfangen, ob es das Geld nun spart oder ausgibt.

Unsere Lauren, die jetzt fünfzehn ist, *liebt* es, ihr Taschengeld zu sparen. Wenn sie sich eines Tages etwas Besonderes kaufen will, wird sie froh darüber sein, diesen Notgroschen zu besitzen. Die kleine Kayla, die jetzt acht ist, spart ebenfalls gerne. Sie steckt jeden Cent, den sie bekommt, in ihr „Eines Tages kaufe ich mir ein Pferd“-Projekt. Aber als sie letztes Jahr von einem kleinen Mädchen hörte, das sein Zuhause durch eine Flutkatastrophe verloren hatte, nahm sie aus eigenem Antrieb einen Teil ihres Taschengeldes und schickte es als besondere Spende an die Familie des Mädchens.

Kyle, der jetzt elf ist, entdeckte schnell, dass Geld nicht auf Bäumen wächst und dass das, was heute unter seinesgleichen angesagt ist, morgen schon wieder uninteressant sein kann. Er investierte das Taschengeld eines halben Jahres, um sich ein Skateboard zu kaufen. Drei Wochen, nachdem er es gekauft hatte, lachten seine Klassenkameraden darüber, weil Skateboards längst nicht mehr angesagt waren. Jetzt kauft Kyle nur noch Dinge, die *er* wirklich will und nichts, von dem er glaubt, es würde ihm Beliebtheit verschaffen.

Kinder müssen wissen: Wenn das Geld ausgegeben ist, ist es ausgegeben. Im Leben ist nichts umsonst.

Wenn Ihr Kind Sie um mehr Geld bittet, weil es seines bereits verbraucht hat, sagen Sie: „Es gibt erst am Samstag wieder Taschengeld. Ich bin sicher, du wirst es bis dahin irgendwie schaffen.“ Würde es Ihren

Sohn umbringen, wenn er sich ein Mittagessen für die Schule von zu Hause mitnimmt, statt mit seinen Kameraden zur nächsten Pizzabude zu gehen?

Würden Sie zu Ihrem Chef sagen: „Hey, ich brauche mehr Geld, damit es mir bis Samstag reicht"? Dann lassen Sie auch nicht zu, dass Ihre Kinder Sie manipulieren.

Aber sollten Sie Ihre Kinder für besondere Aufgaben bezahlen? Nehmen wir einmal an, Ihre Tochter kommt zu Ihnen und sagt: „Ich würde mir diesen Sommer gern etwas dazuverdienen. Gibt es hier irgendetwas, das ich tun kann?"

„Nun", sagen Sie, „ich will schon seit zwei Jahren die Garage streichen. Wenn du das übernimmst, gebe ich dir 65 Euro dafür."

So ein Handel, der über die üblichen Pflichten Ihres Kindes hinausgeht, ist sowohl für Sie als auch für Ihr Kind eine großartige Möglichkeit. Sie bekommen eine Arbeit erledigt, und Ihr Kind bekommt die Gelegenheit, sich durch ein spezielles Projekt etwas dazuzuverdienen. Und wenn die Garage gestrichen ist, können Sie darauf wetten, dass Ihre Tochter jeden Tag einen Blick hineinwirft und stolz auf ihre Leistung ist.

Kinder müssen wissen, dass sie etwas dafür tun müssen, ihre Vergünstigungen als Familienmitglied aufrechtzuerhalten. Wenn sie ihre Pflichten nicht erledigen, hat das Konsequenzen.

Nehmen wir beispielsweise einmal an, Ihr Vierzehnjähriger kommt seiner Aufgabe, den Rasen zu mähen, nicht nach. Was wäre, wenn Sie sich deshalb nicht mit ihm herumstreiten, sondern einfach eines ihrer anderen Kinder oder jemanden aus der Nachbarschaft dafür anheuern? Und was, wenn Sie die Kosten, die daraus entstehen, in der folgenden Woche vom Taschengeld Ihres Sohnes abziehen? Glauben Sie, dass Ihre Botschaft auf diese Weise schnell ankommt?

Einmal angenommen, Ihre ältere Tochter tut immer alles, was Sie von ihr erwarten. Sie können sich darauf verlassen, dass sie ihre Aufgaben erledigt; Sie müssen es nicht einmal kontrollieren.

Und dann ist da ihr jüngerer Bruder, der jede noch so kleine Arbeit hasst und sich ständig weigert, sein Zimmer sauber zu machen. Was tun Sie dann normalerweise? Sie hacken auf ihm herum, richtig?

Was wäre, wenn Sie, statt überhaupt etwas zu sagen, seine Schwester bitten, sein Zimmer sauber zu machen und ihr dafür zwei Euro fünfzig vom nächsten Taschengeld Ihres Sohnes bezahlen? Aller Wahrscheinlichkeit nach wird der kleine Bruder nicht besonders glücklich darüber sein, dass er erstens einen Teil seines Taschengeldes eingebüßt hat, und zweitens seine *Schwester* in seinem Zimmer war.

Aber glauben Sie, dass Sie damit Ihren Standpunkt klargemacht haben, dass von allen Familienmitgliedern erwartet wird, mitzuhelfen und Sie ansonsten jemand anderen dafür bezahlen müssen, dass dieser ihre Aufgaben übernimmt?

Taschengeld lehrt Kinder, wie man mit Geld umgeht – und es lehrt Kinder auch die Konsequenzen aus erster Hand. Beispielsweise kann ich mein Auto durch die Waschanlage fahren und den Angestellten dort fünf Euro dafür geben. Oder ich könnte mein Auto in der Auffahrt selbst waschen und die fünf Euro behalten. Es ist alles eine Frage der Entscheidung.

Wenn Ihre Tochter eine bestimmte Aufgabe nicht erledigt, überreden Sie sie nicht dazu, erinnern Sie sie nicht daran und halten Sie ihr keine Vorträge. Heuern Sie einfach jemand anderen an, der diese Aufgabe erledigt, und ziehen Sie den Betrag, den Sie dieser Person bezahlen mussten, von ihrem Taschengeld ab. Es gibt keine Drohungen, keine Warnungen – nur Taten.

Die Taten werden viel lauter sprechen als alle Worte, die Sie sagen könnten. Ich weiß das, weil ich mit dieser Methode bei mir zu Hause schnelle Ergebnisse erzielt habe. Unsere Kinder im Teenageralter waren an einem Abend in der Woche dafür verantwortlich, das Abendessen zu kochen, um meiner Frau Sande eine Pause zu verschaffen. Als ich einmal an einem solchen Abend von der Arbeit kam, kochte kein Essen auf dem Herd. Ich beschloss, dass dies ein günstiger Moment für eine Lektion war. Ich führte Sande in eines ihrer Lieblingsrestaurants aus, wo sie das Essen mit richtigen Silbergabeln servieren, nicht mit Plastikbesteck. Als unsere Kinder in der folgenden Woche ihr Taschengeld bekamen, teilte ich den Betrag für das Essen unter ihnen auf und zog jedem seinen Teil vom Taschengeld ab. Glauben Sie, dass das in unserem Haus nochmals vorgekommen ist?

Sie haben die Lektion gelernt.

Tattoos und Bodypiercings

Vor langer Zeit, als ich aufwuchs, waren die einzigen Menschen, die Tätowierungen hatten, Harley-Fahrer. Sie waren zähe Kerle, die keinen Zweifel daran ließen, dass sich besser niemand mit ihnen anlegen sollte.

Die heutige Welt sieht ganz anders aus. Die jungen Mütter, die zu meinen Vorträgen über Probleme in der Ehe und der Familie kommen, sind gut gekleidet, gebildet und haben eines oder mehrere Kinder. Und einige von ihnen haben auch ein Tattoo – auf der Schulter, am Bein, am Arm und wer weiß, wo noch.

Ganz offensichtlich sind Tätowierungen sehr beliebt. Auch einige von Ihnen, die dieses Buch lesen, werden ein Tattoo haben und sich fragen, warum das eine große Sache sein soll. Warum sollte ich in meinem Buch darauf eingehen? Bin ich ein alter Spießer oder was?

Was ich sagen will, ist, dass die Menschen eine Hassliebe für Tattoos haben. Entweder sie lieben sie oder sie hassen sie. Es ist die Ermessensentscheidung jedes Elternteils, ob er seine Einwilligung für Tattoos und Bodypiercings gibt oder nicht.

Für manche Eltern ist eine Tätowierung keine große Sache. „Dann hat er eben ein Tattoo. Das ist nicht das Ende der Welt“, sagen sie. „Er ist ein gutes Kind.“

Die meisten Kinder, die sich Tattoos oder Bodypiercings (Nase, Augenbrauen, Bauchnabel, Ohren, Zunge) wünschen, wollen damit eine Aussage über ihre Einzigartigkeit treffen. Das Lustige daran ist jedoch, dass sie solche Dinge auch haben wollen, weil ihre Freunde sie haben. Was ist dann daran noch einzigartig?

Ich schlage mich auf die Seite jener Eltern, die ihre Kinder nicht dazu ermutigen, sich durch Tattoos oder Bodypiercings von anderen zu unterscheiden. Ich würde sie eher herausfordern, der armseligste Klarinettist eines Orchesters oder der gewiefteste Spieler eines Footballteams zu werden. Es gibt viele Wege, einzigartig zu sein – indem man Trompete spielt, ein unersättlicher Leser ist oder ein unschlagbarer Schachspieler. Je zufriedener ein Kind mit sich selbst ist, umso geringer ist die Wahrscheinlichkeit, dass es versucht ist, sich irgendwelche Körperteile piercen zu lassen, um sich in die Menge einzufügen.

Mit der Zustimmung ihrer Eltern bekam Lisa im Alter von dreizehn Jahren ein Tattoo. Fünfzehn Jahre später bekam sie Zwillinge und zog in eine sehr konservative Nachbarschaft in einer wohlhabenden Gegend der Stadt. Das war der Zeitpunkt, an dem sie beschloss, die Schmerzen auf sich zu nehmen und das Tattoo entfernen zu lassen. „Ich fühlte mich nicht mehr wohl dabei, ärmellose T-Shirts zu tragen, weil ich Angst davor hatte, was die anderen Mütter denken könnten. Eine von ihnen wetterte sogar vehement über eine Frau, die ein Tattoo hatte, und behauptete, bei ihr herrschten lockere Sitten usw. Letzten Monat wurde meine Tochter sechzehn und wünschte sich ein Tattoo. Ich erklärte ihr, warum ich das nicht wollte. Das war eine ganz andere Sichtweise als die, die sie bisher gehört hatte, und sie verstand sie auch nicht ganz, aber sie akzeptierte meine Bitte."

Ich schlage mich ebenfalls auf die Seite der Eltern, die nichts von Tattoos oder Ohrringen bei kleinen Kindern halten, es sei denn, sie sind Teil einer ethnischen Kultur (beispielsweise der indischen oder der spanischen). Warum sollten Sie Ihre kleinen Kinder unter Druck setzen, zu sein wie jeder andere? „Die kleine Susan, die weiter unten in der Straße wohnt, hat Ohrlöcher. Willst du nicht auch welche haben?" (Susan ist fünf Jahre alt.)

Die Eltern von heute scheinen miteinander zu wetteifern, ihren Kindern so früh wie möglich im Leben alles zu geben. Deshalb laufen Erstklässler mit Handys in der Schule herum. Wenn Sie als Eltern eine solche Perspektive haben, glauben Sie nicht, dass Ihr Kind diese übernehmen wird?

Wenn Ihr Kind älter ist, können Sie ihm zwar sagen, was Sie denken, aber letztendlich trifft es seine Entscheidung selbst. Wenn Ihr Sohn achtzehn ist, kann er seine Nase, seine Wangen und seinen Hals tätowieren lassen und am Ende aussehen wie Michael Tyson. (Sein Körper wird dafür bezahlen, aber es ist sein Körper.) Wenn Sie sich jedoch schon während ihres Heranwachsens die Zeit nehmen, Ihren Kindern zu erklären, welche Meinung sie vertreten und warum, wird die Mehrheit von ihnen (einschließlich älterer Kinder) nicht entgegen Ihrer Wünsche handeln.

Was ist nun mit Bodypiercings? Zu dem Thema „Ohrringe" finden Sie einen separaten Abschnitt, deshalb werde ich hier nur auf andere Piercings am Körper eingehen.

Kürzlich wollte Jeff, ein Vater aus meinem Bekanntenkreis, etwas einkaufen. Er ist ein cooler Vater in den frühen Dreißigern. Doch nachdem er zwanzig Minuten in dem Laden verbracht und versucht hatte, zu enträtseln, was der Verkäufer sagte, verlangte er, den Geschäftsführer zu sprechen. Der junge Verkäufer hatte ein Zungenpiercing, und so sehr Jeff sich auch bemühte, konnte er nicht verstehen, was dieser zu sagen versuchte. Er wollte dem Geschäftsführer klarmachen, dass der Laden Verkäufer einstellen sollte, die zumindest in der Lage waren, mit den Kunden zu kommunizieren.

Ich will kein moralisches Urteil über Nasen-, Zungen-, Augenbrauen-, Bauchnabel- oder sonstige Piercings fällen. Ich sage nur, dass es einfach dumm ist, wenn Sie Ihrer vierzehnjährigen Tochter erlauben, „sich auszudrücken", indem sie sich die Zunge piercen lässt. Es ist ekelerregend. All diese Keime im Mund sind ein hygienisches Risiko. Und für den Umgang mit anderen – insbesondere mit denjenigen, die keine gepiercten Zungen haben (der Mehrheit der Bevölkerung) – wird es sicher nicht förderlich sein, wenn sie undeutlich spricht und aus ihrem Mund ein ständiges Klicken zu hören ist.

Eltern tun auch gut daran zu bedenken, dass das, was ein Kind mit vierzehn tun will, nicht unbedingt dem entspricht, was es mit siebzehn tun will. Kinder reifen in diesen Jahren sehr stark heran. Jede Art von Piercing, das an anderen als den traditionellen Körperteilen (d. h. den Ohrläppchen) vorgenommen wird, ist in Wirklichkeit ein Akt wortloser Rebellion. Sie sollen der ganzen Welt zeigen: „Ich bin nicht wie jeder andere." Das führt mich zu meinem Standpunkt zurück, dass es bessere Möglichkeiten gibt, der Welt seine Einzigartigkeit zu zeigen, als seinen Körper zu verletzen.

Ich denke, es ist in Ordnung, wenn Eltern zu Tattoos und Bodypiercings Nein sagen. Schließlich sind sie normalerweise auch diejenigen, die dafür bezahlen. Warum sollten Sie dafür bezahlen, dass der Körper Ihres Kindes verletzt wird? Geben Sie dem Kind Vitamin N (Nein), wenn Tattoos oder Bodypiercings nicht mit Ihren Werten und Ihrem Glauben übereinstimmen.

Teilen

Kinder verstehen nicht, warum sie teilen sollen. Wenn sie vierzehn Monate alt sind, haben sie noch nicht einmal die Fähigkeit, darüber nachzudenken. Wenn sie etwas in der Hand halten, gibt es kein Teilen. Es gehört ihnen. Es ist ihres. Und niemand kann ihnen etwas anderes erzählen. Es spielt keine Rolle, ob sie es zerbrechen könnten oder ob es dreitausend Euro oder fünfzig Cent kostet.

Doch mit jedem weiteren Monat nehmen Kinder andere Menschen genauer wahr, sodass sie lernen müssen, wie man teilt. Kleine Kinder werden jedoch nicht teilen, wenn es ihnen nicht vorgelebt wird. Es ist wichtig, ihnen das Teilen als Rollenspiel zu vermitteln. „Okay, jetzt bist du dran ... und jetzt bin ich dran." Oder: „Jetzt nimmst du einen Bissen. Dann nehme ich einen Bissen."

> *Kleine Kinder werden nicht teilen, wenn es ihnen nicht vorgelebt wird.*

Wenn kleine Kinder bereitwillig mit anderen teilen, müssen Eltern dieses Verhalten bekräftigen, indem sie sagen: „Was für ein großes Mädchen du bist! Du hast mit deinem Bruder geteilt!" Drei- und Vierjährige können extrem besitzergreifend sein. Es fällt ihnen sehr schwer zu teilen, weil alles „meines" ist. Aber bedeutet das, dass sie es nicht lernen können? Absolut nicht. Nehmen wir einmal an, Vierjährige spielen mit einem Ball und beginnen, sich darüber zu streiten. Die beste Art und Weise, ihnen das Teilen beizubringen, besteht darin, ihnen den Ball wegzunehmen. „Wenn ihr diesen Ball nicht teilen könnt", sagen Sie ihnen, „wird keiner damit spielen. Ich räume ihn jetzt weg." Indem Sie das Objekt wegnehmen, machen Sie die Kinder dafür verantwortlich zu lernen, wie man es teilt. Sie können auch hinzufügen: „Wenn ihr bereit seid zu teilen, lasst es mich wissen."

Auf diese Weise werden kleine Kinder schnell herausfinden, dass ihnen das Teilen einen Vorteil verschaffen kann. Sonst geht ihr Spaß mit dem Ball verloren!

Um diese Vorstellung noch zu untermauern, können Sie sich später an diesem Tag mit einer Schüssel duftenden Popcorns hinsetzen. Wenn Ihr Sohn zu Ihnen kommt und etwas davon abhaben will, sagen Sie einfach: „Nein, ich teile mein Popcorn heute Abend nicht. Mir ist nicht danach."

Sie sind nicht gemein. Ihr Tonfall ist ausgeglichen. Dann erklären Sie Ihrem Sohn, wie wichtig das Teilen ist und wie Sie sich bei dem Vorfall mit dem Ball gefühlt haben. „Wir sind alle Teil dieser Familie und wir teilen das, was wir haben. Aber wenn du dich dafür entscheidest, nicht zu teilen, kann ich mich auch dafür entscheiden nicht zu teilen."

Einmal angenommen, ältere Kinder streiten sich um das letzte Stück Kuchen. Dann drücken Sie dem einen Kind einfach ein Messer in die Hand und sagen: „Schneidet es doch einfach durch." Dann sagen Sie zu dem anderen Kind: „Und du suchst dir das Stück aus, das du haben willst."

Damit bleibt der Ball auf dem Spielfeld, wo er hingehört, und Sie werden nicht in die Diskussion darüber verwickelt, wer gestern Abend das größere Stück bekommen hat. Ein Kind schneidet, das andere sucht sein Stück aus. Und Sie bleiben davor bewahrt, den Richter zu spielen.

Dasselbe gilt für das Gezänk zwischen Teenagern. Wenn Ihre Tochter beispielsweise von ihrem eigenen Geld einen Pullover gekauft hat, ist es ihrer. Wenn Sie ihn bezahlt haben, wäre es in Ordnung, ihn mit ihrer Schwester zu teilen. Sollte es jedoch Streit darum geben, nehmen Sie den Pullover einfach an sich und legen ihn in Ihren eigenen Kleiderschrank, bis die Mädchen zu einer Einigung gekommen sind. Das Gezänk über Kleidungsstücke mag vielleicht im Stillen weitergehen, aber die Wahrscheinlichkeit, dass Sie hineingezogen werden, ist geringer.

Wenn Sie Ihre Kinder dabei mitwirken lassen, die Rechnungen online zu bezahlen oder Schecks dafür auszustellen, kann das den Kindern helfen zu verstehen, was es mit dem Teilen auf sich hat und dass das von jedem Familienmitglied erwartet wird. Wenn die Kinder sich darüber im Klaren sind, welche Kosten in einer Familie anfallen, sind sie noch dankbarer für das Vorrecht, ein Mitglied der Familie zu sein.

Traktieren von Wänden

Das ist ein Benehmen, zu dem ich in meinen Beratungsgesprächen am häufigsten befragt werde, und normalerweise sind es Jungen, die Wände traktieren. Mädchen neigen eher dazu, Türen zuzuknallen und zu schreien: „Ich hasse dich!" Bei Jungen ist es wahrscheinlicher, dass sie die Beherrschung verlieren und Löcher in die Wand schlagen (selbst Erwachsene tun das – insbesondere Väter). Ein Vater erzählte mir beschämt, dass er einmal so wütend auf seinen Sohn im Teenageralter war, dass er mit der Faust gegen das Autofenster schlug und es zerbrach. Dabei verletzte er seine Hand, sodass er ins Krankenhaus fahren und sie mit einigen Stichen nähen lassen musste. (Und er fragte sich, wo sein Sohn es gelernt hatte, gegen Wände zu schlagen.)

Wenn Ihr Sohn Wände traktiert, ist er höchstwahrscheinlich ein Kind, das in seinem Leben schon sehr oft zornig gewesen ist. Ich habe Neuigkeiten für Sie. Diese Art von Benehmen ist keine schnelle Lösung, weil der Zorn schon lange Zeit gebrodelt hat. Beschämte Eltern versuchen oft, diese Situation zu Hause zu regeln. Aber das Kind braucht professionelle Hilfe. (Und das sage ich nicht nur, weil ich Psychologe bin und mein Geld verdienen muss. Ich sage es, weil es die Wahrheit ist.) Diese Kinder sind so zornig und explosiv, dass sie aus der Haut fahren und jemand anderen verletzen könnten. Sie haben davon schon in der Zeitung gelesen, und wenn Sie sich nicht umgehend und angemessen mit der Situation befassen, könnte Ihr Kind für seine eigenen Schlagzeilen sorgen.

Wenn Ihr Sohn Wände traktiert, ist er höchstwahrscheinlich ein Kind, das in seinem Leben schon sehr oft zornig gewesen ist.

Bedeutet das, dass Sie zu Hause überhaupt nichts wegen der Situation unternehmen? Natürlich nicht. Als Erstes müssen Sie sagen: „Wir tolerieren dieses Benehmen in unserem Haus nicht." Das Problem ist, dass das Benehmen inzwischen so fixiert ist wie die Maserung einer Holzplanke. Sie geht in eine Richtung und kann sich nicht verändern. Sie können sie wachsen, polieren oder lackieren – die Maserung behält immer dieselbe Richtung bei. Deshalb ist es so wichtig, dass man ein Kind noch in jungen Jahren lehrt, andere zu lieben und zu respektieren und sich in die Familie einzufügen.

Holen Sie sich also bitte professionelle Hilfe, um die Probleme, die ihr Kind damit hat, seinen Zorn zu bewältigen, in den Griff zu bekommen. Aber lassen Sie es auch zu Hause nicht ungestraft davonkommen. Ihr Kind sollte arbeiten, um das Geld zu verdienen, das es kosten wird, die Löcher in den Wänden reparieren zu lassen. Wenn es keinen Teilzeitjob hat, um das zu tun, setzen Sie sein Taschengeld aus, bis die Reparaturkosten gedeckt sind. Denken Sie auch daran, dass „B nicht eintritt, bevor

A abgeschlossen ist". Das bedeutet, dass Sie ihren Sohn nicht zu einem Freund fahren, wenn er sagt: „Ich gehe nicht zur Therapie." Sie müssen darauf bestehen, dass er zur Therapie geht, um seinetwillen – und auch zum Wohl der restlichen Familie.

Geben Sie gegenüber diesem Elefanten nicht klein bei.

Trotz/Absichtlicher Ungehorsam

„Er sah mir direkt in die Augen und schrie aus voller Lunge: ‚NEIN!'"

„Ich sagte ihr, dass sie nicht mit ihren Freunden ins Kino gehen dürfe. Daraufhin stieg sie heimlich aus ihrem Fenster und haute ab."

„Sobald er weiß, dass sein Vater nicht in der Stadt ist, provoziert er immer eine Konfrontation mit mir. Wenn sein Vater zu Hause ist, traut er sich das nicht."

Trotz ist ein Elefant – ein sehr großer Elefant –, wenn Sie ihn nicht überwinden. Und je eher Sie ihn im Leben Ihres Kindes bezwingen, desto besser.

Einmal angenommen, Ihr Dreijähriger stampft mit dem Fuß auf und sagt: „Nein!" Was tut er? Er fordert Sie in höchstem Grad heraus. Er hat absolut auf stur geschaltet und wird nicht tun, worum Sie ihn gebeten haben. Wenn körperliche Züchtigung mit Ihren familiären Werten vereinbar sind, ist das in der Tat ein guter Zeitpunkt für einen Klaps auf das Hinterteil Ihres Kindes, zusammen mit einem strengen Blick, der zeigt, dass Sie es ernst meinen.

Dieser Blick muss aussagen: „Ich erwarte von dir, dass du das tust, und ich erwarte, dass du es jetzt tust." Bei einem jüngeren Kind gewinnen Sie die Schlacht, indem Sie Ihre Erwartungen konsequent aufrechterhalten und die Sache bis zum Ende durchziehen. Auch eine Zeit der Isolation und des Nachdenkens über seine Taten ist sehr effektiv, um das trotzige Verhalten zu ändern.

Wenn Ihr älteres Kind (zehn Jahre und älter) absichtlich trotzig ist, haben Sie ein viel größeres Problem. Sie haben einen Sohn oder eine Tochter, dem oder der sie nicht vertrauen können. Wie lautet hier die Lösung? Was bei Trotz am besten wirkt, ist, dem Kind – ganz plötzlich, ohne Vorwarnung – bei jeder Gelegenheit Vitamin N (Nein) zu verabreichen.

Kind: „Wir müssen gehen. Es ist Zeit für mein Basketballtraining."
Elternteil: „Nein, du gehst nicht. Ich werde dich nicht fahren."

Kind: „Kann ich zehn Euro haben?"
Elternteil: „Nein."

Kind: „Kann ich zu Jack gehen?"
Elternteil: „Nein."

Was bei Trotz am besten wirkt, ist, dem Kind – ganz plötzlich, ohne Vorwarnung – bei jeder Gelegenheit Vitamin N (Nein) zu verabreichen.

Nun wird es interessant. Ich zeige Ihnen, warum diese Methode so gut funktioniert. Das sind alles Dinge, die Sie Ihrem Kind in der Vergangenheit erlaubt haben. Jetzt lassen Sie es plötzlich gar nichts mehr tun. Früher oder später (und normalerweise wird es früher sein) will das Kind wissen, warum. „Was ist los? Ich darf das doch sonst immer tun."

Wie sollten Sie antworten? Legen Sie das Kind herein. „Warum?", fragen Sie. „Warum gehst du nicht für ein paar Minuten in dein Zimmer und denkst darüber nach? Wenn du glaubst, dass du es herausgefunden hast, werde ich gerne mit dir darüber reden."

Entfernen Sie sich dann aus der Nähe des Kindes, damit es nicht mehr die Möglichkeit hat, weiterzuargumentieren und Ihr Blut in Wallung zu bringen.

Wenn sie sich selbst überlassen bleiben, werden die meisten Kinder den Grund herausfinden und sagen: „Es tut mir leid."

Doch das ist der Zeitpunkt, wo Sie bei den Waffen bleiben müssen, ohne sich selbst ins Knie zu schießen. Eine Entschuldigung von dem Kind ändert nichts an der Tatsache, dass es an diesem Tag nirgendwohin geht. Und was ist mit morgen? Nun, das ist ein neuer Tag, an dem es eine neue Chance bekommen sollte.

Aber damit die Lektion haften bleibt, muss das Kind die Konsequenzen seines trotzigen Verhaltens spüren. Manchmal bedeutet das, dass Sie ebenfalls leiden (weil Sie beispielsweise nicht zu einer Veranstaltung gehen können, die Sie besuchen wollten). Wenn Sie Ihr Kind jedoch an diesem Tag seiner Aktivität nachgehen lassen, nachdem es sich entschuldigt hat, bedeutet das, dass es nichts gelernt hat (außer Sie weiterhin zu manipulieren). Und Sie ebenfalls nicht.

Türenknallen

Peng! Und eine weitere Tür auf dem Gang knallt zu.

Das Zuknallen von Türen ist alt, sehr alt. Und noch schlimmer ist die Einstellung, auf die dieses Benehmen schließen lässt.

Die Einstellung sagt: *Ich mag dich nicht. Ich will nicht mit dir reden. Ich will nicht einmal Teil dieser Familie sein.*

Wenn das in Ihrem Haus ständig vorkommt (ich spreche nicht über eine einmalige Situation – wer hat noch nie eine Tür etwas lauter als nötig ins Schloss fallen lassen, wenn er genervt war?), dann hat Ihr Kind eine Einstellung, die nicht akzeptabel ist. Es stürzt Sie von einer Krise in die andere. Seine Stimmung kontrolliert die Stimmung der ganzen Familie, einschließlich Ihrer.

Dieses Kind muss auf Wasser und Brot gesetzt werden. Darüber habe ich im Abschnitt „Mangelnde Kooperation mit der Familie“ ausführlich gesprochen, aber lassen Sie mich hier eine kurze Zusammenfassung geben. Alles stoppt. Das bedeutet, dass Sie nichts für Ihren Sohn tun, bis er aufhört, die Türen zuzuknallen. Wenn er fragt: „Was ist los?“, antworten Sie ruhig: „Rob, du willst anscheinend nicht mehr mit uns reden, außer dass du uns sagst, dass du über irgendetwas ärgerlich bist, indem du deine Zimmertür zuknallst. Zu dieser Familie zu gehören bedeutet auch, mit uns zu reden. Da du dich nun dafür entschieden hast, nicht zu reden, verlierst du auch die Vergünstigungen, die es mit sich bringt, zur Familie zu gehören. Papa wird dich nicht mehr zu deinen Baseballspielen fahren; tatsächlich wirst du überhaupt nicht hingehen. Und du wirst auch nicht zu eurem geplanten Computerspieleabend zu Jason gehen. Es wird nichts passieren, bevor wir das Problem mit dem Türenknallen gelöst haben.“

Hier ist es wieder: „B tritt nicht ein, bevor A abgeschlossen ist.“ Es ist erstaunlich, wie ruhig es in Ihrem Haus werden kann, wenn Sie diese Taktik anwenden. Und wie Ihr Kind in Windeseile respektvoll werden kann.

Überessen

In unserer heutigen Zeit gibt es viele übergewichtige Kinder.

Einmal beobachtete ich am Pool eines Hotels eine vierköpfige Familie beim Mittagessen. Ihr etwa zehnjähriger Sohn war schwer übergewichtig. Sein Bauch hing weit über den Bund seiner Badehose. Noch lange Zeit, nachdem die anderen drei Familienmitglieder vom Tisch aufgestanden und schwimmen gegangen waren, blieb er sitzen und schaufelte all die Reste von den Tellern der anderen in sich hinein. Was war auf dem Tisch? Hot Dogs, Pommes frites und Schokoladenkuchen. Keine Spur von Gemüse, es sei denn, man zählt die Essiggurken auf den Hot Dogs dazu.

Schließlich bemerkte der Vater, dass sein Sohn nicht beim Schwimmen war. „Lass das!“, ordnete er an und tauchte dann wieder in den heißen Whirlpool ein. Als der Sohn die Anweisung seines Vaters ignorierte und noch mehr Pommes frites vom Teller seiner Schwester aß, stieg der Vater aus dem Whirlpool, ging zum Tisch hinüber und packte seinen Sohn am Arm.

„Ich habe gesagt, du sollst das lassen! Und da du anscheinend nicht hören kannst“, sagte der Vater, deutlich ärgerlich und mit rotem Gesicht, „kannst du jetzt zwanzig Mal um den Pool herumgehen.“

Jedes Mal, wenn sich der Junge auf seiner Runde dem Whirlpool näherte, in dem sein Vater sich aufhielt, begann er deutlich schwerer zu atmen. Nachdem er drei Runden absolviert hatte, sagte sein Vater: „Okay, nachdem du dich jetzt beruhigt hast, kannst du aufhören.“ (Ich fragte mich: *Wer von den beiden musste sich beruhigen?)*

Was machte der Junge? Er grinste, setzte sich wieder an den Tisch und aß noch weitere drei Stücke Schokoladenkuchen vom Servierteller. Ich konnte nicht anders, als zu denken: *Wie dämlich ist dieser Vater eigentlich?*

Was lernte der Junge wirklich? Viel mehr als sein Vater, soviel steht fest. *Hey, wenn ich Papa nur meine Aufmerksamkeit schenke und eine Minute lang tue, was er sagt, lässt er mich danach wieder tun, was ich will.* Manchmal sind wir Eltern dümmer als Bohnenstroh.

Wenn Kinder mit ihrem Gewicht kämpfen und zu viel essen, ist minderwertige Nahrung die Ursache Nummer eins. Ich kenne Eltern, die tatsächlich große Riemen um ihren Kühlschrank gebunden haben, um ihre

Kinder von nächtlichen Raubzügen abzuhalten. Aber die wahre Lösung besteht darin, kleinere, ausgeglichene Mahlzeiten und keine minderwertige Nahrung, einschließlich Limonade, zu sich zu nehmen. Wenn man allmählich an Gewicht verliert, kann man sein neues Gewicht auch langfristig halten. Das Wichtigste ist nicht ein Ernährungsplan oder Fasten, sondern eine Veränderung des Lebensstils.

Wenn ein Kind zum Abendessen eine ausgewogene Mahlzeit zu sich nimmt, kann es immer noch passieren, dass es zu viel isst. Aber die zusätzliche Nahrung wird keinen großen Schaden anrichten, weil das Kind komplexe Kohlenhydrate und Proteine zu sich nimmt.

Das wirkliche Problem ist die minderwertige Nahrung – das Überessen mit Süßigkeiten. Und wer bringt die minderwertige Kost nach Hause? Normalerweise die Eltern! Ein Teil des Problems besteht darin, dass immer weniger Familien ihr Abendessen zu Hause einnehmen. Jeder ist in Eile, deshalb muss das Essen schnell gehen – aber nur sehr wenige Schnellgerichte sind gesund. Viele Familien essen unterwegs, aber dieses Essen enthält viel mehr Fett. Fertiggerichte mögen schnell und einfach sein, aber sie bestehen hauptsächlich aus Fett und Natrium.

Kehren Sie zum gemeinsamen Abendessen im Kreis der Familie zurück, um Ihre Kinder vor dem Überessen zu bewahren und ihre Mahlzeiten ausgeglichen zu gestalten. Bieten Sie gesundes, nicht frittiertes Essen an und reduzieren Sie die Menge, die Sie zum Abendessen zubereiten. Schließen Sie nach dem Abendessen die Küche ab, damit die Kinder sich keine Snacks holen und keine nächtlichen Raubzüge durchführen können.

Sorgen Sie dafür, dass Ihr Kind morgens, bevor es zur Schule geht, ein gesundes Frühstück zu sich nimmt. Oft rennen Kinder ohne Frühstück aus der Tür, weil der Bus oder die Fahrgemeinschaft wartet. Oder sie schnappen sich irgendetwas Minderwertiges, das man gut unterwegs essen kann. Und was passiert dann? Sie kommen in die Schule, sind hungrig, gehen zum Automaten und stopfen sich mit Keksen voll! Das zusammen mit der Tatsache, dass der Sportunterricht oft aus dem Lehrplan gestrichen wird (das ist das Erste, was Budgetkürzungen zum Opfer fällt) und dass der körperlichen Fitness allgemein wenig Aufmerksamkeit geschenkt wird, kann zu einem Gewichtsproblem bei der heutigen Jugend führen. Sogar achtzehn Monate alte Kinder sitzen am Tisch und frühstücken mit einem DVD-Player vor der Nase, der sie davon abhalten soll, ihr Essen umherzuwerfen oder einen Wutanfall zu bekommen. Wissen sie wirklich, was – und wie viel – sie essen? Tragen wir dazu bei, dass unsere Kinder zu viel essen, selbst in jungen Jahren?

> *Um zu verhindern, dass Ihr Kind zu viel isst, müssen Sie Ihren Lebensstil ändern.*

Um zu verhindern, dass Ihre Kinder zu viel essen, müssen Sie Ihren Lebensstil ändern. Essen Sie mit der ganzen Familie zu Abend (das erfordert oft die größte Veränderung im Tagesplan der Eltern). Nichts ist besser für das Gefühl der Sättigung, für einen geringeren Fettgehalt und für eine Unterhaltung, die verbindet, als ein hausgemachtes Essen. Lassen Sie das nicht zu kurz kommen.

Es gibt noch einen anderen Aspekt des übermäßigen Essens: Bulimie. Neunzig Prozent der Kinder, die mit Bulimie kämpfen (sie stopfen sich voll und übergeben sich dann, um ihren Körper von dem Essen zu reinigen), sind Mädchen im Teenageralter. Die treibende Kraft, die diesem Verhalten zugrunde liegt, ist Perfektionismus. Sie sehen überall um sich herum „perfekte" Körper – im Fernsehen, auf Werbeplakaten, in Filmen und sogar innerhalb der Gruppe der beliebtesten Mädchen. Sie glauben, um akzeptiert zu werden, müssten sie dünn bleiben. Wenn sich diese Mädchen von ihren Eltern nicht unterstützt fühlen, finden sie vielleicht einen anderen Weg, um ihre Welt zu kontrollieren – indem sie im Heißhunger einen ganzen Berg Schokoladenkuchen essen und sich dann im Badezimmer den Finger in den Hals stecken, um alles wieder zu erbrechen. Wenn Sie den Verdacht haben oder entdecken, dass das bei Ihrem Kind der Fall ist, nehmen Sie bitte sofort die Hilfe eines Arztes in Anspruch. Bulimie ist eine ernste Krankheit, die behandelt werden muss, da sie die Gesundheit Ihres Kindes langfristig beeinträchtigen kann – körperlich, geistig und emotional.

Übernachten

Es ist so verlockend, Ihrem Kind zu erlauben, schnell aufzuwachsen. Das schließt auch das Übernachten bei Freunden ein. Es sollte jedoch selten vorkommen, dass Ihre Kinder auswärts übernachten, insbesondere wenn sie noch klein sind. Kinder müssen zu Hause sein und die Kinder von heute sind immer weniger zu Hause. In der heutigen Zeit scheint es ein fester Bestandteil des Kindseins zu sein, dass die Kinder ab drei Jahren zur Gymnastik gehen und ab fünf Jahren Fußball spielen, dem Schwimmclub beitreten und Ballettunterricht nehmen. Das bedeutet, Ihre Kinder sind einer noch größeren Zahl von Menschen noch mehr ausgesetzt als je zuvor.

Wie gut kennen Sie die Familie wirklich, bei der Ihr Kind bleiben würde? Es ist ein Unterschied, ob Sie Ihren Dreijährigen über Nacht bei Opa und Oma lassen (aber viele Dreijährige sind nicht einmal dazu bereit, denn sie würden Mami zu sehr vermissen) oder Ihren Siebenjährigen bei seinem Freund aus dem Sportverein übernachten lassen. Wissen Sie sicher, dass in diesem Haus kein Pädophiler ist? Ich weiß, das ist unverblümt, aber das ist unsere heutige Welt. Es steht viel auf dem Spiel. Und hier ist das Problem: Wenn ein Kind sexuell missbraucht wird, ist die Wahrscheinlichkeit, dass der Täter ein Familienmitglied ist, am größten.

Das bedeutet, dass die Eltern von heute es sich *nicht* leisten können, nicht wachsam zu sein, wenn es um ihre Kinder geht. Deshalb sollten Sie sich die folgenden Fragen stellen, wenn Sie erwägen, Ihr Kind woanders übernachten zu lassen:

- Hat Ihr Kind schon einmal woanders übernachtet? Wenn nicht, wird das eine gute erste Erfahrung in einer sicheren Umgebung sein?
- Wird Ihr Kind seine Mami vermissen?
- Ist Ihr Kind Bettnässer?
- Wie gut kennen Sie die Leute, bei denen Ihr Kind übernachten würde?

> *Die Eltern von heute können es sich nicht leisten, nicht wachsam zu sein, wenn es um ihre Kinder geht.*

Aus all den genannten Gründen kam es sehr selten vor, dass die Kinder der Familie Leman woanders übernachteten. Als unsere Tochter Lauren auf der weiterführenden Schule war, erlaubten wir ihr, einige Freundinnen einzuladen, doch wir stellten die strenge Regel auf, dass Sande die Mädchen nach Hause fuhr (nicht ich als Mann).

Wenn Sie Ihr Kind woanders übernachten lassen, bedeutet das, dass Sie den Menschen in diesem Haus das Leben Ihres Kindes anvertrauen. Kennen Sie sie so gut?

Übervorsichtigkeit

„Mindy hat Angst vor allem."

„Bevor Dave seine Hausaufgaben abgibt, überprüft er sie noch – zigmal."

Es ist gut, vorsichtig zu sein, aber nicht übermäßig vorsichtig. Das Schlüsselwort ist *übermäßig.* Wenn Kinder übervorsichtig sind, steht der Perfektionismus in Ihrem Haus in voller Blüte.

Diese Kinder leben ihr Leben mit einer großen Last auf ihren Schultern: Ich muss unbedingt Leistung zeigen.

Viele Kinder nehmen keine Projekte in Angriff, weil sie Angst davor haben, irgendetwas falsch zu machen. Sie fürchten Kritik mehr als alles andere, deshalb ist das Schlimmste, was Eltern tun können, sie zu kritisieren. Diese Kinder leben ihr Leben mit einer großen Last auf ihren Schultern: *Ich muss unbedingt Leistung zeigen.*

Warum haben die Kinder diese Furcht entwickelt? Weil die Eltern Lob statt Ermutigung angewendet haben. (Mehr darüber lesen Sie im Kapitel „Donnerstag".) Sie haben das Kind bei allem, was es getan hat, übermäßig gelobt, bis es sich schließlich gesagt hat: *Ich zähle nur etwas im Leben, wenn ich alles perfekt mache. Wenn ich das nicht tue, bin ich nichts.*

Hier ist die Überraschung. Vielleicht haben Sie einen Sohn, der nicht aussieht wie ein Perfektionist. Vielleicht ist er immer zu spät dran, in seinem Zimmer herrscht das Chaos und er selbst sieht unordentlich aus, aber unter der Oberfläche ist er ein Perfektionist. Vielleicht macht er seine Hausaufgaben und macht sie auch richtig, aber dann findet der Lehrer sie einen Monat später in seinem Schreibtisch in der Schule.

„Warum hast du das nicht abgegeben?", fragt er. Der Junge hat keine Antwort darauf, denn er weiß nicht, wie er erklären soll, dass er sich davor fürchtete, seine Aufgaben von irgendjemand bewerten zu lassen. Vielleicht hätte er eine schlechte Note bekommen, und was dann? Wie hätte er damit leben können?

Wenn Sie Ihre Kinder ständig dafür loben, was sie tun, ständig Hurra rufen und sie jedes Mal mit einem Preis belohnen, wenn sie eine gute Note bekommen oder einen Sprachwettbewerb gewonnen haben, wird der Perfektionismus seinen Lauf nehmen und Ihr Kind übervorsichtig machen. Sie werden die Übervorsichtigkeit vielleicht nicht in ihrem vollen Ausmaß erkennen, bis Ihr Kind in den späten Teenagerjahren oder den frühen Zwanzigern ist, aber sie wird da sein.

Interessanterweise kommt diese Art von Perfektionismus vor allem bei Erstgeborenen und bei Einzelkindern vor. Das ergibt einen Sinn, wenn man bedenkt, dass ihre Vorbilder im Leben Erwachsene sind. Da sind nur Mama und Papa. Keine jüngeren Geschwister.

Was ist der Zweck des übervorsichtigen Verhaltens? Er besteht darin, um eine Aufgabe herumzukommen, die das Kind aus Furcht, darin zu versagen, nicht tun will. Wie bei allem anderen ist auch hinsichtlich der Übervorsichtigkeit Ihre Beziehung zu Ihrem Kind der entscheidende Faktor. Sagen Sie Ihrem Kind, was Sie gut können und wo Ihre Schwächen liegen. Es muss sehen, dass Sie über sich selbst lachen können, statt sich zu wichtig zu nehmen und ärgerlich zu werden, wenn Sie einen Fehler machen.

Wenn es dann eine Aufgabe erledigen muss, nehmen Sie es bei der Hand und tun Sie zusammen, was getan werden muss. Lassen Sie nicht zu, dass die Übervorsichtigkeit Ihr Kind davon abhält, eine Arbeit oder eine Aufgabe zu erledigen.

Wenn Sie gemeinsam an der Übervorsichtigkeit arbeiten, wird Ihr Kind Selbstvertrauen gewinnen. Wenn es dann einige Erfolge für sich verbucht hat, wird seine Angst vor dem Versagen eingedämmt werden.

Unfreundlichkeit

Kinder sind von Natur aus sehr unfreundlich. Es geht ihnen nur um sich selbst und um das, was sie bekommen können. Wenn ihre Eltern sie nicht lehren, freundlich zu sein, werden sie es nicht von selbst.

Wenn Ihr Kind vor Ihren Augen unfreundlich spricht oder handelt, ist es am besten, wenn Sie es zur Seite nehmen und sagen: „Was du gerade gesagt hast, war sehr unfreundlich. Hast du das wirklich so gemeint? Wolltest du unfreundlich sein?“

Nachdem das Kind die Möglichkeit hatte, zu antworten, sagen Sie: „Das hat mir das Gefühl gegeben, [benutzt zu werden, als selbstverständlich angesehen zu werden usw.] Ist es das, was du mir vermitteln wolltest?“

Eine solche Ausdrucksweise bringt die Sache sofort auf den Punkt, sodass das Kind erkennt, dass seine Äußerung unfreundlich war. Außerdem bereitet es den Weg für die mögliche Antwort: „Mami, es tut mir leid. Ich hätte das nicht sagen sollen."

Wenn Sie eine solche positive Reaktion bekommen, geht das Leben weiter. Wenn nicht, geht das Leben lange Zeit nicht weiter. Bedenken Sie: „B tritt nicht ein, bevor A abgeschlossen ist." Und A verlangt eine Entschuldigung und die Aussetzung von Privilegien, bis die Sache geklärt ist. *Dann* kann das Leben weitergehen.

Wenn Sie gläubig sind, sind Sie durch das Gebot in Epheser 4,31-32 verpflichtet, freundlich zueinander zu sein. Wie verhält sich Ihre Familie in diesem Aspekt des Lebens?

Ich kann Ihnen versprechen, dass Sie in Ihrem Leben als Elternteil Ärger haben werden. Wenn Sie ehrlich sind, werden Sie sich mit einigen Menschen in die Haare kriegen. Jill, deren Tochter in den Kindergarten ging, musste die Mutter eines anderen Kindergartenkindes mit dessen fortwährender Unfreundlichkeit konfrontieren. „Oh, nein, mein Kind würde das nie sagen", behauptete die Mutter abwehrend. „Ihre Tochter muss lügen."

„Ich kann Ihre spontane Reaktion verstehen", sagte Jill. „Ich hätte meine Tochter auch verteidigt, wenn mir jemand so etwas gesagt hätte. Aber Sie müssen wissen, dass ich die Bemerkung Ihrer Tochter mit eigenen Ohren gehört habe. Ihre Tochter hat das tatsächlich gesagt und meine Tochter damit sehr verletzt."

Alles, was Jill tun konnte, war, den Fall darzulegen. Jetzt war es an der anderen Erwachsenen, entweder weiterhin in einer Scheinwelt zu leben (zu denken, dass ihre perfekte Tochter so etwas nie tun könnte oder sich vor Jill zu verstecken, damit sie ihr nicht mehr in die Augen sehen musste) oder sich mit ihrer Tochter über ihr Benehmen auseinanderzusetzen. Wenn eine Mutter beschließt, so zu tun, als wäre das Ereignis nie geschehen, bleibt sie weiterhin eine schwache Mutter. Und möglicherweise trifft ihre Tochter eines Tages vor einem Publikum, das noch heftiger darauf reagiert, eine noch unfreundlichere Aussage.

Kluge Eltern befassen sich mit dem Benehmen, wenn es auftritt – ohne Ausreden. Und das Leben geht nicht weiter, bis eine aufrichtige Entschuldigung erfolgt ist.

Sollten Sie immer die Kämpfe für Ihr Kind austragen? Sicher nicht. Aber manchmal, wie in diesem Fall, steht viel auf dem Spiel. Jill verteidigte ihr Kind gegen eine rassistische Beleidigung, die sehr verletzend war – und das umso mehr, weil Jills Kind das einzige mit einem anderen ethnischen Hintergrund in dieser Gruppe war.

Manche Kinder sind gemein, ohne es zu wissen, und manche sind gemein, weil sie gemein sein wollen.

Manche Kinder sind gemein, ohne es zu wissen, und manche sind gemein, weil sie gemein sein wollen. Jeder sagt einmal etwas Dummes. Aber ob es nun so gemeint war oder nicht – wenn Ihre Tochter jemand anders mit ihren Worten verletzt, muss sie sich damit auseinandersetzen, was sie dieser Person angetan hat. Und das Leben kann nicht weitergehen, bis sie sich bei ihr entschuldigt hat.

Ohne Ausnahme.

Unhöflichkeit

Kinder sind offenherzig, und manchmal können sie unhöflich sein, ohne es so zu meinen. „Warum ist diese Frau so dick?“, fragt Ihre Tochter in der Schlange vor der Kasse im Supermarkt ... und die Frau steht direkt hinter Ihnen.

Bevor Sie reagieren, stellen Sie sich die Frage: Wollte es wirklich unhöflich sein?

Wenn Ihr Kind eine unhöfliche Bemerkung macht, sollten Sie sich deshalb zunächst einmal die Frage stellen: *Wollte es wirklich unhöflich sein?* Wenn es nur eine ehrliche, offenherzige Frage war, sagen Sie: „Liebling, was du gerade gesagt hast, hat sich unhöflich angehört, aber ich glaube nicht, dass du es so gemeint hast. Manchmal sagen wir Dinge, die unhöflich sind und meinen es gar nicht so. Ich dachte gerade, du würdest das vielleicht gerne wissen.“

Wenn das Kind tatsächlich unhöflich war (und Sie als Elternteil wissen normalerweise, wann das der Fall war), nehmen Sie das Kind zur Seite und sagen Sie: „Was du gerade gesagt hast, war unhöflich und du musst dich sofort entschuldigen. Es war sehr respektlos gegenüber dieser

Person, und in unserer Familie gibt es keine Respektlosigkeit." Ebnen Sie Ihrem Kind nicht den Weg, indem Sie ihm bei seiner Entschuldigung assistieren. Vielleicht müssen Sie das Kind zu der entsprechenden Person hinüberbegleiten, aber Sie sollten Ihrem Kind nicht dabei „helfen", sich zu entschuldigen. Ihr Kind muss die Schwere seiner Unhöflichkeit spüren, damit es das nächste Mal nachdenkt, bevor es etwas Unhöfliches sagt.

Unordentliches Zimmer

> „An der Tür zum Zimmer meines Sohnes sollte ein Schild angebracht werden: *Toxische Zone. Nicht eintreten, Lebensgefahr!*"

Ich bin kein Mensch mit besonders hohen Maßstäben. Ich will den Boden nur zwei Mal pro Woche sehen können. Aber auch ich habe meine Grenzen. (Meine Frau Sande bringt als Erstgeborene viel weniger Toleranz für Unordnung auf, als ich es als das Nesthäkchen meiner Familie tue.) Die Zimmer vieler Teenager sind geradezu toxisch.

Kinder machen Unordnung und normalerweise besitzen sie nicht denselben Maßstab wie Sie, wenn es darum geht, ihr Zimmer ordentlich zu halten. Und schließlich haben sie eine Menge wichtige Sachen darin (wie Make-up, iPods, Steine) und haben nur einen Raum, der ihnen ganz allein gehört, in dem sie ihre kostbaren Habseligkeiten aufbewahren können. Wenn Sie also erwarten, dass sie ihr Zimmer so sauber halten, wie Sie es mit dem Rest des Hauses tun, werden Sie bitter enttäuscht werden.

> *Die Kinderzimmer sollten mindestens zweimal pro Woche sauber gemacht werden, damit sie nicht riechen wie Umkleideräume und aussehen wie die örtliche Müllkippe.*

Die Kinderzimmer sollten jedoch mindestens zweimal pro Woche sauber gemacht werden, damit sie nicht riechen wie Umkleideräume und aussehen wie die örtliche Müllkippe. Das bedeutet, dass alles, was auf den Boden geworfen wurde, aufgehoben und an dem Ort verstaut wird, wo es hingehört, einschließlich Essenstüten, Kleider und Besitztümer, die von Geschwistern ausgeliehen wurden. Es ist absolut angemessen, wenn Eltern erwarten, dass diese Aktion zwei Mal pro Woche durchgeführt wird.

Die Eltern sollten festlegen, an welchen beiden Tagen der Woche die Säuberungsaktionen durchgeführt werden. Und die Kinder müssen sich darüber im Klaren sein, was „sauber" ist. Dann wissen sie auch, ob ihr Zimmer vorzeigbar ist oder nicht, wenn ihre Mutter oder ihr Vater es betreten. Wenn das Kind seine Sache nicht gut gemacht hat und auch nicht bereit ist, die zweite Runde zu starten, können Sie jemand anderen mit den Reinigungsarbeiten beauftragen (eines der Geschwister, einen Nachbarn ...) und die Bezahlung dieser Person vom nächsten Taschengeld Ihres Kindes abziehen.

Denn schließlich, entspricht das nicht dem wahren Leben? Dass Sie für das bezahlen, was andere für Sie tun? Warum sollte das beim Saubermachen des Zimmers Ihres Kindes anders sein?

Wenn Sie jemand anders dafür bezahlen, dass er eine Aufgabe erledigt, die Ihr Kind nicht getan hat, und dessen Bezahlung vom Taschengeld Ihres Kindes abziehen, ist das eine gute Lektion über die Verantwortung. Ganz zu schweigen von der Tatsache, dass die meisten Kinder mehr als verärgert wären, wenn sie herausfänden, dass eine Schwester, ein Bruder oder ein Nachbar in ihrem Zimmer war und ihre Sachen durchforstet hat.

Unverantwortlichkeit beim Autofahren

Meiner Meinung nach ist das Autofahren ein Privileg, keine Selbstverständlichkeit. Die ersten Verantwortlichkeiten eines Kindes liegen zu Hause, in der Schule, beim Sporttraining, beim Musikunterricht usw. Erst dann kommt das Autofahren, aber es kann zum einzigen Fokus im Kopf eines Kindes werden, wenn es achtzehn wird.

Um das Familienauto benutzen oder ein eigenes Auto besitzen zu können, muss ein Kind einen enormen Grad von Verantwortungsbewusstsein zeigen. Ein sehr kluges Elternpaar aus meinem Bekanntenkreis hat Regeln aufgestellt, an die ihr Kind sich halten muss, wenn es mit dem Familienauto fahren will:

- Du darfst niemals mehr als einen Freund im Auto mitnehmen.
- Kein Telefonieren oder Schreiben von SMS.
- Absolut *kein* Genuss von Alkohol beim Autofahren.
- Sei zu einer vernünftigen Uhrzeit zu Hause.
- Alle sechs Monate bezahlst du die Hälfte der Versicherung.

Glauben Sie, dass ihre Tochter, die jetzt achtzehn ist, ihre Eltern respektiert und vorsichtig mit dem Familienauto umgeht?

Nur weil Ihr Kind achtzehn wird, bedeutet das nicht, dass es reif genug zum Autofahren ist. Autofahren erfordert Konzentration, Gewissenhaftigkeit und Disziplin. Wenn Ihr Sohn unverantwortlich ist, warum sollten Sie dann wollen, dass er Ihr 30.000 Euro teures Auto fährt? Und warum sollten Sie wollen, dass er möglicherweise sein Leben, das Leben seiner Freunde und anderer Autofahrer gefährdet? Autofahren ist ein Elefant, und zwar ein sehr ernst zu nehmender Elefant.

Nur weil Ihr Kind achtzehn wird, bedeutet das nicht, dass es reif genug zum Autofahren ist.

Wenn Ihr Kind nicht verantwortungsvoll genug ist, um Auto zu fahren, sollten Sie ihm die Schlüssel für das Familienauto nicht aushändigen, es sei denn Sie oder ein anderer verantwortungsvoller Erwachsener fahren mit ihm. Natürlich stellt das für Sie eine Unbequemlichkeit dar – schließlich hatten Sie gehofft, von den ständigen Fahrdiensten befreit zu sein, wenn Ihr Kind achtzehn wird. Aber so verhält es sich mit dem größten Teil der Erziehung. Wenn Sie diese Unbequemlichkeit scheuen, werden Sie unter Umständen wesentlich höhere Kosten zu tragen haben.

Kürzlich wurden im Westen New Yorks fünf Mädchen aus der Cheerleader-Gruppe – beliebte Kinder und gute Schülerinnen, die gerade ihren Schulabschluss gemacht hatten und auf dem Weg ins College waren – in einen tragischen Frontalzusammenstoß verwickelt. Die Untersuchungsbeamten fanden heraus, dass die Fahrerin nur Sekunden vor dem Zusammenprall eine SMS bekommen hatte und dabei war, diese während des Fahrens zu beantworten. Als sie versuchte, ein Fahrzeug zu überholen, prallte sie frontal auf einen Sattelschlepper.

Jetzt frage ich Sie: Lohnt es sich, bestimmte Regeln aufzustellen, die Ihre Kinder befolgen müssen, wenn sie mit dem Familienauto fahren? Wenn Ihr Kind diese Regeln nicht befolgt und unverantwortlich handelt, ist es dann wirklich so schlimm, wenn es eine ein- oder dreimonatige Auszeit vom Autofahren nehmen muss? Die Alternative könnte so viel schlimmer sein. Die Eltern dieser fünf Mädchen könnten Ihnen eine Menge darüber sagen.

Wenn Sie Ihrem Kind die Autoschlüssel verweigern, werden Sie sich für eine gewisse Zeit einiges anhören müssen, aber es wird Ihr Kind – und die anderen Verkehrsteilnehmer – vor einer enormen Gefahr bewahren.

Vergesslichkeit

„Aber ich habe es einfach vergessen."

Kinder vergessen Dinge. Jeder tut das. Sie vergessen ihre Hausaufgaben zu machen, sie vergessen ihre Klarinette aus der Schule mit nach Hause zu bringen. Aber akzeptieren Sie keine Entschuldigungen. Das macht den Schwachen nur noch schwächer.

Akzeptieren Sie keine Entschuldigungen. Das macht den Schwachen nur noch schwächer.

Wenn die zwölfjährige Janie ihre Klarinette vergisst, ist es am besten, wenn Sie ihr sagen: „Liebling, geh zurück zur Schule und hole deine Klarinette. Du brauchst sie." Wenn Sie einen sicheren Schulweg hat und die Schule einen Kilometer entfernt liegt, muss sie dafür eben einen Fußmarsch absolvieren.

Wenn nicht, müssen Sie sie vielleicht hinfahren, um die Klarinette zu holen. Der Punkt ist: Lassen Sie das Vergessen nicht als Ausrede dafür gelten, dass eine Aufgabe nicht erledigt wird. Ihr Kind muss lernen, dass es dafür verantwortlich ist, die Dinge zu tun, die es zu tun angekündigt hat. Belohnen Sie es nicht für seine Vergesslichkeit.

Vergesslichkeit ist keine Entschuldigung. Die einzigen Menschen, die davon profitieren, sind die Eigentümer von Kreditkartenfirmen. Für sie ist es leicht verdientes Geld, wenn Sie einer Zahlungsverpflichtung zu spät nachkommen, weil Sie es vergessen haben. Sie belasten Ihr Kreditkartenkonto kurzerhand mit 25 Euro (oder mehr) Verzugsgebühr und ziehen sie ein.

Verspätung

„Ganz gleich, wann wir anfangen, sie ist immer zu spät dran."

„Immer wenn wir ein Abendessen mit der Familie planen, kommt er zu spät ... gerade rechtzeitig zum Nachtisch."

Sie können jeden beliebigen Arbeitgeber fragen, was er von seinen Angestellten erwartet – auf einen Punkt werden sie alle gleichermaßen Wert legen: Pünktlichkeit. Warum? Weil Geschäftsleute sehr gut wissen, dass sich jemand, der ständig spät dran ist, auf lange Sicht in eine Situation hineinmanövriert, in der er sich als Verlierer statt als Gewinner erweist. Und das wäre nicht gut fürs Geschäft.

Wenn ein Kind immer zu spät kommt, ist das der Fall, weil es gegen sich selbst arbeitet. Es hat nicht das Gefühl, etwas wert zu sein.

Warum ist jemand immer spät dran? Man braucht keinen Psychologen, um das herauszufinden. Wenn ein Kind immer zu spät kommt, ist das der Fall, weil es gegen sich selbst arbeitet. Es hat nicht das Gefühl, etwas wert zu sein. Es achtet sich selbst nicht genug und glaubt nicht daran, dass es erreichen kann, was es sich vornimmt. Auf diese Weise macht es sich das Leben selbst schwer.

Wenn Sie ein Kind haben, das sich ständig verspätet, lesen Sie auch den Abschnitt „Zaudern". Ein Kind, das immer spät dran ist, hat aller Wahrscheinlichkeit nach einen Elternteil (Sie?), der alles mit einem kritischen Blick betrachtet und einen Makel aus dreißig Metern Entfernung sehen kann. Spät dran zu sein ist die Entschuldigung Ihres Kindes. Ihre Tochter verspätet sich, damit der Zeitpunkt ihres Auftritts bereits vorüber ist und sie ihr Klaviersolo nicht spielen und sich hinterher Ihre Kritik wegen des einen falschen Akkords anhören muss. Sie kommt zu spät, damit sie den Abendbrottisch nicht decken muss (weil Sie das letzte Mal, als sie es getan hat, darauf herumgeritten sind, wie sie Teller und Besteck angeordnet hat).

Es gibt eine praktische Möglichkeit, mit Verspätung umzugehen. Sie können Ihrem Kind sagen, dass Sie um 7.30 Uhr los müssen, wenn Sie tatsächlich erst um 7.45 Uhr oder 8.00 Uhr gehen müssen. Aber es wird nicht lange dauern, bis Ihr Kind das durchschaut hat. Das ist nur eine kurzfristige Lösung.

Wenn Ihr Kind immer spät dran, ist, prüfen Sie sich einmal selbst. Gehören Sie zu diesen pingeligen Eltern, die ihre Kinder nicht aus den Augen lassen? Wenn das der Fall ist, wird Ihr Kind lieber zu spät kommen und sich vor jeglicher Aktivität drücken, statt zu riskieren, dass es in Ihren Augen als Versager dasteht. Es läuft alles auf die Tatsache hinaus, dass Ihr Kind bedingungslose Liebe und Akzeptanz braucht. Und die Personen, von denen sie das am meisten braucht, sind Sie, seine Eltern.

Das bedeutet jedoch nicht, dass Sie sich nicht mit dem Zuspätkommen Ihres Kindes befassen müssen. Wenn Sie das ständige Zuspätkommen Ihres Kindes abstellen wollen, teilen Sie Ihren Kindern mit, wann Sie das Haus verlassen müssen. „Ich muss um 7.45 Uhr zu meinem Treffen aufbrechen. Wenn du dann fertig bist, werde ich dich auf dem Weg bei Hannah absetzen." Wenn Ihr Kind um 7.45 Uhr nicht an der Tür ist, verlassen Sie das Haus ohne Warnung oder Fanfare allein. (Das funktioniert natürlich nur, wenn jemand von seinen älteren Geschwistern oder ein anderer Erwachsener zu Hause ist, der dann bei dem jüngeren Kind bleibt.) Gehen Sie ohne Ihr Kind und lassen Sie es die Konsequenzen der Tatsache spüren, dass es nicht rechtzeitig fertig war.

Wenn Ihr Kind ständig zu spät dran ist, um rechtzeitig in die Schule zu kommen, verlassen Sie das Haus eben rechtzeitig mit Ihren anderen Kindern. Lassen Sie es zurück. Natürlich wird das für Sie ein Opfer bedeuten, weil Sie zweimal zur Schule fahren müssen. Aber dazu kann ich nur sagen: Willkommen in der Welt des Eltern-Seins! Manchmal ist das unbequem.

Wenn ein Kind zu spät kommt und von einer außen stehenden Person dafür zur Verantwortung gezogen wird (vielleicht muss es in das Büro des Direktors kommen oder bekommt einen blauen Brief von der Schule), umso besser. Wenn das Zuspätkommen Ihres Kindes schon lange andauert, wollen Sie vielleicht auch mit dem Lehrer oder dem Direktor sprechen und ihm sagen: „Wir versuchen gerade, Sarah dazu zu bringen, dass sie rechtzeitig kommt. Jegliche Unterstützung, die Sie uns dabei zukommen lassen können, ist uns sehr willkommen." In anderen Worten, Eltern und Schule können zusammenarbeiten.

Nehmen wir einmal an, Ihr Achtklässler verpasst den Bus und Sie müssen ihn zur Schule fahren. Was würden Sie normalerweise tun? Sie würden im Bademantel und ohne einen Kaffee getrunken zu haben hinauseilen, um ihn noch rechtzeitig hinzubringen, richtig?

Ich habe einen anderen Vorschlag. Nehmen Sie sich Zeit. Gehen Sie unter die Dusche, föhnen Sie Ihr Haar, gießen Sie sich eine Tasse Kaffee ein. Telefonieren Sie leise mit der Schule, ohne dass Ihr Kind es mitbekommt, und erklären Sie, warum Ihr Sohn zu spät kommen wird. Ermutigen Sie die Verantwortlichen, ihm eine strenge schriftliche Verwarnung zu geben. Bitten Sie den Lehrer, vor der ganzen Klasse eine Bemerkung über seine Verspätung zu machen.

Warum sollten Sie Ihrem Kind so etwas antun? Weil das langfristige Ziel darin besteht, dass Ihr Kind ein verantwortungsvoller Erwachsener wird. Manche Kinder brauchen einen kleinen Schubs in diese Richtung, und vielleicht ist Ihr Kind eines von ihnen.

Wählerische Esser

Es gibt drei Dinge in der Erziehung, über die Sie sich nicht viele Sorgen machen müssen – Essen, Schlafen und Toilettengänge. Ob Sie es nun glauben oder nicht – wenn sich die Eltern aus diesen Dingen heraushalten, nehmen sie alle ihren ganz natürlichen Verlauf.

Das Essen wird von vielen Eltern viel zu sehr aufgebauscht. Sie machen aus einer Mücke einen Elefanten, indem sie ständig auf den Essgewohnheiten ihrer Kinder herumreiten:

> „Iss dein Gemüse. Es ist gut für dich. Wenn du das tust, wirst du groß und stark wie dein Vater."

> „Die hungernden Menschen auf anderen Kontinenten wären überglücklich, dieses Essen zu haben."

> „Iss das. Es wird dir schmecken."

> „Iss nur einen Bissen, dann bekommst du zum Nachtisch etwas Süßes."

Auch ich habe derartige Kommentare gehört, als ich ein Kind war, und sie haben auch bei mir nicht funktioniert. Aber hier ist die Wahrheit: Wenn das Essen in die Kategorie der Elefanten gehört, ist das der Fall, weil der Elternteil dumm genug ist, all den Zucker und das Fett nach Hause zu bringen, das sich die Kinder einverleiben. Wenn die Eltern klug sind, beginnen sie schon früh damit, ihr Kind für richtiges Essen zu interessieren, statt für den Unsinn aus Zucker und Kohlenhydraten, der als Baby- und Kleinkindnahrung dient.

Viele Studien haben gezeigt, dass Kinder das essen, wonach ihr Körper verlangt, wenn sie nicht von ihren Eltern gedrängt werden, etwas anderes zu essen. Beispielsweise brauchen Kinder, die in der Wachstumsphase sind, möglicherweise viel mehr Protein. Wen kümmert es, wenn ihre Tochter eine ganze Woche lang Fisch, Fisch und nichts als Fisch isst und in der nächsten Woche nur Gemüse, weil es das ist, wonach es sie verlangt? Deshalb ist ihre Ernährung trotzdem ausgeglichen.

Wenn das Essen zu einem Kampf mit den Kindern wird, ist das der Fall, weil die Eltern sie zu sehr drängen und stets kontrollieren, was sie essen. Und jedes Kind verfügt über eine eingebaute Antenne, die darauf ausgerichtet ist zu erkennen, was Mami und Papi wichtig ist. Das setzen sie dann gezielt als Mittel ein, um wiederum Sie zu kontrollieren – zumindest in ihrem Denken. Wenn Sie dann aus dem Essen ein Problem machen, werden sie sich sagen: „Hey, jetzt werde ich Mami ein hartes Gefecht liefern und sehen, wie weit ich damit komme."

> ***Wenn das Essen zu einem Kampf mit den Kindern wird, ist das der Fall, weil die Eltern sie zu sehr drängen.***

Ein Schlüssel für eine gesunde Ernährung besteht darin, ausgeglichene Mahlzeiten zu kochen. Man sollte die Schüsseln beim Essen herumgehen lassen, dass sich die Kinder selbst nehmen können, wie viel sie wollen (statt eine bestimmte Menge auf dem Teller serviert zu bekommen). Betonen Sie, dass es gut ist, Dinge zu probieren. Gestehen Sie Ihren Kindern zu, dass sie nicht alles mögen, aber bestehen Sie darauf, dass sie alles wenigstens probieren.

Zwingen Sie Ihre Kinder nicht, alles aufzuessen, was auf ihrem Teller ist. Studien haben gezeigt, dass Kinder bei einer Mahlzeit nur die Menge von Nahrung essen können, die der Größe ihrer Faust entspricht. Wenn sie mehr essen, kann das ihren Magen übermäßig ausdehnen und zu Problemen führen. Stellen Sie auch klar, dass das Abendessen vorüber ist, wenn es vorüber ist. Man holt sich nicht eine Stunde später einen Snack aus dem Schrank.

Ein weiterer Schlüssel besteht darin, keine minderwertigen Lebensmittel im Haus zu haben. Wenn Sie sie zu Hause haben, wer bringt sie dort hin? Wenn Sie das nächste Mal in den Supermarkt gehen, überprüfen Sie nur einmal den Fett- und den Natriumgehalt der Produkte, die Sie normalerweise kaufen. Dann gibt es da natürlich noch McDonald's und die Pizzabude. Viele Dinge, die unsere Kinder konsumieren, sind tatsächlich absolut ungesund. Und in unserer schnelllebigen Zeit ist es leider immer häufiger der Fall, dass die Kinder die ein oder andere Mahlzeit außer Haus einnehmen.

Kürzlich gingen Lauren, meine Tochter im Teenageralter, und ich zu einem Basketballspiel. Wir hatten vor dem Spiel beide nichts gegessen, und so waren wir hinterher wirklich hungrig. „Wo möchtest du zum Essen hingehen, Liebling?“, fragte ich sie. Und wissen Sie was? Sie sagte nicht McDonald’s oder Burger King. Gut für sie. Wissen Sie, was sie wollte? Lachs! Jawohl, Lachs. Weitaus teurer für ihren sparsamen Vater, aber weitaus gesünder für sie. Und wissen Sie, warum Lauren das sagte? Weil meine liebe Frau Sande als Lauren ein Baby war ihre Zeit an der Küchenmaschine verbrachte und ihre eigene Babynahrung herstellte – ohne all die Konservierungsstoffe und minderwertigen Lebensmittel, die in industriell gefertigten Produkten enthalten sind. Was wir am Esstisch aßen, aß Lauren als Brei. Und das lehrte sie, den Geschmack von richtigem, gesundem Essen zu genießen.

Das ist ein Geschmack, den sie ihr Leben lang haben wird. Das war die zusätzliche Arbeit wert, würde ich sagen.

Weihnachtsgeschenke (das „Schenk mir, schenk mir“-Syndrom)

„Es hört nie auf. Schon Mitte November hat sie eine mehrere Seiten lange Liste mit Dingen aufgeschrieben, die sie haben will.“

„Mein Vorgesetzter hat seinem Sohn ein Motorrad zu Weihnachten geschenkt. Und sein Sohn ist erst siebzehn!“

Kluge Eltern sind in der Lage zu unterscheiden, was Kinder brauchen und was sie wollen.

Kinder bekommen heutzutage viel zu viele Dinge, insbesondere Kinder in Haushalten mit mittlerem Einkommen und die Kinder wohlhabender Eltern. Kluge Eltern sind in der Lage zu unterscheiden, was Kinder brauchen und was sie wollen.

„Mich schaudert jedes Mal, wenn ich zu Weihnachten bei meinen Schwiegereltern bin“, erzählte Jill mir. „Jeder reißt sofort alle seine Geschenke auf, und innerhalb von fünf Minuten ist alles vorbei … außer dem Gemecker über die Geschenke, die sie nicht haben wollten.“

In der heutigen materialistischen Gesellschaft sehen – und folglich wollen – Kinder immer mehr Dinge. Aber bedeutet das, dass sie sie bekommen sollten? Die Kinder von heute neigen dazu, immer weniger dankbar zu sein, weil sie so viel bekommen.

Was bedeutet Ihnen Weihnachten wirklich? Wollen Sie, dass Ihre Kinder denken, es gehe nur um die Geschenke? Oder wollen Sie, dass Ihre Kinder verstehen, was es mit dem Schenken auf sich hat und welche Opfer dafür möglicherweise erbracht werden mussten?

Ich schlage Eltern vor, die Zahl der Geschenke, die Kinder bekommen, zu minimieren. Die Familie Billings beispielsweise hat drei Kinder. Jedes der Kinder bekommt ein kleines Geschenk und ein sorgfältig ausgewähltes großes Geschenk, das einen langfristigen Wert besitzt. Ihre Neunjährige erhielt die Mandoline, die sie sich erträumt hatte, sowie Übungsbücher und -kassetten. Ihr Zehnjähriger bekam Schlittschuhe und eine sechsmonatige Freikarte für die örtliche Eisbahn. Ihre Dreizehnjährige erhielt einen Geschenkgutschein für ein einwöchiges Pferdecamp im folgenden Sommer. Solche Geschenke zeigen, wie gut die Eltern ihre Kinder kennen. Auf diese Weise geben sie ihnen die Möglichkeit, Erfahrungen zu machen, die andauern, statt Geld für Plastikspielzeug auszugeben, das ohnehin schnell zerbrechen oder verloren gehen würde.

Eines der Dinge, die wir Lemans zur Weihnachtszeit immer tun, ist, einer bedürftigen Familie zu helfen. Wir schenken ihnen, was zum Leben notwendig ist – Lebensmittel, Kleidung usw. – sowie lustige kleine Überraschungen für die Kinder der Familie, die sie dann an Heiligabend öffnen dürfen. Da wir diese Geschenke die ganzen Jahre über stets mit der ganzen Familie überbrachten, haben unsere Kinder gegenüber Menschen in Not ein sanftes Herz bekommen. Das ist eine Charaktereigenschaft, die ein Leben lang anhalten wird.

Sie können die Zahl der Geschenke, die Ihr Kind bekommt, nicht immer kontrollieren, aber Sie können Folgendes tun: Wenn Sie Ihre Geschenke öffnen, lassen Sie immer nur eine Person ein Geschenk öffnen, sodass die Kinder nicht einfach ein Paket nach dem anderen aufreißen und nicht einmal wissen, von wem dieses Geschenk ist oder welches Opfer es für diese Person bedeutet haben mag. Viele Familien bestehen auch darauf, dass sich das Kind bei dem Spender bedankt (entweder persönlich, mit einem Brief oder einem Telefonanruf), bevor es mit dem Geschenk spielen darf.

Lassen Sie uns den Tatsachen ins Auge sehen. Wir alle kennen Kinder, die nie dankbar sind. Kein Geschenk, das sie bekommen, ist je genug oder gut genug. Vor einigen Jahren kam ein wohlhabender Vater zu mir, der absolut ratlos war, was er mit seiner Tochter anstellen sollte. Er gab zu, dass er viel Geld besaß und sie mit Geschenken überschüttet hatte. Jedes Mal, wenn sie das vornehme Familienauto fahren wollte, bekam sie es. Sie ging ständig mit Freunden aus, zum Einkaufen oder zum Mittagessen. Im Grunde war sie völlig ungezügelt und tat, was sie wollte. Sie hatte eine große Klappe, beschimpfte ihre Mutter mit derben Ausdrücken und bedachte ihren Vater mit beißenden Kommentaren, wenn sie nicht bekam, was sie wollte.

In diesem Jahr kündigte sie an, dass sie zu Weihnachten ein iPhone haben wollte. Der Vater wusste nicht, was er tun sollte. Er hatte sie zu ihrem Geburtstag, zu Weihnachten und viele Male dazwischen stets mit allen möglichen Designerartikeln überschüttet. Aber, um es ganz offen zu sagen: Sie hatte sich in eine verzogene Göre verwandelt. Ich schlug dem Vater vor, statt eines Weihnachtsgeschenks einen Brief mit dem folgenden Inhalt unter den Baum zu legen:

> *Weil wir dich so sehr lieben, ist dieser Brief dein Weihnachtsgeschenk. Es wird dieses Jahr kein iPhone und auch keine anderen Geschenke geben. Dies ist ein Jahr, in dem du dich zurücklehnen und darüber nachdenken solltest, wie du deine Eltern, deine Schwester, deinen Bruder und deine Freunde in der Schule behandelst.*
>
> *In Liebe, Mami und Papi*

Der Vater schluckte und wurde ein wenig blass, aber er befolgte meinen Rat. An diesem Weihnachtsmorgen machte er seiner Tochter klar, dass er sie liebte, aber dass er ihr Benehmen nicht länger tolerieren würde.

Was brauchen Ihre Kinder wirklich zum nächsten Weihnachtsfest? Ich will diese Frage mit einer kleinen Anekdote beantworten. Ich schreibe eine wöchentliche Kolumne für eine Zeitung in Tucson, Arizona. In einem Jahr baten sie mich, über das Thema „Was wünscht sich Ihre Frau am meisten zu Weihnachten?" zu schreiben. Meine Antwort? „Das ganze Jahr über freundlich und respektvoll behandelt zu werden." Offenbar stieß diese

Kolumne auf Resonanz, denn ich bekam viele Briefe von Menschen, die sie gelesen hatten. Ein Versicherungsagent kam sogar mitten in einem Ballspiel auf mich zu und sagte mir, was für ein großartiger Rat das sei und wie sehr er ihn nötig gehabt hatte. „Ich verdiene viel Geld", gab er zu, „und ich schenke meiner Frau viele Dinge. Aber ich habe mir ihr gegenüber in zu vielen Bereichen Freiheiten herausgenommen. Ich habe sie weder respektiert noch habe ich sie freundlich behandelt. Ich musste erst diesen Artikel lesen, um zu erkennen, dass materielle Dinge wirklich keine Rolle spielen. Meine Frau braucht meinen Respekt, meine Liebe, meine Freundlichkeit ... und meine Zeit. Sie haben mir die Augen geöffnet."

Was brauchen Kinder weitaus mehr als die Dinge auf ihrer Wunschliste? Sie brauchen Eltern, die sie respektieren, sie freundlich behandeln (und ihnen beibringen, andere ebenso zu behandeln) und ihnen ihre Zeit schenken. Das sind Geschenke für ein ganzes Leben, kein Plunder, der rostet oder zerbricht.

Wenn das Leben nicht fair ist

Wer immer gesagt hat, das Leben sei fair, hat gelogen.

Wenn Ihr Kind schikaniert, gehänselt oder herabgesetzt wird, ist es am heilsamsten, wenn Sie zu ihm sagen: „Liebling, das muss wirklich wehgetan haben. Aber als deine Mutter/dein Vater habe ich gesehen, wie du damit umgegangen bist, und du hast das wirklich gut gemacht. Du hast nicht zurückgeschlagen und den anderen Jungen nicht beschimpft, obwohl er gedankenlos und kleinlich war. Leider begegnet man im Leben vielen solchen Menschen. Ich bin stolz darauf, wie du die Situation bewältigt hast."

Wenn Sie so etwas zu Ihrem Kind sagen, impfen Sie ihm damit die Überzeugung ein: „Ich überstehe das. Meine Eltern glauben an mich."

Jeder Tyrann wird letztendlich ernten, was er sät. Auch wenn Sie es nicht mitbekommen.

Und manchmal geschieht das auf sehr kreative Weise.

Karyn, eine Erstklässlerin, wurde Tag für Tag von Tyler, einem Mitschüler aus ihrer Klasse, schikaniert. Eines Tages fragte ihre Mutter: „Was glaubst du, würde er tun, wenn du dich einfach nicht mehr verteidigst?"

Karyn beschloss, das auszuprobieren. Drei Tage später kam sie nach der Schule zum Auto ihrer Mutter gerannt. „Weißt du was? Tyler sagt, er will jetzt mein Freund sein. Er sagt, es macht keinen Spaß mehr, mich zu hänseln, weil ich mich nicht verteidige."

Um sich zu streiten, muss man zu zweit sein. Streiten ist in Wirklichkeit ein Akt der Kooperation. Wenn einer aufhört zu streiten, tut der andere es oft auch.

Wutanfälle

Aussagen wie diese höre ich immer wieder von frustrierten Eltern:

> „Er explodiert jedes Mal, wenn ich ihn bitte, etwas zu tun, das er nicht tun will."

> „Ich nehme sie nicht mehr mit zum Einkaufen, weil sie jedes Mal einen Wutanfall bekommt, wenn wir nicht zu McDonald's gehen. Aber manchmal habe ich einfach nicht die Zeit oder das Geld dafür."

> „Wenn er mit seinem Bruder teilen muss, beginnt er zu schreien, auf den Boden zu stampfen und Gegenstände umherzuwerfen."

Lassen Sie mich Ihnen eine Frage stellen: Wenn Ihr Kind einen Wutanfall bekommt, welcher Zweck steckt dann hinter diesem Verhalten? Aufmerksamkeit zu bekommen. Autorität über Sie auszuüben. Und wenn das in der Vergangenheit funktioniert hat, wird Ihr Kind auch in Zukunft Wutanfälle bekommen.

Wenn Ihre Familie gläubig ist, wird es Sie vielleicht interessieren, was Paulus in Epheser 6,1 sagte: „Ihr Kinder sollt euren Eltern gehorchen, weil ihr dem Herrn gehört, denn so handelt ihr richtig."[8] Das bedeutet, dass Sie in Ihrem Zuhause die Regie führen, nicht Ihr Kind.

Zweijährige werden Wutanfälle bekommen, und mit diesen Wutanfällen muss man sich befassen. Mein Lieblingsvorschlag für den Umgang mit solchen Wutanfällen lautet, über das Kind hinwegzusteigen (und dabei der Versuchung zu widerstehen, *auf* dieses Kind zu steigen), sein

---

[8] Mit freundlicher Genehmigung aus: Neues Leben. Die Bibelübersetzung © 2002 und 2005 by Hänssler Verlag, Holzgerlingen. Originaltitel: Holy Bible, New Living Translation © 1996 by Tyndale House Publishers Inc., Wheaton, Illinois, USA

Verhalten absolut zu ignorieren und damit weiterzumachen, was immer Sie gerade getan haben. Wenn Sie im Einkaufszentrum sind, ignorieren Sie es und gehen Sie weiter. (Für all diejenigen unter Ihnen, die sich Sorgen machen: Ich kann Ihnen versprechen, dass jedes zweijährige Kind, das Mami oder Papi in der Menge verschwinden sieht, in seinem Wutanfall innehält und seinem Elternteil hinterher*rennt*. Es wird nicht außer Sichtweite seines Elternteils sein wollen, weil es noch nicht so selbstbewusst ist.) Und ohne Publikum besteht wirklich keine Notwendigkeit, den Wutanfall fortzusetzen.

Wenn Sie sich mit den Wutanfällen befassen, wenn Ihr Kind zwei Jahre alt ist, werden Sie sein Benehmen mit meiner altbewährten Methode sicher verändern:

- Sagen Sie es ein Mal.
- Wenden Sie sich ab.
- Gehen Sie weg.

Befassen Sie sich einfach nicht weiter mit dem Benehmen. Doch diese Methode erfordert, dass Sie konsequent sind, die Sache bis zum Ende durchziehen und sich nicht umsehen, ob das Kind Ihnen folgt. Sonst kommt es Ihnen auf die Schliche: *Hey, Mami ist nervös. Sie sieht nach, ob das funktioniert. Aha! Das bedeutet, sie will nicht, dass sie mich aus dem Blick verliert. Also wird sie zurückkommen. Dann werde ich meinen Wutanfall einfach noch ein wenig in die Länge ziehen.*

Wenn Kinder jedoch im Alter von acht Jahren immer noch Wutanfälle bekommen, haben sie Ihre Masche durchschaut. Sie wissen, was nötig ist, um den Kampf zu gewinnen, weil sie in der Vergangenheit immer gewonnen haben. Sie werden Ihnen in den schillerndsten Farben demonstrieren, wie elend und unglücklich ihr Leben ist, weil Sie ihnen das Spielzeug oder die Süßigkeit nicht gegeben haben, weil sie irgendwo nicht hingehen durften usw. Bei älteren Kindern gilt dasselbe (ganz gleich, wo Sie sind):

- Sagen Sie es ein Mal.
- Wenden Sie sich ab.
- Gehen Sie weg.

Wenn Sie nicht in der Nähe sind, ist es weniger wahrscheinlich, dass Ihr Kind seinen Wutanfall fortsetzen wird (vor allem, wenn Sie an einem öffentlichen Ort sind). Was ist der Zweck dieses Benehmens? Ihre Aufmerksamkeit zu bekommen. Dieser Zweck ist jedoch verfehlt, wenn Sie nicht da sind! Wenn Sie in der Vergangenheit zugelassen haben, dass Ihre Handlungsweise von Wutanfällen kontrolliert wird, müssen Sie besonders fest bleiben. Jetzt ist es an der Zeit, die Machtkämpfe zu stoppen. (Denn um nichts anderes geht es dabei, nicht wahr?) Wollen Sie wirklich, dass Ihr Kind zu einem Dreizehnjährigen heranwächst, der im Supermarkt gegen das Zeitschriftenregal tritt, oder zu einem übel gelaunten Achtzehnjährigen, der seine Impulse schlecht unter Kontrolle hat und einen Wutanfall bekommt, wenn er nicht bekommt, was er will?

Wenn ein Wutanfall vorüber ist, muss sich das Kind entschuldigen, bevor das Leben weitergeht. Und das bedeutet nicht, dass Sie sagen: „Junger Mann, ich will eine Entschuldigung von dir." Das wäre in etwa so, wie wenn Sie Ihren Sohn um eine Umarmung bitten. Die Umarmung würde nicht sehr viel bedeuten, weil Sie darum bitten mussten. Das nimmt ihr die emotionale Erfüllung. Ebenso verhält es sich, wenn Sie ein Kind dazu bringen, zu sagen: „Es tut mir leid" – es hat nicht dasselbe Gewicht, wie wenn es sich aus eigenem Antrieb entschuldigt, ohne dass es dazu aufgefordert wurde.

Denken Sie daran: „B tritt nicht ein, bevor A abgeschlossen ist." Bevor Sie keine wirkliche Entschuldigung bekommen (und Sie kennen den Unterschied!), geht das Leben nicht weiter.

Zähneputzen

„Es ist so ekelerregend. Ich schwöre, dass seine Zähne gelb werden. Bald werden sie Schimmel ansetzen. Ich glaube, das letzte Mal, dass er sich die Zähne geputzt hat, war mit zwölf Jahren, als ich ihn dazu gezwungen habe."

„Als ich sie damit genervt habe, dass sie sich die Zähne putzen soll, zuckte sie nur mit den Schultern. ‚Ich kaue Kaugummi, Mami. Das kommt auf dasselbe heraus.'"

„Er ist abends oft mürrisch und weigert sich, seine Zähne zu putzen, und ich zu müde, um ihn dazu zu zwingen. Ist einmal pro Tag nicht genug?"

Das Zähneputzen gehört zur grundsätzlichen Hygiene. Niemand will mit jemandem sprechen, der einen schlechten Atem hat – zumindest nicht länger als bis dieser das erste Mal ausgeatmet hat. Wenn jemand seine Zähne nicht putzt, wirkt sich das nicht nur auf sein gesellschaftliches Leben aus. Studien der American Dental Association belegen, dass ein direkter Zusammenhang zwischen der Gesundheit in Ihrem Mund und der Gesundheit in Ihrem ganzen Körper besteht. Und nur weil Sie Kaugummi kauen, damit Ihr Atem frisch nach Minze riecht, bedeutet das nicht, dass Sie damit alle Verunreinigungen von Ihren Zähnen entfernen, die Karies verursachen oder Ihren Körper krank machen.

Führen Sie gute Zahnputzgewohnheiten ein, sobald Ihr Kind Zähne hat. Auch kleine Kinder können sehr geschickt beim Zähneputzen werden. Lassen Sie sie ihre Zähne zwei bis drei Mal täglich putzen (was die Zahnärzte empfehlen!), damit es zur Routine wird und nicht zu einem Kampf. Auch nach dem Genuss von Süßigkeiten ist das Zähneputzen eine gute Idee.

Wenn Ihr Kind vergisst, seine Zähne zu putzen oder beginnt, mit Ihnen darüber zu streiten, führen Sie einen morgendlichen „Atemtest" ein. Bevor Ihr Kind das Haus verlässt, um zur Schule zu gehen, muss es Sie anhauchen. (Das ist nicht die angenehmste Aufgabe für einen Elternteil, aber die Ergebnisse sind effektiv.) Wenn der morgendliche Atem Ihres Kindes ein Pferd zum Umfallen bringen könnte, geht es wieder nach oben und putzt sich die Zähne. Kein Streit. Keine Fragen. Ja, auch wenn es dann zu spät zur Schule kommt. Wenn es zu spät kommt, ist die Lektion für ihn umso besser.

Das Zähneputzen ist eine grundsätzliche Hygiene, die jeder praktizieren sollte. Mehr ist dazu nicht zu sagen, oder?

Das Zähneputzen ist eine grundsätzliche Hygiene, die jeder praktizieren sollte. Mehr ist dazu nicht zu sagen, oder?

Zaudern

Wenn Sie ein Kind haben, das Sie immer antreiben müssen, damit es irgendetwas erledigt bekommt, wette ich meinen nächsten Gehaltsscheck darauf, dass Ihr Kind mindestens einen perfektionistischen, pingeligen Elternteil hat. Sind Sie es oder Ihr Ehepartner?

Kinder, die Dinge hinauszögern, tun das aus einem bestimmten Grund. Was ist der Zweck der Verzögerung? Sie schützt sie vor Kritik, denn was nicht getan wurde, kann man nicht kritisieren. Sind sie in der Lage, die Aufgabe zu erledigen? Ja, in den meisten Fällen. Aber sie fürchten die Kritik so sehr, dass ihnen die Aufgabe misslingt. Vielleicht gelangen sie bei dem Projekt sogar bis kurz vor die Ziellinie, doch statt sie zu überqueren machen sie eine abrupte Kehrtwende und beschäftigen sich mit etwas anderem. Sie rennen in Spurts: Passen Sie auf, wenn sie heiß sind. Aber dann geraten sie in eine Pechsträhne und halten an.

Diese Kinder lieben Stapel. Sie umgeben sich mit Büchern und Blättern. Sie haben viele unvollendete Projekte. Warum lieben sie die Unordnung? Weil Zauderer die Karten zu ihrem eigenen Nachteil mischen. Sie haben das Gefühl, dass sie anderen nicht gewachsen sind, und so malen sie ein Bild, sagen dann, es sei nicht gut und zerreißen es vor Ihren Augen. Sie machen ihre Hausaufgaben, aber geben sie nicht ab. Sie brechen fast jede Aufgabe kurz vor deren Fertigstellung ab.

Der Ursprung dieser Verhaltensweise ist Furcht. Zauderer fürchten sich vor Kritik, weil ihre Eltern Perfektionisten sind und ihre Maßstäbe so hoch ansetzen, dass ihr Kind sie unmöglich erfüllen kann.

In vielen Familien sind die Erstgeborenen Erfolgsmenschen. Sie haben in ihrem Erwachsenenleben hochfliegende Pläne. Sie sind immer erfolgreich und werden Flugzeugpiloten, leitende Angestellte in der Stadtverwaltung oder Chirurgen. Aber nehmen wir einmal an, das erstgeborene Kind hat übermäßig perfektionistische Eltern. Dann wird das Erstgeborene ein Zauderer werden. Wenn dieses Kind den ersten emotionalen Schlag von einem perfektionistischen Elternteil bekommt, findet ein Rollentausch statt. Dann wird der Zweitgeborene zum Überflieger – zu einem eigenmotivierten, reifen Menschen, der sein Leben unter Kontrolle hat und mit großem Geschick im Leben vorankommt –, während sich der Erstgeborene in Erwartungen verhaspelt. Dieses Phänomen tritt besonders dann zutage, wenn zwischen dem Erstgeborenen und dem Zweitgeborenen ein Altersunterschied von drei oder weniger Jahren besteht.

Wenn Ihr Kind glaubt, dass es Ihren Maßstäben nicht gerecht werden kann, wird es jegliche Bemühungen in dieser Richtung einstellen. Oder es bemüht sich nur bis zu einem gewissen Punkt und kommt nie ans Ziel.

Deshalb ist es so wichtig, dass Sie den Unterschied zwischen Lob und Ermutigung kennen. (Diesen habe ich im Kapitel „Donnerstag" detailliert erläutert.) Wenn Sie ein Kind loben, ist das, als würden Sie einem Esel eine Karotte vor die Nase halten. „Du bist ein guter Junge, ich werde dir eine Karotte geben." Das Problem ist: Jedes Mal, wenn der Esel versucht, sich die Karotte zu schnappen, ziehen Sie sie weg! Wenn Sie ein perfektionistischer Elternteil sind, weiß Ihr Kind, dass es sich noch so sehr anstrengen kann ... und doch nie ein Lob von Ihnen zu hören bekommt.

Lob konzentriert sich auf den Akteur: „Du bist das wunderbarste Kind auf der Welt!" Ermutigung konzentriert sich auf den Akt: „Oh, das ist grandios. Das zusätzliche Lernen hat sich wirklich bezahlt gemacht, nicht wahr? Gute Leistung!"

Der perfektionistische Elternteil, der durch seine Worte und Taten zum Ausdruck bringt: „Du gibst besser alles, was du hast – und noch mehr –, damit du meinen Maßstäben gerecht wirst", wird mit hoher Wahrscheinlichkeit ein Kind schaffen, das immer auf der Suche nach der Karotte ist und stets auf eine emotionale Streicheleinheit hofft.

Im Gegensatz dazu verspüren Kinder, die mit Ermutigung statt mit Lob aufwachsen, ihr ganzes Leben lang ein Gefühl der Unterstützung, des umfassenden Vertrauens und Selbstvertrauens. Sie laufen durchs Ziel, statt zu zaudern.

Zorn

„Mike kommt immer von der Schule nach Hause, geht in sein Zimmer, knallt die Tür zu und beginnt, auf sein Kissen einzuschlagen. Ich habe versucht mit ihm zu reden, aber er sagt immer, ich solle weggehen und mich nicht in seine Angelegenheiten einmischen."

„Jeden Tag, wenn es Zeit für ihren Mittagsschlaf ist, bekommt Shawnee einen Wutanfall – einen wahrhaftigen Schreikrampf. Ich bin es so leid. *Ich* bin diejenige, die den Mittagsschlaf machen muss, während sie ungehindert im Haus umherwandert."

„Es braucht nicht viel, dass Tim in die Luft geht, und wenn er das tut, beeinflusst das unsere ganze Familie. Alle werden ganz ruhig und verziehen sich in ihre Zimmer. In seinen Augen scheint er der Einzige zu sein, der zählt."

„Monika schreit nicht, sie *kocht vor Wut*. Es wäre mir lieber, sie würde schreien, als mich mit Nichtachtung zu strafen."

Was für eine Atmosphäre herrscht in Ihrem Zuhause? Besitzt ein zorniger Mensch die Kontrolle? Interessanterweise kann ein Mensch seinen Zorn laut oder leise zum Ausdruck bringen. Aber wie auch immer, Sie merken es klar und deutlich.

Zorn ist eine aktive Entscheidung, um jemand anderen zu kontrollieren. Er projiziert Ihre Gedanken und Emotionen auf eine andere Person und versucht so, ihr Verhalten zu ändern.

Wenn es wirklich darauf ankommt, ist Zorn eine aktive Entscheidung, um jemand anderen zu kontrollieren. Er projiziert Ihre Gedanken und Emotionen auf eine andere Person und versucht so, ihr Verhalten zu ändern.

Die zu Anfang erwähnten Kinder haben gelernt, dass sie etwas erreichen, wenn sie zornig sind. Sie bekommen Aufmerksamkeit, sie bekommen ihren Willen, die Menschen haben Mitleid mit ihnen usw. Sie setzen ihren Zorn ganz bewusst ein, um sicherzustellen, dass sie in ihrem Zuhause das Sagen haben. Ohne diesen Zorn verfügen sie nicht über die Kontrolle, auf die sie aus sind. Deshalb inszenieren sie einen Wutanfall, der sagt: „Beachte mich!"

Was glauben Sie, wie sie dieses Verhalten gelernt haben? Wahrscheinlich von einem Elternteil (für gewöhnlich einer Mutter), die überall beliebt ist und es mag, wenn die Wogen des Lebens geglättet sind. Eine solche Mutter wird alles dafür tun, den Frieden in ihrer Familie zu bewahren. Aber ein Kind ist in jedem Alter klug genug, um zu wissen, dass ihm ein Wutanfall genau das verschaffen wird, was es will – von Mitleid, weil es einen harten Tag hatte, über das Geld fürs Kino bis hin zu den Wagenschlüsseln für den Abend. Ihr Kind ist äußerst geschickt darin, Sie zu manipulieren.

Wie ist es dazu geworden? Solche tief sitzenden Übel tauchen nicht einfach aus dem Nichts auf, und sie lassen sich nicht ignorieren. Sie beginnen im Lauf der Zeit zu eitern. So wird beispielsweise ein achtzehn Monate alter Junge, der plötzlich ein kleines Schwesterchen bekommt, seinen Platz in der Familie gefährdet sehen und mittels eines Wutanfalls versuchen, seine Position zu sichern. Und was tun wir als Eltern? Wir versuchen, ein solches Verhalten so schnell wie möglich zu beschwichtigen, obwohl das Kind damit genau genommen nur sagt: „Hey, ich fühle mich hier ein wenig ausgeschlossen. Will mich denn niemand beachten?"

Was würden die meisten Eltern in einer solchen Situation sagen? „Hör auf, Buford! Du musst lernen, mit deiner neuen kleinen Schwester zurechtzukommen. Sie gehört jetzt genauso zu unserer Familie wie du. Du wirst dich daran gewöhnen." Eine solche Aussage dient nur dazu, die Furcht des Kindes und sein Gefühl, fehl am Platz zu sein, noch zu verstärken. Aber was wäre, wenn die Eltern sagten: „Komm her, Buford. Fühlst du dich ausgeschlossen? Ich weiß, es hat sich alles verändert, seit du eine kleine Schwester bekommen hast. Aber du musst wissen, dass du immer noch genauso wichtig für mich bist wie vorher. Du musst keinen Wutanfall bekommen, um meine Aufmerksamkeit zu erregen. Komm einfach zu mir und bitte mich, dich in den Arm zu nehmen, und ich werde es sehr gerne tun."

Zorn ist jedoch auch nicht immer schlecht. Manchmal ist es sogar angebracht, zornig zu sein. Im Leben geht es nicht immer gerecht zu, und es ist in Ordnung, angesichts von Ungerechtigkeiten zornig zu werden. Wie auf den Lehrer, der nicht glaubt, dass Ihre Tochter bei ihrem Examen nicht geschummelt hat und ihr eine Sechs gibt. Oder auf den Trainer, der glaubt, Ihr Sohn sei der Scherzkeks gewesen, der die Reifen von seinem Auto abmontiert hat, und sich weigert, ihn bei dem bevorstehenden wichtigen Spiel mitspielen zu lassen. Wenn Ihre Kinder zu Unrecht beschuldigt werden, haben sie jedes Recht, zornig zu sein.

Deshalb ist es an sich nicht richtig oder falsch, zornig zu sein; es geht darum, *wie* man mit dem Zorn umgeht. Was sollten Sie tun, wenn ihr Kind vor Zorn explodiert?

Stellen Sie sich vor, ein großer Ballon stünde direkt vor ihnen. Jedes Mal, wenn Sie ärgerlich werden, blasen Sie Ihre schlechten Gefühle in den Ballon. Wenn aus dem Ballon kein Druck abgelassen wird, wird er zwangsläufig früher oder später platzen. Lässt man jedoch nach und nach ein wenig Luft heraus, bleibt der Ballon geschmeidig und es besteht keine Gefahr, dass er platzt.

Dieses Ziel sollten Sie auch bei Ihren Kindern verfolgen: Lehren Sie sie, wie man mit Zorn umgeht. Wenn Kinder darüber sprechen, was sie beschäftigt, ist das, wie wenn man Luft aus dem Ballon lässt. Geben Sie Ihren Kindern deshalb die Gelegenheit dazu. Beginnen Sie das Gespräch mit offenen Bemerkungen: „Du scheinst erregt zu sein" oder: „Ich sehe dir an, dass dich etwas plagt" oder: „Ich bin bereit, dir zuzuhören, wenn du reden willst."

Wenn das Kind schließlich spricht, kann sich das anhören, wie das durchdringende, quietschende Geräusch, das entsteht, wenn Luft aus dem Ballon entweicht. Aber denken Sie an Ihr Ziel: Ihr Kind geschmeidig und weniger zerbrechlich zu machen.

Lehren Sie Ihr Kind, seine Aussagen besser in der Ich-Form als in der Du-Form zu treffen, wie beispielsweise: „Ich fühle mich nicht respektiert, wenn du das tust", statt: „Du beleidigst mich die ganze Zeit." Oder: „Es ärgert mich, wenn meine Schwester in mein Zimmer geht und mit meinen Sachen spielt, obwohl sie genau weiß, dass ich das nicht will", statt: „Sie ist so eine dumme Ziege. Sie weiß, dass ich nicht will, dass sie mit meinen Sachen spielt, aber sie tut es trotzdem."

Wenn Ihr Kind in der Ich-Form spricht, stellt es damit in den Mittelpunkt, wie es sich angesichts der Situation fühlt, statt einen anklagenden Finger auf jemand anderen zu richten. Diese Methode zeigt, wie man Streitigkeiten ausdiskutiert, statt um sich zu schlagen. Darüber hinaus funktioniert sie auch sehr gut, wenn es darum geht, die Rivalität unter den Geschwistern zu schlichten. (Lesen Sie hierzu auch den Abschnitt „Rivalität unter Geschwistern".)

Zurückstellen in der Schule (vom Kindergarten bis zur dritten Klasse)

Jahrelang war es für Eltern unvorstellbar, Kinder in der Schule zurückzustellen. Irgendwie machen wir uns Sorgen darum, dass es ihrer Seele schaden könnte – ihrer Selbsteinschätzung, ihrer Selbstachtung. Dass sich das Kind schämen würde.

All das sind ein Haufen Lügen. Die Realität ist, dass alle Kinder in unterschiedlichem Tempo wachsen und lernen. Zwei Fünfjährige, die in den Kindergarten kommen, können in körperlicher und psychologischer

Hinsicht völlig unterschiedlich sein und einen ganz anderen Bildungsstand haben. Eines könnte 13 Kilo wiegen, das andere 23. Eines könnte sich darauf freuen, in die Schule zu kommen; das andere könnte immer noch am Rockzipfel seiner Mutter hängen. Das eine kann vielleicht bereits das Abc, während das andere noch keine Ahnung davon hat.

Alle Kinder wachsen und lernen in einem unterschiedlichen Tempo.

Wir Eltern sind lustige Kreaturen. Wir haben kein Problem, wenn sich ein Kind im Alter von fünf Jahren im Baseball hervortut oder für sein Alter über ganz ungewöhnliche Kräfte verfügt. Aber wir haben ein Problem, wenn ein Kind das Abc nicht genauso schnell lernt wie ein anderes.

Ebenso wie die Sauberkeitserziehung Bereitschaft erfordert, muss ein Kind auch die Bereitschaft für die Schule haben. Manche Fünfjährige sind sowohl in akademischer als auch in sozialer Hinsicht bereit für die Schule. Andere sollten warten, bis sie sechs oder sieben sind. Manche Kinder haben nach einem Jahr im Kindergarten bereits so viel gelernt, dass sie bereit für die erste Klasse sind. Andere brauchen ein weiteres Jahr.

Es ist wichtig, dass die Eltern die Angelegenheit auf lange Sicht betrachten. Wir ließen Lauren, unsere Jüngste, ein Jahr länger im Kindergarten. In der siebten Klasse lag sie in den Standardtests weit über dem Klassendurchschnitt.

Die Vorstellung, ein Kind eine Klasse wiederholen zu lassen, stieß schon immer auf harsche Kritik. Das Hauptargument der Kritiker lautete, dass ein Kind beschämt würde oder seine Freunde verlieren könnte. Aber solche Sorgen macht sich ein Kind in jungen Jahren kaum – es sei denn, die Eltern bringen es dazu. Wenn sie einem Kind erklären, warum Sie sich entschieden haben, es eine Klasse wiederholen zu lassen, hängt alles davon ab, wie sie ihm das verkaufen. „Andy, du bist ziemlich frustriert darüber, dass du noch nicht richtig gelernt hast, wie man die Buchstaben schreibt, stimmt's?“ (Das Kind nickt und blickt traurig drein.) „Nun, deine Lehrerin und ich haben uns unterhalten. Sie würde sich sehr freuen, dich nächstes Jahr wieder in ihrer Klasse zu haben. Sie hat sogar einen ganz neuen Lehrplan für das Abc. Sie wird es euch anhand des Dschungels lehren und jedes Kind darf sich aussuchen, welches Tier es sein will. Hört sich das nicht lustig an?“ Wenn ein Kind eine positive Auslegung von Ihnen bekommt (und nicht Ihr heimliches Murren und Ihre Befürchtungen), wird es eine positive Einstellung dazu haben, die Klasse zu wiederholen.

Wenn Sie ein Kind eine Klasse wiederholen lassen, erweisen Sie ihm einen großen Dienst. Sie geben ihm die Möglichkeit, die grundlegenden akademischen Fähigkeiten zu lernen, die für eine bestimmte Klassenstufe notwendig sind. Wenn Sie ein Kind in die nächsthöhere Klasse gehen lassen und es diese Fähigkeiten nicht besitzt, sind Sie ihm gegenüber respektlos (und setzen es der Gefahr aus, dass es scheitert). Sie erweisen ihrem Kind Respekt, wenn sie es dort zur Verantwortung ziehen, wo es in seinem Lernprozess steht.

Eine spezielle Anmerkung für diejenigen unter Ihnen, die Eltern von Jungen sind: Im Allgemeinen entwickeln sich Jungen langsamer und brauchen oft dieses zusätzliche Jahr, um zu reifen und heranzuwachsen, bevor sie in den Kindergarten gehen. Wann zahlt sich das wirklich aus? In ihrem ersten Jahr auf der Schule, wenn sie Wettkampfsportarten betreiben und dabei an der Spitze stehen! Ich habe Lauren immer darauf hingewiesen, dass sie Autofahren wird, wenn sie in der zehnten Klasse ist. Die meisten ihrer Freunde werden ein Jahr länger warten müssen. Und das ist etwas, worüber sich ein Teenager freuen kann.

Wenn Sie ein Kind haben, das später im Jahr geboren wurde (zwischen August und Dezember), ist es viel klüger, wenn Sie noch ein Jahr warten, bevor sie es einschulen. Laurens Geburtstag ist am 22. August, deshalb war sie noch sehr klein, als sie in den Kindergarten kam und brauchte noch ein weiteres Jahr.

Wenn Sie besorgt sind, dass Ihr Kind wie ein Versager dastehen könnte, geht es Ihnen dabei eigentlich nur um sich selbst (Sie fürchten sich davor, was Ihre Freunde möglicherweise über Ihr Kind sagen oder dass sie Ihren Erziehungsstil dafür verantwortlich machen könnten) und nicht um das beste Interesse Ihres Kindes. Karen, eine alleinerziehende Mutter, bekam im Büro des Direktors einen Wutanfall, als er ihr vorschlug, ihre Tochter Mandy die erste Klasse wiederholen zu lassen. Doch dann sagte der Direktor zu ihr: „Wie würden Sie sich fühlen, wenn Sie einen Kurs machten, in dem alle anderen die Grundlagen beherrschen, nur Sie nicht? Würden Sie sich nicht ein wenig verloren und eingeschüchtert fühlen, wenn Sie merken, dass Sie nicht mithalten können?"

Aber das ist es, was manche Eltern Ihren Kindern permanent antun. Sie drängen sie unaufhörlich vorwärts und nennen es soziale Förderung.

Genau das ist mir in der Schule passiert, und deshalb bin ich ein so starker Befürworter davon, Kinder eine Klasse wiederholen zu lassen, wenn sie es brauchen. Wenn ich eine der ersten Klassen wiederholt hätte, wäre ich viel besser in der Schule gewesen. Ich wäre eher bereit dafür gewesen.

Für Fünfjährige ist es keine große Sache, ein Jahr länger im Kindergarten zu bleiben. Dann können sie ein Jahr länger spielen!

Es kommt alles auf Ihre Sichtweise an. Würden Sie Ihr Kind nicht lieber eine Klasse wiederholen lassen, statt zuzusehen, wie es in der Schule mit Konzepten kämpft, für die es noch nicht bereit ist?

Wenn Ihr Kind in einer höheren Klassenstufe als der dritten Klasse ein Schuljahr wiederholen muss, ist es am besten, wenn Sie sich nach einer anderen Schule umsehen. Der Wechsel in eine neue Umgebung mildert den Schock und den Gruppendruck für Ihr Kind.

Zwangsneurosen

Kürzlich hielt ich in Atlanta ein Seminar ab. Im Anschluss daran kam eine Frau zu mir und erzählte mir, dass bei ihrem Sohn eine Zwangsneurose diagnostiziert worden war – eine Angststörung, bei der die betroffene Person bestimmte Rituale durchführen muss, um ihre Panik oder ihre irrationale Furcht zu zügeln. Sie berichtete mir von all den Prozeduren, die durchlaufen werden mussten, bevor er etwas tat. Wie beispielsweise die Tatsache, dass sie in der Badewanne einen imaginären Radiergummi benutzen und so tun musste, als würde sie die Wanne reinigen, bevor er hineinstieg, oder seine Decke auf eine bestimmte Art und Weise falten musste, wenn sie ihn abends ins Bett brachte. Das hörte sich an, als sei er ein sehr perfektionistisches Kind. Aber alle Menschen haben ihre Schrullen. Und Kinder lieben Routine. Sie bestehen darauf, dass in ihrem Zuhause bestimmte Abläufe befolgt werden (vor allem die Routine beim Schlafengehen). Wie kam sie nun darauf, dass ihr Sohn eine Zwangsneurose hatte? Weil sie in einem Buch darüber gelesen hatte und eine Nachbarin sie beim gemeinsamen Kaffeetrinken darin bestätigt hatte.

Wenn Sie besorgt sind, dass Ihr Kind eine Zwangsneurose haben könnte, lassen Sie es von einem Spezialisten auf diesem Gebiet untersuchen. Es wurde bereits bei viel zu vielen Kindern die Fehldiagnose einer Zwangsneurose gestellt, obwohl sie einfach nur durchsetzungsstarke

Es wurde bereits bei viel zu vielen Kindern die Fehldiagnose einer Zwangsneurose gestellt, obwohl sie einfach nur durchsetzungsstarke Kinder sind, die auf bestimmte Art und Weise behandelt werden wollen.

Kinder waren, die auf bestimmte Art und Weise behandelt werden wollten. Was ist der Zweck dieses Benehmens? Ihre Aufmerksamkeit zu bekommen. Ihre eigene Welt zu kontrollieren. Andere zu beherrschen und zu kontrollieren.

Und das machen sie sehr gut, weil sie auf hartnäckige Weise perfektionistisch sind. Bei solchen Kindern ist es jedoch sehr wichtig, dass Sie ihnen helfen zu verstehen, warum sie Rituale brauchen. Liegt diesem Verlangen die tiefe Furcht zugrunde, dass sich die Dinge verändern könnten? Dass Sie weggehen könnten?

Bevor Sie Ihrem Kind einen Stempel aufdrücken oder zulassen, dass irgendjemand anders das tut, sollten Sie deshalb zunächst einmal versuchen, den Zweck seines Verhaltens zu ergründen und dann darauf hinarbeiten, es zu verändern.

Epilog

Spaßtag

Nun haben Sie meine *Die-Rebellen-bändigen*-Strategie kennengelernt und sind bereit, die Dinge in Angriff zu nehmen, mit denen Ihre Kinder Sie in den Wahnsinn treiben und Ihre Beziehung ruinieren. Lehnen Sie sich nun einfach ganz entspannt zurück und warten Sie mit einem Lächeln auf dem Gesicht darauf, dass Ihre Kinder sich das nächste Mal schlecht benehmen. Sie wissen jetzt, warum sie tun, was sie tun, und was ihr Kriegsgeschrei mit Ihnen und der Art von Eltern, die Sie sind, zu tun haben. Und dieses kleine Geheimnis versetzt Sie an die vorderste Front, um in Ihrem Zuhause einen *großen* Sieg zu erzielen.

Außerdem sind Sie klug (viel klüger als Ihre Kinder Ihnen zubilligen). Sie sind überzeugter denn je, dass die Ansichten, das Benehmen und der Charakter die drei wichtigsten Dinge sind, die Ihre Kinder nicht nur auf positive Weise entwickeln, sondern auch für den Rest ihres Lebens bewahren müssen. Von allen Menschen auf diesem Planeten kommt Ihnen die einzigartige Rolle zu, sie darin anzuleiten – weil Sie zu jeder Zeit von Ihren Kindern beobachtet werden. Ich sah einmal einen Autoaufkleber, der mich zum

> *Ein Elternteil zu sein ist, wie an sieben Tagen die Woche vierundzwanzig Stunden lang unter dem Mikroskop zu sein.*

Lachen brachte. Darauf stand: „Ein Elternteil zu sein bedeutet, an sieben Tagen die Woche vierundzwanzig Stunden lang unter dem Mikroskop zu sein." Und das ist die Wahrheit. Werte werden eher übernommen als gelehrt. Ganz gleich, in welchem Alter und auf welcher Entwicklungsstufe ein Kind ist – vom Kleinkind über den Vorpubertären, der Sie zur Verzweiflung bringt, über wilde Teenager bis hin zum kritischen jungen Erwachsenen – Ihre Kinder lernen, wie man das Leben lebt, indem sie *Sie* beobachten. Sie sehen,

- wie Sie mit Ärger, Traurigkeit und Enttäuschungen fertig werden.
- wie Sie Leistung anerkennen und Freude ausleben.
- wie Sie Ihre Prioritäten setzen.
- wie Sie andere und sich selbst behandeln.

Das ist manchmal ein wenig einschüchternd, nicht wahr? Aber es kann auch anregend sein, wenn Sie wissen, wie Sie sich die natürliche menschliche Neigung, andere zu beobachten, zunutze machen können. Okay, nennen wir das Ding beim Namen. Wir alle sind einfach sehr *neugierig*. Und das verschafft Ihnen bei Ihren Kindern einen Vorteil.

Vielleicht hatten Sie auch die Möglichkeit, von der Erfahrung eines Nachbarn oder eines Kollegen zu profitieren und haben beschlossen, dass Ihnen das nie passieren wird. Sie sind entschiedener denn je, dass *jetzt* die Zeit für eine Veränderung gekommen ist.

Für manche von Ihnen wird es vielleicht recht einfach sein, diese Veränderung mithilfe der *Die-Rebellen-bändigen*-Strategie in Gang zu setzen. Fünf Tage im Sattel und Ihre Kinder werden von Ihrem veränderten Verhalten so verwirrt sein, dass ihnen der Mund offen stehen bleibt. *„Warum funktioniert das nicht mehr?"*, werden sie sich fragen. *„Damit habe ich doch immer bekommen, was ich wollte ..."*

Für andere von Ihnen wird meine *Die-Rebellen-bändigen*-Strategie den Weg dafür vorgeben, wie Ihre Familie von jetzt an funktionieren soll, aber vielleicht ist Ihr Kind widerstandsfähiger und in seinen Verhaltensweisen eingefahrener als Sie erwarten. Je jünger das Kind ist, umso einfacher wird es sein, es zu formen. Je älter es ist, umso schwieriger wird es sein, weil seine Ansichten, seine Benehmensweisen und sein Charakter bereits begonnen haben, sich zu verhärten.

Eltern, während Sie dieses Buch gelesen haben, hatten einige von Ihnen große Erfolge zu verzeichnen. Ihr Sohn oder Ihre Tochter ist jetzt fast erwachsen oder aus dem Haus. Sie haben gesehen, welchen enormen Einfluss Sie als Eltern darauf haben, eine Umgebung zu schaffen, in der Ihr Kind dazu ermutigt wird, sein ganzes Potenzial auszuschöpfen.

Andere von Ihnen haben sich mit einem Kind, das extrem rebellisch war und Ihnen alle möglichen Sorgen und schlaflose Nächte bereitet hat, durch schwierige Situationen gekämpft. Nun endlich ist Ihr Kind über den Berg. Lassen Sie mich noch einige warnende Worte sagen. Sie sollten nicht selbstgefällig werden oder glauben, Sie hätten alle Antworten des Lebens in der Tasche. Wärmen Sie keine alten Kamellen wieder auf. Reiben Sie Ihrem Kind seine Fehler nicht unter die Nase. Seien Sie einfach dankbar dafür, dass sowohl Sie als auch Ihre Tochter ein neues Verständnis des Lebens haben.

Ich weiß, dass einige von Ihnen, die dieses Buch gelesen haben, nicht gläubig sind, deshalb würde ich Ihnen gerne eine Geschichte aus der Bibel erzählen[9]. Sie ist für diejenigen unter Ihnen, die einen verlorenen Sohn hatten (oder derzeit haben), ein Kind, das die Überzeugungen und Werte Ihrer Familie verworfen hat. Vielleicht hat es sein Zuhause verlassen und in einer wenig wünschenswerten Umgebung gelebt, sich an Dingen beteiligt, die sie ihm nie zugetraut hätten, und Sie vor der ganzen Nachbarschaft blamiert, ganz zu schweigen von Ihren Freunden und Verwandten.

Der verlorene Sohn in der Bibel war sein Zuhause leid. Er war ruhelos. Er ging zu seinem Vater und sagte: „Mir ist es hier zu langweilig. Ich verlasse diesen Ort. Ich will meinen gerechten Anteil. Ich bin Geschichte. Ich gehe."

Und genau das tat er. Er verließ sein Zuhause und lebte sein Leben, wie er es wollte. Er gab all sein Geld aus – verschwendete es für Wein, Weib und Gesang. Schließlich kam er wieder zur Vernunft und erkannte, dass sogar die Landarbeiter seines Vaters besser dran waren als er, denn sie hatten wenigstens etwas zu essen. So ging er nach Hause zu seinem Vater. Einer der bewegendsten Teile der Geschichte ist der Moment, als der Vater seinen Sohn von Weitem kommen sieht – zurück nach Hause.

Was tat dieser Vater? Als er seinen Sohn erblickte, rannte er auf ihn zu! Er schloss ihn in die Arme. Er war überglücklich, dass sein Sohn heimgekehrt war.

---

9 Lukas 15,11-32

Ich muss Sie auf einige Dinge hinweisen, die er nicht sagte.

Er sagte nicht: „Du siehst aus, als seiest du unter die Räuber gefallen. Hast du genug von deinem unabhängigen Leben?“ oder: „Oh, ich nehme an, du hast deine Lektion gelernt.“ Er sagte nichts dergleichen.

Dieser Vater schloss seinen Sohn einfach in die Arme und liebte ihn.

Das ist eine großartige Erinnerung für jeden, der einen verlorenen Sohn hat.

Ja, Sie wünschten sich, Sie könnten die Zeit zurückdrehen und die drei Jahre, in denen Ihr Sohn nicht zu Hause war und in so viele Schwierigkeiten geriet, ungeschehen machen. Aber Sie müssen sich auf die Tatsache stützen, dass Ihr Sohn jetzt wieder zu Hause ist. Sie müssen in Ihrer beider Leben ein neues Kapitel beginnen. Sie müssen ihn lieben und weitermachen.

Manchmal wird sich Ihr Kind schlecht benehmen ... und das auf farbenfrohe, ärgerliche und peinliche Weise.

Lassen Sie uns ganz offen sein. Sie sind nicht vollkommen. Ihr Kind ist nicht vollkommen. Manchmal wird es sich schlecht benehmen ... und das auf farbenfrohe, ärgerliche und peinliche Weise. Wie das kleine Mädchen, deren Eltern an einem Sonntag den Pastor und seine Frau zum Abendessen eingeladen hatten. Eigentlich hätte es längst im Bett liegen und schlafen sollen, als es plötzlich aus seinem Zimmer rief: „Mami! Rate, wo meine Finger sind!“

Manchmal werden Sie derjenige sein, der nachgibt, auch wenn Sie wissen, dass Sie es nicht tun sollten ... oder derjenige, der auf die alten, autoritären Methoden zurückgreift, mit denen Sie aufgewachsen sind.

Keiner von uns ist vollkommen. Unsere Kinder brauchen die drei Grundlagen der Akzeptanz, der Zugehörigkeit und der Kompetenz, um gesunde, funktionierende Mitglieder der Gesellschaft zu werden. Ihr Charakter muss auf Wahrheit und Ermutigung aufgebaut sein, statt auf eitlem, nichtigem Lob.

Und vor allem brauchen unsere Kinder Konsequenz. Sie brauchen eine Mutter und/oder einen Vater, der aufsteht und ein Elternteil ist. Auch wenn das bedeutet, dass seine Kinder ihn für eine gewisse Zeit zum Staatsfeind Nummer eins erklären.

Heute ist *Ihr* Tag. Spaßtag. Der Lohn für Ihre Arbeit und Ihre Entschlossenheit. Der Tag, an dem Sie sich zurücklehnen und den Spaß beobachten. Der Ausdruck absoluter Verwirrung, der sich auf dem Gesicht Ihres Kindes abzeichnen wird, wenn Sie Ihren Plan einführen, wird unbezahlbar sein.

Erinnern Sie sich an den kleinen Matthew, den Vierjährigen im Kapitel „Montag", der seine Mutter im Auto beleidigte und sich dann wunderte, warum er seinen gewohnten Milch-und-Kekse-Imbiss nach der Vorschule nicht bekam? Wer könnte nicht verstehen, dass seine Mutter Nein sagte, bis er so verzweifelt war, dass er schließlich bereit war, ihr zuzuhören und den Grund dafür zu erfahren, warum ihm sein Imbiss verwehrt wurde?

Doch als Nächstes kam der schwierigste Teil für alle Eltern. Diese Mutter musste sich zu ihrem rotäugigen, tränenverschmierten, gedemütigten Vierjährigen hinunterbeugen, ihm in die Augen blicken und *ihm trotzdem nicht geben, was er wollte!*

Was glauben Sie, wie sehr sie versucht war, nachzugeben? Wie versucht wären Sie? Aber was wäre passiert, wenn sie es getan hätte? Hätte sie dann mit all ihren Anstrengungen wirklich irgendetwas erreicht?

Ohne die entschlossene Konsequenz seiner Mutter hätte Matthew keine Vorstellung davon bekommen, wie ernst es ihr war oder wie sehr er ihre Gefühle verletzt hatte. Und vor allem hätte dieses Kleinkind, das noch nicht einmal einen laufenden Meter maß, in der Beziehung nach wie vor das Sagen gehabt. Liebe muss manchmal streng sein. Und manchmal müssen Sie derjenige sein, der diese Art von Liebe zeigt. Aber wenn Sie das tun, werden Sie Ihren Lohn direkt vor Augen haben. Sie werden überrascht sein!

Auch Sie können erleben, was Tausende Familien bereits erlebt haben: Eine vollkommene Revolution Ihrer Beziehungen und Ihres Familienlebens. Lesen Sie nur die folgende Geschichte von einer Mutter dreier Kinder. Sie brachte mich zum Lächeln.

E-MAIL

AN: Dr. Kevin Leman

VON: Einer nicht länger überforderten Mutter aus Texas

Lieber Dr. Leman,

ich habe Ihre Seminare besucht, die Sie am letzten Wochenende in Dallas, Texas, gehalten haben. Ich danke Ihnen so sehr für die praktischen, einfach anzuwendenden Ideen. Ich habe sie sofort in die Tat umgesetzt.

Nach dem Abschnitt am Montagmorgen holte ich meine drei Kinder (im Alter von sechs, vier und drei Jahren) ab und machte mich auf den Heimweg, der etwa dreißig Minuten dauerte. Da es gerade Zeit für das Mittagessen war, beschloss ich, bei McDonald's anzuhalten. Während wir in der Schlange standen und darauf warteten, unsere Bestellung aufzugeben, begann meine Vierjährige zu quengeln und zu plappern. Ich sagte ihr, dass wir sofort gehen würden, wenn sie nicht aufhörte. Als sie dennoch damit weitermachte, ging ich, ohne dass wir etwas gegessen hatten, mit ihr zur Ausgangstür. Da begannen auch meine anderen beiden entzückenden Kinder zu schreien und zu heulen. Die Leute sahen uns an, als seien wir eine Gruppe Irrer. Ich setzte sie in den Wagen und fuhr nach Hause. Sie alle schrien und heulten immer noch, also schaltete ich das Radio ein und drehte es auf volle Lautstärke. Der Älteste und der Jüngste beruhigten sich schließlich, aber Emma, die Vierjährige, tobte weiter. Als wir zu Hause ankamen, sagte ich kein Wort, holte nur Emma aus dem Auto, ging mit ihr ins Haus und sofort zur Hintertür wieder hinaus. Ich setzte sie in den Garten, zog die Tür zu und schloss sie ab. Sie heulte noch weitere zehn oder fünfzehn Minuten. Währenddessen begann ich, das Essen zu machen. Als sie sich beruhigt hatte, ließ ich sie zum Mittagessen herein, und alle drei benahmen sich den Rest des Nachmittags sehr gut.

Mein Mann und ich besuchten auch das Seminar am Montagabend. Emma hatte immer gut geschlafen, doch als sie zwei wurde, war es, als würde ein Schalter umgelegt und das Schlafengehen wurde für zwei Jahre zu unserer Kampfzone. Wir haben alles versucht, was uns nur einfiel, um sie ohne großes Theater ins Bett zu bringen. Obwohl wir die Isolationstechnik ausprobiert haben, wurde diese normalerweise von Reden, einer Standpauke, Geschrei usw. begleitet. Als wir sie an dem Abend nach dem Seminar in ihrem Zimmer schreien hörten, sah ich meinen Mann an und sagte: „Ich denke, ich bringe sie nach draußen." Er erwiderte: „Ich denke, ich helfe dir dabei." Wir gingen nach oben, und ohne ein Wort zu sagen, löste ich Emmas Finger von ihrer Decke und trug sie, während sie trat und schrie, hinunter zur Hintertür. Sie begann sogar zu schreien: „Ich will einen Klaps; ich will einen Klaps; bring mich nicht nach draußen." Ich setzte sie draußen ab, zog die Tür zu und schloss sie ab. Innerhalb von zehn Sekunden hörte ich, wie es drei Mal leise klopfte, gefolgt von einer sehr leisen Stimme, die sagte: „Mami, ich habe aufgehört zu weinen." Als wir die Tür öffneten, ging sie nach oben und wir hörten für den Rest der Nacht keinen Pieps mehr aus ihrem Zimmer. Ich brauche wohl nicht extra zu erwähnen, wie überrascht mein Mann und ich waren.

Um es ganz klar zu sagen: Diese Eltern beschlossen, die Machtspiele der kleinen Emma nicht mehr zu dulden. Deshalb entschieden sie sich dafür, zu handeln.

Sie sind nicht allein. Andere, die meine *Die-Rebellen-bändigen-*Strategie ausprobiert haben, haben Folgendes über ihre Effektivität gesagt:

„Probieren Sie diese Prinzipien aus – sie *funktionieren wirklich.* Aber man darf nicht kneifen. Ich habe das Chaos aus meinem Haus verbannt, und jetzt wohnt jeder – einschließlich mir – viel lieber hier."

Wilma, South Carolina

„Als ich zum ersten Mal von dieser ‚Wunderkur' hörte, hatte ich meine Zweifel, aber es ist wirklich eine. Ich bin jetzt seit fünf Jahren alleinerziehender Vater und habe mich immer schlecht gefühlt, weil meine zwei Mädchen keine Mutter mehr haben. Deshalb gab ich ihnen alles, was sie wollten, auch wenn ich es mir nicht leisten konnte und selbst auf einige grundsätzliche Dinge verzichten musste, um ihnen die neuesten Spielsachen zu kaufen. Eines Tages, als sie zwölf und dreizehn waren und einen Wutanfall bekamen, weil ich ihnen keine Designerjeans kaufte, erkannte ich schließlich, dass ich zwei

Gören aufgezogen hatte. Ich war sprachlos. Ich fühlte mich noch unbeholfener. Erst als eine Freundin mir erzählte, was sie auf einem Ihrer Erziehungsseminare gelernt hatte, entschloss ich mich, ihre Quengelei nicht länger hinzunehmen. Ich machte es, wie Sie gesagt haben – ich sagte Nein und blieb an den Waffen. Nach fünf Tagen kam meine ältere Tochter zu mir, umarmte mich und sagte: ‚Papa, ich liebe dich. Du hast viele Opfer für uns gebracht.' Das war das erste Mal seit über einem Jahr – seit sie cool geworden war –, dass sie mich umarmte."

Stan, New York

„Meine jüngste Tochter Mary war immer eine Herausforderung, aber ihr Benehmen erreichte seinen Höhepunkt, als sie vier wurde. Niemand wollte mehr für mich Babysitten. Alle sagten, es sei unmöglich, Mary unter Kontrolle zu halten. Mir war klar, dass ich etwas unternehmen musste. Ich ließ eine Vierjährige unser Zuhause beherrschen. Mein Mann und ich gingen normalerweise an einem Abend pro Monat zusammen aus, doch nicht einmal das konnten wir mehr tun, weil sie so schwierig war. Wir haben Ihre Strategien ausprobiert, und sie funktionieren! Nachdem sie einen Schreianfall bekommen hatte, verbrachte Mary zwanzig Minuten vor unserer Küchentür und musste zusehen, wie der Rest der Familie Schokoladenkuchen aß – ihr Lieblingsdessert –, und als sie mit ihrem Wutanfall endlich fertig war, war keiner mehr übrig. Ich wartete drei Tage und backte dann erneut einen Schokoladenkuchen. Dieses Mal setzte Mary sich ohne Aufhebens mit uns an den Tisch und sagte sogar ‚Bitte', als ich sie fragte, ob sie ein Stück wolle! Das gab es noch nie. Meine anderen Kinder sahen mich nur mit großen Augen an. Mein ältestes Kind zwinkerte mir zu und sagte: ‚Ich denke, es funktioniert, Mami.'"

Betty, Iowa

„Devin war immer ein großartiges Kind. Doch als er vierzehn wurde, begann er plötzlich nur noch Schwarz zu tragen, ließ sich ohne unsere Erlaubnis den ganzen Arm tätowieren, weigerte sich an Aktivitäten der Familie teilzunehmen, ging nicht mehr mit uns zum Gottesdienst und reagierte jedes Mal mürrisch, wenn ich ihm eine Frage stellte. Schließlich seufzte ich und gab auf. Ich glaubte, es sei nur eine Phase. Ich hoffte, er würde ihr entwachsen. Aber es ging mir trotzdem auf die Nerven. Er erwartete immer, dass wir für ihn da waren, wenn er etwas wollte – wie zu einem Freund gefahren zu werden –, aber er zeigte uns nie Respekt. Schließlich beschloss ich, ihn nirgendwo mehr hinzufahren. Es dauerte drei Tage, in denen er mich ‚stinkende Verrückte' nannte und mir sagte, das alles sei doch mein Problem, bis er endlich ruhig wurde und mich nach dem Grund fragte. Was dann folgte, war die erste gute Unterhaltung, die wir seit annähernd sechs Monaten geführt hatten. Das war gestern Abend, und heute Abend tauchte er nicht nur zum Abendessen der Familie auf, sondern fragte sogar, was er tun könne, um mir zu helfen. Ich weiß, dass das Problem noch nicht gelöst ist, aber zumindest reden wir jetzt miteinander."

Jane, Illinois

„Die Essenszeit war immer eine große Kampfzone. Keines meiner Kinder war je damit zufrieden, was ich kochte, und sie beklagten sich immer. Auf der Grundlage Ihrer Prinzipien beschloss ich, Essen für meinen Mann und mich zu kochen und meinen Kindern nur leere Teller zu servieren. Sie konnten es nicht glauben! Aber sie verstanden die Botschaft. Ich bin nicht auf dieser Erde, um ihr persönlicher Schnellkoch zu sein. Und wissen Sie was? Letzte Woche boten sie mir an, das Essen für uns alle zu kochen ... und sie machten auch alles wieder sauber!"

Amy, Texas

„Mein Sohn fand nach dem College keinen Arbeitsplatz, deshalb zog er wieder zu Hause ein. Zwei Jahre später war er immer noch zu Hause, und es hatte nicht den Anschein, dass er irgendwelche Anstrengungen unternahm, einen Job zu finden. Ich arbeite in Vollzeit und kümmere mich um meine alternde Mutter, deshalb bin ich sehr viel unterwegs. Wenn ich nach Hause kam, fand ich normalerweise Stapel schmutzigen Geschirrs vor, während Nate auf der Coach saß und Pizza aß. Erst als ich mir Ihre Prinzipien zu Herzen nahm und streng wurde, veränderten sich die Dinge. Ich sagte ihm, dass es bestimmte Aufgaben gab, die er im Haus tun müsste, um sich seinen Lebensunterhalt zu verdienen – und ließ ihn mit einer langen Liste zurück. Ich hörte auch auf, für das Kabelfernsehen und seinen Internetdienst zu bezahlen, kaufte nur die Lebensmittel, die ich selbst brauchte, und brachte einige meiner Vorräte aus der Speisekammer an meinen Arbeitsplatz und zu meiner Mutter hinüber. Seine erste Reaktion war Schock, dann Zorn. Aber nach drei Wochen hatte er begriffen, dass ich es ernst meinte. Ich verlangte von ihm, dass er aufstand und sich wie ein Mann verhielt statt wie ein Baby. Zwei Wochen später begann er, nach einem Arbeitsplatz zu suchen, und jetzt hat er einen Job und verdient dabei genug Geld, um seine eigene Wohnung zu bezahlen."

Kari, Indiana

„Ich kann es selbst kaum glauben, dass ich einen Brief schreibe, um Ihnen das zu erzählen, denn normalerweise schreibe ich keine Briefe. In den letzten drei Jahren waren meine Frau und ich ständig erschöpft, weil wir es nicht schafften, dass unsere Sechsjährige, Jessie, im Bett blieb. Sie wanderte die ganze Nacht über durch das Haus und bat um ein Glas Wasser und Snacks. Wir nahmen Ihren Rat an und sagten ihr ausdrücklich, dass sie im Bett bleiben müsse. Als sie es nicht tat, schlossen wir ihre Tür ab und ignorierten ihr Geheule. (Sie wusste es nicht, aber wir hatten einen Babymonitor in ihrem Zimmer versteckt, damit wir es sehen konnten, wenn sie wirklich ein Problem hatte.) Nach drei solchen Nächten war Jessie erschöpft. Sie schlief ein. Seit damals ist sie nie wieder aufgestanden und herumgewandert! Danke, dass Sie uns unser Leben und etwas persönliche Zeit zurückgegeben haben! Meine Frau würde Ihnen ebenfalls danken ..., aber sie schläft."

Martin, Oregon

Sie haben die E-Mails gelesen. Sie wissen, dass die Prinzipien funktionieren. Aber was ist, wenn es den Anschein hat, als würden sie überall funktionieren, nur bei Ihnen nicht? Was tun Sie dann?

Vielleicht erkennen Sie sich in dieser Mutter wieder:

E-MAIL

AN: Dr. Kevin Leman

VON: Verzweifelt in Michigan

Lieber Dr. Leman,

wir haben alle Ihre Prinzipien befolgt, und wir haben immer noch einen Vierjährigen mit einer großen Klappe. Als wir neulich auf dem Boot meines Onkels waren, begann Christopher, einen Aufstand zu machen und sich über alles zu beklagen. Ich sagte ihm, wenn er sich nicht sofort beruhigte, würden wir morgen nicht in den Vergnügungspark gehen.

(Mittwoch ist der Kindertag, deshalb sparen wir, wenn wir an diesem Tag gehen.) Er quengelte weiter. Ich wurde wirklich beschämt und ärgerlich und sagte ihm, dass wir zum Mittagessen nicht in sein Lieblingsrestaurant auf der anderen Seite des Sees gehen würden. Immer noch kein Ergebnis.

Eine halbe Stunde später im Restaurant beruhigte er sich schließlich, nachdem mein Mann ihm einen Klaps auf den Hintern gegeben hatte.

Ich brauche sehr schnell Hilfe. Besteht die Möglichkeit, dass sie mir per E-Mail einen Rat zukommen lassen? Ich werde gerne dafür bezahlen.

Hier ist meine Antwort:

E-MAIL

AN: Verzweifelt in Michigan

VON: Dr. Kevin Leman

Liebe verzweifelte Mutter,

lassen Sie uns die Prinzipien auf der Grundlage Ihrer E-Mail nochmals durchgehen.

1. Als Christopher den Aufstand machte, sagten Sie ihm, er solle *sofort* damit aufhören. Das ist grundsätzlich nie eine gute Idee, denn die meisten Vierjährigen sind nicht sehr erfolgreich darin, irgendetwas sofort zu stoppen.

2. Sie haben Christopher zwei Mal gedroht. Zuerst sagten Sie ihm, Sie würden morgen nicht in den Vergnügungspark gehen, wenn er sich nicht beruhigte. Dann sagten Sie ihm, Sie würden nicht in sein Lieblingsrestaurant zum Mittagessen gehen, wenn er sich nicht beruhigte. Ich habe in meinem Buch nirgends davon gesprochen, dass Sie Ihrem Kind drohen sollen. Tatsächlich habe ich hervorgehoben, dass sich Drohungen kontraproduktiv darauf auswirken, was Sie erreichen wollen, und darüber hinaus ist es Ihrem Kind gegenüber nicht respektvoll. Drohungen funktionieren nie. Es funktioniert nie, wenn Sie einem Kind sagen: „Wenn du das nicht tust, gebe ich dir ... nicht." Sie als Eltern werden in dieser Situation immer den Kürzeren ziehen. Ihr Kind kennt Sie gut genug, um aus seinen Erfahrungen in der Vergangenheit zu wissen, dass Sie nachgeben, wenn es nur lange genug kämpft oder laut genug quengelt.

3. Mit „morgen" kann ein Vierjähriger nichts anfangen. Es ist zu weit entfernt. Es ist eine Ewigkeit. Deshalb hat er Ihre Drohung, nicht mit ihm in den Vergnügungspark zu gehen, nicht einmal registriert.

4. Als Sie ihm sagten, dass Sie nicht mit ihm zum Mittagessen gehen würden, wette ich, dass Ihr Onkel und die anderen Personen auf diesem Boot froh waren, das zu hören.

5. Obwohl Sie gesagt haben, dass Sie nicht mit dem Kind zum Mittagessen gehen würden, haben Sie es offensichtlich doch getan. Zwei der wichtigsten Prinzipien in der Erziehung sind Konsequenz und Durchhaltevermögen. Sie müssen in Ihren Handlungen immer konsequent sein und durchziehen, was Sie angekündigt haben. Wenn Sie sagen, dass etwas geschehen wird, sollte es auch geschehen.

Ich applaudiere Ihnen und danke Ihnen, dass Sie ehrlich waren. Sie haben gezeigt, dass Sie menschlich sind und die Ausdrücke ärgerlich und beschämt gebraucht, um sich selbst zu beschreiben.

Das sind wahrscheinlich gute Gründe dafür, dass Ihr Mann beschloss, Christopher in dem Restaurant einen Klaps auf den Hintern zu geben.

Sie müssen wissen, dass Kinder Aufmerksamkeit bekommen wollen. Und sie werden sich diese Aufmerksamkeit entweder auf positive oder auf negative Weise verschaffen. Ihre Zeit auf dem Boot war ein Machtkampf, in dem Ihr Sohn entschlossen war, sich Ihre Aufmerksamkeit zu verschaffen. Schließlich ist es schwierig, einen Vierjährigen zu ignorieren, wenn man mit ihm zusammen auf einem Boot ist.

Wenn Sie meine Prinzipien jedoch wirklich befolgen wollen, müssen Sie anders handeln. Wenn Sie draußen auf dem See sind und Ihr Vierjähriger beginnt, sich schlecht zu benehmen, fragen Sie den Kapitän des Bootes, ob es ihm etwas ausmachen würde, Sie und Ihren Sohn auf dem Dock abzusetzen. Sie drohen Ihrem Kind nicht damit, den Besuch im Vergnügungspark zu streichen. Ihr Sohn bekommt kein Mittagessen, und damit ist das eine Konsequenz sowohl für Ihren Sohn als auch für Sie – und hoffentlich eine, an die Sie beide sich in zukünftigen Gefechten erinnern. Es gibt keinen Machtkampf, weil Sie ruhig weiterhin die Regie führen und Ihr Sohn unmittelbare Konsequenzen erfährt.

Wenn Sie diese Grundsätze konsequent anwenden und immer tun, was Sie angekündigt haben, wird sich Ihr Kind innerhalb von kurzer Zeit gewaltig verändern. Und Sie werden die meiste Zeit ein Lächeln auf dem Gesicht haben. Probieren Sie es aus!

Der Schlüssel für jeden Aktionsplan ist Konsequenz und Durchhaltevermögen. So viele Eltern, mit denen ich gesprochen habe, sagten mir, sie hätten alles versucht – sie haben ihre Kinder geschlagen, ihr Taschengeld gestrichen, ihre Privilegien ausgesetzt usw. Sie haben unzählige Bücher gelesen und eine Menge Experten konsultiert, aber nichts hat funktioniert.

Aber was sie versucht haben, gleicht einem Frosch, der von Seerosenblatt zu Seerosenblatt hüpft und nie sehr lange auf einem bestimmten sitzen bleibt. Ist es da ein Wunder, dass sowohl die Kinder als auch die Eltern verzweifelt sind? Die Eltern schaffen nichts als Verwirrung, wenn sie ständig ihre Strategie ändern und versuchen, etwas zu finden, das besser funktioniert. Die Leman-Strategie ist simpel. Sagen Sie es ein Mal. Wenden Sie sich ab. Gehen Sie weg. Lassen Sie die Realität den Lehrer sein. Lernen Sie, auf etwas anzusprechen, statt zu reagieren. B tritt nicht ein, bevor A abgeschlossen ist.

Damit werden Sie das Spiel gewinnen. Jedes Mal. Probieren Sie es aus.

Der Top-Ten-Countdown zur Bändigung Ihres Rebellen

10. Seien Sie in Ihrem Benehmen zu hundert Prozent konsequent.
9. Führen Sie immer aus, was Sie angekündigt haben.
8. Sprechen Sie auf etwas an, reagieren Sie nicht.
7. Zählen Sie bis zehn und fragen Sie sich: „Was würde mein altes Ich in dieser Situation tun? Was sollte mein neues Ich tun?"
6. Drohen Sie Ihren Kindern nie.
5. Werden Sie nie ärgerlich. (Wenn Sie doch ärgerlich werden, entschuldigen Sie sich schnell dafür.)
4. Geben Sie keine Warnungen ab. (Wenn Sie Ihr Kind warnen, sagen Sie damit: „Du bist so dumm, dass ich dir das zwei Mal sagen muss.")
3. Fragen Sie sich: „Wessen Problem ist das?" (Laden Sie sich keine Probleme auf, die nicht die Ihren sind.)
2. Glauben Sie nicht, dass das schlechte Benehmen aufhören wird.
1. Behalten Sie einen fröhlichen Gesichtsausdruck, auch wenn Sie lieber ... etwas anderes tun würden.

Über Dr. Kevin Leman

Dr. Kevin Leman ist ein international bekannter Psychologe und häufiger Gast in Radio- und Fernsehsendungen. Als Sprecher lehrt und unterhält er sein Publikum auf der ganzen Welt mit seiner humorvollen und auf gesundem Menschenverstand basierenden Psychologie.

Der vielfach ausgezeichnete Bestsellerautor hat Hunderte von Telefonaten für Radio- und Fernsehsendungen geführt.

Außerdem unterstützt er die Sendung *Good Morning America* mit seinen Beiträgen als Familienpsychologe.

Dr. Leman ist der Gründer und der Präsident von *Couples of Promise*, einer Organisation, die zum Ziel hat, Ehepaaren zu helfen, glücklich verheiratet zu bleiben.

Dr. Leman arbeitet mit den Vereinigungen *American Psychological Association, American Federation of Television and Radio Artists, National Register of Health Services Providers in Psychology* und *North American Society of Adlerian Psychology* zusammen.

1993 wurde ihm der Distinguished Alumnus Award der North Park University in Chicago verliehen. 2003 erhielt er von der University of Arizona die höchste Auszeichnung, die eine Universität verleihen kann: den Alumni Achievement Award.

Dr. Leman besuchte die North Park University. An der University of Arizona machte er seinen Bachelor-Abschluss in Psychologie, wo er später auch seinen Magister- und seinen Doktorabschluss ablegte. Er stammt ursprünglich aus Williamsville, New York; jetzt leben er und seine Frau Sande in Tucson, Arizona. Sie haben fünf Kinder.

Thematisches Inhaltsverzeichnis A–Z

Stephen Kendrick, Alex Kendrick
40 Tage Liebe wagen für Eltern

gebunden · 284 Seiten
ISBN 978-3- 940158-41-3

Es gibt 6.575 Tage Gelegenheit, sich ins Herz eines Kindes zu lieben.

Kaum etwas ist für Eltern schöner als eine gute, intensive Beziehung zu ihren Kindern. Und zu erleben, dass Liebe und Werte in ihrem Leben tiefe Wurzeln schlagen. Zu beidem verhilft 40 Tage Liebe wagen für Eltern: Es leitet Eltern an, Liebe konkret und kompromisslos in die Tat umzusetzen, und ihre Kinder zu prägen, solange sie dafür offen sind.

40 Tage lang stellen sich Eltern besonderen Aufgaben. Sie loben ihr Kind, unter vier Augen und vor anderen. Sie feiern einen Abend lang gutes Benehmen. Sie beten um weise Internet-Regeln. Sie bitten ihre Kinder um Verzeihung. Sie sprechen mit ihnen über Jesus und über ihre Freunde. Und sie hören einfach nur zu. Jedes Kapitel führt kurz und alltagstauglich in ein Thema ein und wird sofort praktisch. Denn nur was Eltern tun, kommt direkt und unmissverständlich im Herzen ihres Kindes an – an jedem der 6.575 Tage von der Geburt bis zur Volljährigkeit.

Eric Wilson

Liebe braucht Helden

Roman nach dem Film FIREPROOF

Paperback · 304 Seiten

ISBN 978-3-940158-54-3

Es ist eine actiongeladene Liebesgeschichte über einen Feuerwehrmann, seine Frau ... und eine Ehe, die es wert ist, gerettet zu werden.

Bei seiner Arbeit lebt Captain Caleb Holt nach dem Motto der Feuerwehrmänner: Lass nie deinen Partner zurück. Doch zu Hause folgt er seinen eigenen Regeln. Nach sieben Jahren haben er und seine Frau sich so weit auseinandergelebt, dass Catherine sich wünscht, sie hätten nie geheiratet. Als sich eine Scheidung anbahnt, fordert Calebs Vater ihn heraus, über 40 Tage ein Experiment durchzuführen, das er „Das Wagnis der Liebe" nennt. Caleb ist sich nicht sicher, ob es der Mühe wert ist, doch er willigt ein. Schließlich fragt er seinen Vater voller Frustration: „Wie soll ich jemand Liebe zeigen, der mich ständig zurückweist?" Als sein Vater ihm erklärt, dass das die Liebe ist, die Gott uns zeigt, fasst Caleb einen Entschluss, der sein Leben verändert. Und – mit Gottes Hilfe – beginnt er zu verstehen, was es bedeutet, seine Frau wirklich zu lieben. Doch wird es ihm noch gelingen, seine Ehe vor dem Feuer zu schützen? Sein Job ist es, andere zu retten. Jetzt ist Caleb Holt bereit für die schwerste Aufgabe seines Lebens – das Herz seiner Frau zu retten.

INKLUSIVE BONUS-MATERIAL:

EINE PERSÖNLICHE BOTSCHAFT DER KENDRICK-BRÜDER

DISKUSSIONSFRAGEN

DAS MAKING-OF VON FIREPROOF

AUFNAHMEN AUS DEM FILM